桂園時代の形成

1900年体制の実像

中里裕司
Nakazato Hiroshi

山川出版社

桂園時代の形成　目次

桂園時代の形成

一九〇〇年体制の実像

はじめに——序論にかえて

大正政治史の起点は第三次桂太郎内閣が在職五〇日余りで総辞職した大正政変であることは言うまでもない。大正天皇の内大臣と侍従長を兼任していた桂太郎が首相となったことで、「宮中と府中(政府)の別を乱す」との非難の声が燎原の火のごとくに燃え広がった。第三次桂内閣を退陣に追い込んだ第一次護憲運動のスローガンが、「閥族打破・憲政擁護」であった。「閥族打破」は、今は元老となって政界に隠然たる力を持っている元勲たちや、それに結びついている人々の勢力である閥族の政治支配を打ち破れというスローガンであることは間違いない。それ故にこそ、桂太郎は第三次桂内閣の初閣議で従来の元老支配からの脱却をかかげ、「閥族」の側ではないとの立場を表明し、政権を維持しようとしたのであろう。しかし、恥しいことに私は、「憲政擁護」が何を意味し、表現したスローガンなのか長い間疑問であった。「憲政擁護」とは、文字通り「憲法による政治を守れ」ということであるが、天皇による「統治権の総攬」を規定していたことで否定的評価が一般的な明治憲法により行われる「憲政」の何を、どのように「擁護」せよと言っていたのかが具体的に理解できないでいたのである。

初期議会以来、二〇年以上が経過した大正のはじめまでに政治を担ってきた藩閥政治家と政党は、無数の対立と妥協・提携を経て、政権を担う者が諸政治勢力との合意形成に努力し(たとえ失敗しても)、政治運営の上で暗黙とも言うべき了解が形成されていたのではないか。それら合意形成の努力や無数の了解事項の集積こそが「憲政擁護」の内容だったのではないだろうか。本書は、山県有朋・星亨・桂太郎・原敬をめぐる対立と妥協・提携や合意形成への努力をさまざまな局面から叙述することで桂園時代の政治的特質に迫ろうとしたものである。桂園時代とは藩閥と政党とが政権を移譲し合うという通説的理解に立てば、それはまさに藩閥と政党の双方ともにその時々の政治状況に納得した上で政権交代がなされたのである。その前提条件を無視したのが、第二次西園寺公望内閣の陸相上原勇作の単独辞職であり、その延長線上にあった第三次桂内閣の組織であったと考えられたのであろう。桂太郎が藩閥の側には立たないといくら強弁しても、世間は納得しないだろう。

本書は、第一次大隈重信内閣崩壊以後の藩閥と政党との政治運営を振り返りながら、どのような対立状況のなかで了解・合意形成がなされ、そして、双方ともに自己の立場に基づいた政策展開がどのような限界を持っていたのかを意識し、そして政権運営をしたのかという視点で叙述したつもりである。それ故に、藩閥の限界と政党の限界を明確にすることも意識した。また、桂園時代が力の拮抗した藩閥と政党との政権交代の時代であると定義すれば、それは第二次山県有朋内閣と憲政党との提携、立憲政友会を基礎とした第四次伊藤博文内閣の政権運営の分析から始めなければならないと考えた。結論的に本書の立場を述べれば、桂園時代の起点は第二次山県内閣と憲政党との提携からであると考えている。換言すれば、藩閥と政党が明確に提携を確認し合った第二次山県内閣から新たな政治の時代が始まるのである。

第一章　第二次山県有朋内閣と憲政党

はじめに――本章の課題

　憲政党の分裂による第一次大隈重信内閣崩壊のあとを受けて第二次山県有朋内閣が成立した。第二次山県内閣の特色は、わずか四カ月とはいえ、日本最初の政党内閣を組織するなど政党勢力が力をつけ、その存在を無視できなくなるなかで、薩長藩閥に山県官僚閥を加えた超然内閣として発足した点にあると言われている[1]。内閣の構成は、外相青木周蔵・農商務相曾禰荒助・陸相桂太郎（以上長州閥）に、蔵相松方正義・内相西郷従道・文相樺山資紀・海相山本権兵衛（以上薩摩閥）を加え、法相清浦奎吾・逓相芳川顕正（以上山県官僚閥）を参加させた。とくに薩摩閥の松方正義・西郷従道・樺山資紀の入閣によって、第四議会における元勲総出内閣を思わせる第二の元勲内閣とも言えるものであった。それだけ、山県有朋がこの当時の政治状況に大きな危機感を持っていたことがわかろう。その最大のものが、日清戦後の財政的危機であろう。蔵相として松方正義が入閣したことはそれを物語っている[2]。

　本章では、地租増徴問題の解決など山県内閣の政策課題への取り組みを検討することによって日清戦後の政治構造上の変化に迫っていこうと考える[3]。第二次山県内閣は、二年半にわたって国内の政策課題に取り組み、憲政党と提携して議会運営を行い、それによって政権を維持した。山県内閣と憲政党の提携については、山県内閣は憲政党との提携を進める一方で、逆に政党勢力を抑制し、官僚・軍部の特権的支配機構を維持・強化するという点で一貫していた[4]という従来からの観点だけでは説明しきれない藩閥側の変化や政党の変化を含めた政治構造上の問題を考えてみる必要があるだろう。桂園時代の成立時期や政権授受、政治運営についてはさまざまな議論が展開されているが、本章は、山県内閣の取り組んだ国内の政策課題に憲政党がどのように対応したかを考えることで、第二次山県内閣期の政治過程を桂園時代を展望した過渡期として、政党政治への新たな発展段階のなかに位置付けようと試みたものである。

1　宮地正人・佐藤能丸・桜井良樹編『明治時代史大辞典　第三巻』（吉川弘文館、二〇一三年）、七〇八〜七〇九頁、第二次山県有朋内閣の項目（大庭邦彦氏執筆）。
2　坂野潤治著『明治憲法体制の確立―富国強兵と民力休養』（東京大学出版会、一九七一年）。
3　第二次山県内閣に関するこれまでの研究については、伊藤之雄著『立憲国家の確立と伊藤博文―内政と外交一八八九〜一八九八』（吉川弘文館、一九九九年）、伊藤之雄著『立憲国家と日露戦争―外交と内政一八九八〜一九〇五』（木鐸社、二〇〇〇年）、伊藤之雄著『山県有朋―愚直な権力者の生涯』（文春新書、二〇〇九年）などを参照してほしい。
4　註1に同じ。

1　第二次山県有朋内閣と憲政党との提携

第一次大隈重信内閣（憲政党内閣）が文相尾崎行雄のいわゆる共和演説事件を契機として崩壊しても、内閣を成立させた政党勢力の伸張は誰の目にも明らかなものとなっていた。新聞の論調も「我政党ハ常に多少の発達を為し来る（中略）三個月にても四個月にても政務の実際に当りたるだけ、それだけで多くの智識を得たり[1]」と政党の成長と勢力拡大を認めていた。もはや、政党の協力なしに議会運営を行うことは不可能であった。一方、政党にとっても、政権担当者との提携は、政党の存在感を高め、党勢拡大には必要と考えられていた。「自由派〔憲政党のこと＝筆者〕ハ進歩党〔憲政本党のこと＝筆者〕と分離以来党勢拡張上如何にしても次の内閣を自派に受け取らんと焦慮」[2]していると見られていたのである。

　山県有朋は、一八九八（明治三一）年一一月八日の第二次山県有朋内閣の正式発足前に、提携する政党を憲政党に決め、桂太郎を使者に立てて提携の申し入れを行った。しかし、憲政党は、板垣退助邸での協議の結果、領袖の松田正久・星亨の二人が桂太郎に会い、提携の申し入れを断ったのである。[3]そのため、第二次山県内閣は、衆議院に何の基盤も持たないままいわゆる「超然内閣」として発足しなければならなかった。この提携不成立は、桂太郎が提示した大臣の椅子があまりにも少なかったためであるとの風聞が流れた。[4]これ以後も続けられた山県内閣と憲政党との提携交渉は、主に大臣の椅子の配分をめぐって行われたらしい。

　こうしたなかで、一一月一一日から関西において行われる陸軍大演習に合わせて、憲政党を代表した板垣退助・星亨・片岡健吉の三人と、山県有朋に西郷従道と桂太郎が同席した当時の世上にいう「大阪会見」が一一月一六日に行われた。[5]自由民権運動初期において立憲政体の方向性を議論した「大阪会議」[6]とは比較できない大臣の椅子の配分をめぐるあまりに矮少な会見ではあったが、板垣退助らは往時を思い出しつつ意気込んで交渉に臨んだのであった。しかし、この「大阪会見」で、憲政党側が「議会前に於て内閣改造を断行し以て自由党〔憲政党のこと＝筆者〕より三名以上入閣せしむべし」[7]と要求したとされ、また、板垣退助は「現内閣にして果して我党と提携せんと欲せバ閣員半数の椅子を譲らるべし然らずんば議会閉会後閣員悉く辞職して内閣を我党に引渡されたし」[8]と要求したという。二日後、あまりに過大な憲政党の要求に対して、桂太郎が板垣退助へ憲政党の要求を少し入れた回答を示したのに対し、憲政党側は「（山県側の）其返答は吾々の満足する能はざるものなりしが故に更に板垣伯よりは満足するに足る丈けの条件」[9]を示し、当初の要求を受け入れるように求めたのである。しかし、大阪から東京に帰着した後、山県内閣側を代表した桂太郎が板垣退助を訪れ、「大坂《（ママ）》会見に於て是迄双方の談じ会ひし事は全然反古に致すべし」[10]と述べ、山県内閣と憲政党との提携交渉は決裂したのであった。一一月二四日、この提携交渉決裂を確認する憲政党代議士総会が開かれ、提携の「全然反古」が承認された。この席上、星亨は「我党ハ綱領に準拠して現内閣に反対し自由の行動を為すべき事」という決議案を提出し、「現内閣ハ超然内閣なり政党に拠らざる内閣なり是れ固より吾党の綱領と相容れざる所あり現内閣ハ衆議院に些の党与《（ママ）》あるなし取りも直さず政党を無視する者と云はざるべからず故に我党ハ綱領に拠って反対すべきのみ」と演説し、来るべき第一三議会は、第二次山県内閣との全面的対立になるであろうと演説した。[11]地租増徴問題以上に、前年度の予算不成立を受けて二年続きの予算不成立をぜひとも避けたい山県内閣は全く窮地に陥ってしまったのであった。

　この山県有朋の窮地を救おうとしたのが、憲政党の岡崎邦輔である。陸奥宗光の従兄として陸奥の議会政略を支援し、日清戦後経営実現のために第二次伊藤博文内閣と自由党との提携を周旋した岡崎邦輔は、自由党から憲政党の結成に参加したが、星亨と共に大隈内閣の分裂を画策した。この政党勢力から藩閥までの幅広い人脈を持つ岡崎邦輔は、窮地の山県有朋と面会して真意を確かめ、星亨と引き合わせ、再度の提携工作が行われた。それに関しては、岡崎邦輔が陸奥との関係から旧知の間柄となっていた原敬宛の手紙にくわしく述べられている。長いが引用したい。「（前略）内閣ハ勿論自由党にても此場合解散ニ相成てハ其利ハ遂ニ進歩党之ものと可相成ニ付此処一番断然タル決心をなさゝるへからず一二之椅子之如キハ実ニ些事と存今日まてハ山自〔山県と憲政党のこと＝筆者〕之間ニ立入不申候処最早彼レ等ニ委置候而ハ到底むつかしきことゝ存候故一奮発すへくと一度山県へ面会仕見候処同翁ハ実ニ気のとくなほど窮し居候一人位入閣せしむるハさのみ困難にあらすと存候へともソレシキノことニテハ却テ自派〔憲政党のこと＝筆者〕之迷惑ニモ可相成ニ付可相成ハ山県をして断然超然ノ看板ヲ下サシメ而シテ全然政党の援助ニ拠ラサレハ憲政ノ美をなす不能との意味を公言せしめ其結果として自派の宿題ノ如キハ一切採用シ其利害を共にするとの意味を明言せしむる様可致而して自派ハ天下の動静ニ鑑ミ奮テ此政府ヲ助クルト言フ事ニ仕度と存竊に計画中ニ候相応ノ利害を見るもの又経済界の今日之悲境を知るものハ必ず之レニ同情ヲよすること必然と存候高見如何御座候哉万一之レニテ議会ニ少数実は幸ニ尽シテも尚少数ナラハ（是最モ小生ノ望ム処ナリ）解散して政府と共ニ選挙を断行セハ優に多数を得る勿論と存候小生ハ今此方向にて進行仕居候[12]」と。この書翰によれば、山県内閣と憲政党との新しい提携の形は、政党が今までのような大臣や勅任官のポストを獲得することではなく、山形有朋が「超然主義の看板」をおろし、「政党の援助」＝政党の支援を受けていると公言すると共に、山県内閣が「憲政党の宿題」＝憲政党の政策課題の実現に努めるという三点に集約することができよう。これらのことをどのように具体化すべく話し合われたのかはわからないが、後述するように、山県内閣が議会へ提出した法案は、地租増徴法案から治安警察法に至るまですべて衆議院への法案提出前に憲政党に提示され、法案が議会に上程されるまでに政府と憲政党・国民協会（のち帝国党）の「与党」との数回にわたる交渉会が開かれて、成案が成立するかしないかにかかわらず、法案の調整が行われていることを付言しておこう[13]。山県内閣は、政府がすべてを決定した後に議会に法案を提示するという態度＝「超然主義」を捨て、政党を対等の政治的パートナーとして認めたのである。

山県内閣との提携をまとめ、それを憲政党の総務委員会に報告した星亨に向かって、総務委員の一人である松田正久は「条件の余り軽微に失するを咎め且つ党の体面を傷る者なり[14]」と非難した。これに対して、星亨は「条件ハ実に不完全なるに相違なし然れども政党の独力を以て内閣を組織せん希望ハ我国現時の形成ニ徴して到底達し得べしとも思われず仮令幸に議会に過半数を占むるの時あるとするも宮廷の信用を得るに非ずんバ内閣組織の大命果して能く我党に下るを期すべからず（中略）我党今日の急務ハ党勢党力の拡充方針として且ハ我党の主義政綱を実際に行ひ得るの階段として所謂元老元勲と相結託し併せて目下貴族院議員が我れに同情を表し来りたる好機を逸すべきに非るなり殊に我党が斯まで党の私情を忘れて国家の為めに議会の無事を謀り予算の成立を襷げたる事実を顕はすに於てハ上下の信用ハ翕然として我党に聚らん[15]」と述べ、この提携が政府と政党との関係をより高次なものにしたという歴史的意義を強調したのである。

一一月三〇日、来る一二月三日の第一三議会の開会を控え、山県内閣と憲政党との提携合意を確認する盛大な茶話会が首相官邸で開催された。茶話会には、山県首相をはじめ、松方正義や西郷従道ら各大臣が打ち揃い、憲政党からは板垣退助や総務委員をはじめ二五〇名以上の衆議院議員や前衆議院議員が参加した。席上、山県有朋は「(前略)衆議院に多数を有する政党中に在てハ憲政党諸君の其の本領に於て其歴史に於て殊に其人たるを認め先に大阪に於て板垣伯及星亨、片岡健吉両君と会し、帰京の後更に板垣伯、星、松田、末松諸君と相見る事を得て互に肺腑を披き懐抱を談じ、有朋の心事と政見とを開陳すると共に憲政党の主張に付て亦詳に聞く事あるを得今日の時局に処し廟謨を奉承して国家の進運を扶持するに於て諸君と其見る所を同くするを知り欣躍何ぞ堪へむ乃ち閣僚と議して諸君と相提携し其賛助に倚り戦後経営の事を完くし以て宇内の進運に対する道を尽さむ事を決し茲に諸君の来臨を求め以て更に現内閣の方針を言明するの栄を荷ふに至れり(中略)政見を同くして共に国運の進展を謀る固より一時の苟合を以て目的を達すべきに非ず有朋不敏唯々至誠邁往百難を排して同志の士と帝国唯一の進路に提携伴行するあるのみ」[16]との演説草稿を読み上げ、憲政党との提携を讃美し、最大限の美辞麗句によってそれを確認したのであった。山県有朋の演説草稿は、憲政党を招待した茶話会の三日前に「乙夜の覧」[17]に供された。すなわち、明治天皇が草稿文を読んだという。また、山県有朋は、この茶話会の前日にも参内して明治天皇に憲政党との提携理由を上奏し、「勅許」を受けたとも報じられた[18]。新聞『人民』は、これらの報道を「確聞せり」と表現している。「勅許」は新聞『人民』の潤色としても、明治天皇は、板垣退助・星亨・片岡健吉・松田正久・林有造・末松謙澄などの憲政党領袖の名前が並んでいる山県の演説草稿に目を通し、山県有朋から憲政党との提携に関する報告は受けたのであろう。草稿文に数回見られる遜った「有朋」の表現は、憲政党員に対するというよりも明治天皇に対するもののように思われる。これらのことによって、憲政党は、明治国家の統治権を総攬する天皇によって、山県内閣と共に政治を担う存在として認められたと言えよう。まさに憲政党は星亨の言う「宮廷の信用」を得たのである。憲政党が山県内閣と提携した歴史的意義はここにあった。

1 「社説　善後の注意」(『東京朝日新聞』一八九八年一一月一日)。
2 「自由派と山県内閣」(『東京朝日新聞』一八九八年一一月六日)。
3 「山県内閣の組織と我党の態度」(『憲政党党報』第一巻第一号、一八九八年一二月五日)、二七頁。
4 『東京朝日新聞』は、桂太郎と憲政党との交渉について、「桂陸相の提携交渉を謝絶したる際に、最後に星氏ハ桂氏に向ひ我自由党(憲政党のこと＝筆者)ハ僅か一～二脚の椅子にて満足する能はずとの語を遺して辞し去りたり」との会談の事情を報じている(「板垣伯星氏の演習行」、『東京朝日新聞』一八九八年一一月六日)。
5 「山侯板伯の大阪会見」(『東京朝日新聞』一八九八年一一月一八日)。
6 坂野潤治著『未完の明治維新』(筑摩書房、二〇〇七年)、一三四～一三九頁を参照。
7 「大阪会見蒐集」(『東京朝日新聞』一八九八年一一月一九日)。
8 「大阪会見後報」(『東京朝日新聞』一八九八年一一月二一日)。
9 「山県内閣の組織と我党の態度」(『憲政党党報』第一巻第一号、一八九八年一二月五日)、二八頁。
10 同前。
11 「提携談不調(自由派代議士総会の報告及決議)」(『東京朝日新聞』一八九八年一一月二五日)。
12 「原敬宛岡崎邦輔書翰」(一八九八年一一月二七日付)、財団法人大慈会寄贈原敬記念館所蔵。
13 例えば、第一三議会に提案された市町村制改正案の政府と政党との交渉は、「政府と自由党国民協会との交渉会ハ一昨夜七時より開会せしに西郷委員長始め平田松平大浦平山の諸氏自由派よりハ林伊藤鈴木等の諸氏国民協会よりハ佐々大岡薬袋大野の諸氏出席市町村制度改正問題に就き交渉せしに郡会議員の複選法を廃止する事ハ満場一致にて可決し市町村選挙ハ現行の如く複選となすや或ハ単選法を取るかに就て議論分岐し決定に至らず其他ハ交渉纏れり依て更に一回開会していよ〳〵決定する事と為し十時過ぎ散会せり」と報じられている(「市町村制改正交渉の要点」、『東京朝日新聞』一八九八年一二月七日)。
14 「自由党の内情(再たび)」(『東京朝日新聞』一八九八年一一月二九日)。
15 同前。
16 「山県首相邸の茶話会」(『人民』一八九八年一二月一日)。
17 「宣言の勅許」(『人民』一八九八年一二月一日)。なお、「乙夜の覧」とは、唐の文宗が昼間政務多忙のため、夜の一〇時を過ぎてから読書したこと、転じて天子の書見のことを言う（『広辞苑』）。
18 同前。また、宮内庁編『明治天皇紀　第九巻』（吉川弘文館、一九七三年）の一八九八年一一月二九日の記事には、「内閣総理大臣侯爵山県有朋、ご内儀に於て謁を賜ふ」とある。

2　地租増徴案成立の政治過程

第一三議会が開会してすぐの一八九八（明治三一）年一二月八日、地租増徴案と地価修正案が同時に衆議院に上程された。法案の趣旨説明に立った首相山県有朋は「（日清戦後の財政運営が）物価ノ騰貴並時勢ノ変遷ニ伴ヒマシテ、経費ハ予期ノ外ニ超出致シマスルハ実ニ免レザルコトデアリマス（中略）故ニ第一一議会以来、当局者ハ種々ノ計画ヲ立テ、提出致シマシタガ、不幸ニモ議会ノ解散等ノタメニ成立致シマセヌ、故ニ財政ノ基礎ハ遂ニ今日マデ確立致シマセヌ、是ハ上下挙ゲテ実ニ遺憾ト致ス所デアリマス」と述べ、「戦後経営ノ半途ニシテ中止スベカラザル」ためには「先ヅ財政ヲ鞏固ニシ、国家ノ信用ヲ敦ウシ、一般経済ノ融和ヲ求メ」る必要があると論じ、この二つの法案は「政務ノ執行ヲ致スニ就キマシテハ、其最モ緊急ナル議案ト認ムルモノヨリ、当期議会ニ提出」したとして、地租増徴と地価修正が予算案の成立には欠くべからざるものであると強調した[1]。一方、蔵相松方正義も「本大臣ガ就職前ニ於テ、三十二年度ノ予算ハ、前内閣〔第一次大隈重信内閣＝筆者〕ニ於テ、既ニ編成ヲ終ッテ居リマシタ、政府ハ之ヲ相当ト認メルガ故ニ、其儘之ヲ提出」したものであることを述べ、その上で「諸君ノ御承知ノ通、我財政ノ現況ハ甚ダ不安ニ堪ヘザルモノアリ、何トナレバ三十二年度ノ歳出ハ二億二千六百三十四万四千七百円余ニシテ、歳入ハ一億八千八百七十三万八千四百円余、差引キ歳入ノ不足実ニ三千七百六十万六千三百円余ニ達シマスル、是レ実ニ政府財政ノ鞏固ヲ計ラザルヲ得ザル訳」であると、歳出の一五パーセントが不足する危機状況を説明した。歳入の補塡については、「確実ナル財源ヲ撰択」すれば「地租及ビ酒税ヲ主トシテ之ニ加フルニ所得税登録税ノ改正ヲ以テシ、三十二年度ニ於キマシテハ三千三百八十八万八千四百円余ノ歳入増加ノ計画ヲ立テ（不足分は）三百七十万円余ノ償金ヲ繰替使用」すると述べ、大増税計画の一環として地租増徴があると説明した。しかし、「三十三年度ニ於キマシテハ、歳入増税ノ全額ハ四千四百九十八万三千円余ニ達スルノ見込デゴザイマス」となお一層の財政危機が迫ってくると述べた。「万一不幸ニシテ亦増税案ノ通過セザルヤウナコトガアリマシタナラバ、知ラズ何ノ日カ財政ノ基礎ヲ鞏固ニ為スコトガ出来マセウカ、否ナ戦後経営ノ事業モ中途ニシテ挫折シ、民間ノ生産事業モ萎靡シ、我財政ノ信用ヲ中外ニ失墜シ、国家ノ進運モ此ニ阻廃スルヤ亦知ルベカラズ」と、地租を含めた大増税が不可欠であると述べ、そのために「政府ト議会ト、和衷協同ノ実ヲ挙ゲルコト」が必要であると訴えたのであった。[2] とくに、松方正義の蔵相入閣については、「伯（松方正義）の入閣ハ他の閣臣と異にして特に『財政を整理せよ』との大命伯に下りたる都合なり去れ《ママ》バ内閣の性質如何に関せず伯ハ奮て財政整理の任に当り以て大命に応へ奉らんとの決心にて伯が財政整理の目的としてハ飽までも地租増徴を主張し田尻（稲次郎）次官亦伯と同論にて共に就職せる以上ハ断々乎として地租増量《ママ》を為さん」[3] との松方正義の地租増徴にかける熱意が報じられていた。

地租増徴に対する気運は、商工業者から盛り上がっていった。衆議院に地租増徴案が提案されると、全国の商工業者は、渋沢栄一・大江卓・尾崎三良・益田孝らが中心となって地租増徴期成同盟会を設立した。[4] 地租増徴期成同盟会は一二月一七日、帝国ホテルに前述の実業家以外にも、住友吉左衛門・安田善次郎・大倉喜八郎・中上川彦次郎ら五〇〇人が集まり、地租増徴を後援する大集会が開催された。[5] この会において、渋沢栄一は「見よ、今日の地価は昔日に数倍するものあるにあらずや、今日の農産物はその価格昔日に数倍するものあるにあらずや、地価騰貴し、農産物騰貴し、通貨の昔日の半ばに値するに過ぎざるにあらずや（中略）今や地租を引き上ぐるも、農民はこれに対して苦情を鳴らすの権利なかるべし」と述べると共に、「我ガ東京商業会議所は（中略）市街地宅地は地価の騰貴、収益の増加は田地に比し殊にはなはだしきものあれば、更に大いに増加すべしとの事をも建議せり」と述べ、地租増徴の政府原案にある市街地宅地地租の五パーセントを容認したのであった。[6]

全国の商業会議所が続々と地租増徴決議を上げるなかで、憲政党も商工業者との関係を重視せざるを得なくなっていた。第一三議会開会前には、憲政党幹部が実業家から招待を受けていた。その招待会の席上、実業家を代表した尾崎三良が「我々実業家は議会頻繁の解散を厭ひ一三議会の無事ならんことを希望するものなれば、憲政党の諸君は我々実業家に安心を与ふる様国家の為め尽力あらんことを」と述べたのに対し、憲政党を代表した末松謙澄は「数年前まで政党と実業家の間は甚だ隔離したるものなるに近来次第に接近し来りて今日の如く政党員が実業家の招待を受け共に打ち解けて国家の重要問題などを談話し其意見を闘すは実に喜ぶべきことにして今後此関係は益々親密ならんことを希望し政党は実業家に拠り実業家は政党に拠り共に相助けて国家の進運を謀らん事を祈る」と応じたのであった。[7] また、先の帝国ホテルで開かれた地租増徴期成同盟会の招待会には、憲政党から板垣退助と末松謙澄が出席し、板垣退助は地租増徴を容認するような演説までしたのであった。[8]

一般的には、第二次山県有朋内閣と憲政党との提携によって財政問題の合意ができていると思われていた。田口卯吉は、『東京経済雑誌』上において、「憲政党が現内閣と提携を為したる今日に於て、地租増徴に反対を唱へんとするは寧ろ怪しまざるべからず、提携の証文たるべき山県首相の宣言に曰く、『現内閣は国家歳入の基礎を確実にして、戦後の経営を完くするに付て、其の見る所の諸君と相合ふを喜ぶ云々』、夫れ国家歳入の基礎を確実にすべき財政策、即ち歳入の不足を塡補すべき財源に就て意見を交換せしに相異なし」[9] と指摘していた。『東京朝日新聞』も「蓋し星氏と現内閣との間にハ確かに増徴談ありて星氏ハ之を専断的に黙約する所ありしに相違なかるべし」[10] と報じていた。

しかし、憲政党の幹部たちは、山県内閣との提携条件に「地租増徴の承認」までは入っていないと憲政党員に説明することで、党内をまとめ、提携にこぎつけていた。自由民権運動以来の北九州の重鎮松田正久を中心とする九州議員倶楽部は、山県内閣との提携披露の前日に三人の議員が憲政党本部に赴き、星亨・林有造・江原素六の領袖に面会し、「地租問題は政府提携の問題外に在り」との言質を得た上で、「提携の事に就きては敢て異義を云わざるべしとの事に決定」したのであった[11]。その後に開かれた憲政党代議士総会においても、「地租増徴問題は提携の交渉外なりと云へる星氏の言を信じて提携決議案を可決し、翌三〇日山県首相の提携宣言を歓迎した[12]」と言われている。

憲政党は、山県内閣と提携する条件として、「歳出入の均衡」＝「財政整理」や明治三二年度予算案成立への協力までは合意したに違いないけれども、地租増徴までは合意していなかったと考えられる。山県内閣が地租増徴を第一義とした歳入の確保を考えていたのに対して、憲政党は地租増徴によらない歳出入の均衡を考えていたと思われる。新しい（分裂後の）憲政党の『憲政党党報』第一巻第一号（一八九八年一二月五日発行）の巻頭論文が、大隈内閣の前蔵相だった松田正久の「論説　財政計画」であったことがそれを物語り、憲政党の当初の方針がわかる。松田正久は地租増徴によらずとも、歳入の補塡は可能であるという立場だったからである。松田正久は「（前略）不生産的消費に課税すること、し酒税を増課し、葉煙草の売下価格を引上げ、新たに砂糖税を起すと同時に、此等消費品其他之に障害を与ふべき輸入品に対しては、均衡的課税を為さんと欲す、而して右酒税の増加葉煙草売下価格の引上げ及び砂糖の課税により三十二年度には二千六百万円余を得べき見込みなりと雖も尚多少の不足なきことを得ず仍て所得税及登録税法に改正を加ふると同時に多少の増率を施し更に日本銀行に対し課税を行ふ等の方法により四、五百万円の収入を得て之を充足し国家の歳出入をして其平衡を得せしめん[13]」と述べている。松田正久は、いわゆる「間接税」的な費目に広く薄く課税し、「数多の税種に依頼し、零砕の歳入を掃き集め[14]」ることで歳出入の均衡をはかろうと考えたのであった。憲政党としても、従来からの歴史的立場からそのまま地租増徴を認める訳にはいかなかったのである。

憲政党は、山県内閣による地租増徴案の衆議院への上程に先立つ一二月四日の代議士総会において、総務委員星亨の「結局政府をして増租地《（ママ）》案を提出せしめざるの方針を以て政府に交渉することに決定」するの提案を承認し、板垣退助・松田正久・林有造ら九名の交渉委員を選び、政府との交渉にあたることとなった[15]。その翌日の夜、憲政党交渉委員と山県内閣とのはじめての交渉会が持たれた。憲政党側が「予て代議士総会の精神を以て増租案見合せの意見を陳述し之が補塡として葉煙草専売法改正案幷に砂糖税法案施行の手段を取り尚ほ其不足分ハ償金残額の内より特に、一千万円を繰入れ三十二年度の予算計画を立つべし当期議会に於て増租案を提出するハ決して其時機《ママ》を得たる者にあらずとて政府の熟考を求」めたのに対し、松方蔵相や財務当局者は「葉煙草法案砂糖法案の実施果して予定の実収を得るや否やに就て頗る懸念なき能はず」と反論し、[16]激論の内に第一回交渉会は終了した。第二回交渉会は、その翌日一二月六日に持たれ、午後七時から一二時過ぎまで五時間にわたったという。憲政党が「地租増徴案の提出を一ケ年延期し歳入の不足ハ尚ほ他の財源（絹布税の如きより）補塡する」ことなどを提案したのに対し、山県内閣は「苟くも責任を負ふて財政の基礎を鞏固ならしめんとせバ其信ずる財源に依らざる可らず地租増徴ハ実に確固たる財源なれバ希くハ諸君に於ても政府と協心して国家財政の確立に尽力されん事を望」むと述べ、とくに松方蔵相は「増租案を外にして他に現時財政の急を済ふの道あるを覚えず」と強力に主張して譲らなかった。[17]「地租増加ヲ以テ財政計画ノ骨随《ママ》」[18]とする山県内閣は、最後に交渉の不調を宣言し、山県首相より、明日の一二月八日に地租増徴案を衆議院に上程する旨が述べられた。[19]

　山県内閣が提出した地租増徴案は、地租率を現行の二・五パーセントから四パーセントに引き上げることによって、同時に提出した地価修正による減額を差し引いても一七六四万四一一三円の増収を見込むものであった（表2参照）。地租増収分は実に歳入補塡計画額の四〇パーセント近くを占め、まさに財政計画の骨格であった。衆議院への上程を受けた憲政党は、「現内閣ト提携シテ相倶ニ戦後経営ヲ全フスルノ責任ヲ有シ」ていたため、「地租増徴ノ事遂ニ已ム可カラザルヲ察シ」[20]て対応せざるを得なくなった。憲政党は「怠慢ノ増徴ハ時宜ニ便ナラザルヲ慮」[21]り、憲政党員が納得できる妥協点を見つけ出すことを迫られた。一方、山県内閣側も「是が為めに（地租増徴不成立＝筆者）又もや予算不成立となるが如き事あらんにハ実に国家の不幸此上もなし」[22]と考えるまでに追い詰められていたことも確かであろう。

　地租増徴案と共に提案されていた地価修正案は、地租増徴案成立に大きな力となったことは指摘されている。[23]全国の地価修正総額は、田において一億一四八九万円、畑において三三七〇万円、田畑合計一億四八五九万円の地価低減となり、地租率二・五パーセントで計算すれば、全国で約三五〇万円以上の地租が低減されることとなる[24]。地価修正案の上程によって、各府県の郡市ごとの地価修正額が公表されると、全国に大きな反響がまき起こった。田の地価が最も低減されていたのが大阪府である（表1参照）。新地価は旧地価の八〇・一パーセントとなり五分の四に低減された。大阪府は畑においても旧地価の七一・二パーセントと低減がなされ、全国で二番目の低減率であった（表1参照）。このため、大阪府会は、地価修正法案が提示されると直ちに反応し、「地租増徴及び地価修正の建議」を採択して内務大臣へ送付した。それには、「地租増徴は、我が邦財政の基礎を鞏固にし、戦後経営の完結と実業発達の目的とを達成するに就いて、最も重要たり。特に田畑地価の修正は、租額を均一にし、地方農家の負担をして偏重偏軽の憂いなからしむるの一大案なりとす。故に以上の二者は、我が大阪府に取り切実なる関係を有し、直接の利害を府民の頭に感ずる事最も大なり[25]」と。大阪では地租増徴を求める大阪市街地の商工業者の要求と、地価修正による利益を考えた郡部の地主層の要求とが合致したのである。

しかし、これとは反対に、地価修正の恩恵に浴さない松田正久を中心とする北九州（表1参照）の議員たちや、杉田定一を中心とする北陸・東北（表1参照）の議員たちを中心とする強固な地租増徴反対派が形成されたことを意味した。その議員数は三三名とされた[26]。これらの地方は、地価修正が全く行われないか、行われてもほとんど低減されていない地方であることがわかる（表1参照）。これらの地方の県では、政府原案のように地租が二・五パーセントから四パーセントへ増徴されると、実に従来の地租額の五〇～六〇パーセント近い増徴となり、到底受け入れられない数値となる。こうしたなかで、憲政党評議委員会は政府原案の四パーセントを三・三パーセントとする修正案を代議士総会に提案し、承認された。なぜ、三・三パーセントの地租率が浮上したかはわからないが、憲政党だけでなく憲政本党中にも「四分ハ苛酷に過ぐ宜しく一分を増して三分五厘と為すべしと云ふに在り其他地価修正に伴ふ増徴のなれバ三分七厘迄ハ我慢すべし[27]」という議員がいたことが報じられている。二・五パーセントから三・三パーセントの地租率増加は、十分に反対派議員を説得

表1　地価修正による軽減比率と地租増徴による負担増加比率

府県	田			畑			府県	田			畑		
	A	B	C	A	B	C		A	B	C	A	B	C
	%	%	%	%	%	%		%	%	%	%	%	%
東京	80.2	128.3	105.9	85.5	136.8	112.9	京都	90.4	144.6	119.3	86.3	138.9	113.9
大阪	80.1	128.2	105.7	71.2	113.9	94.0	神奈川	81.7	130.7	107.8	84.6	111.7	111.7
兵庫	84.0	134.4	110.9	83.4	116.8	110.1	長崎	91.1	145.8	120.2	94.7	151.5	125.0
新潟	100.0	160.0	132.0	100.0	160.0	132.0	埼玉	82.8	132.5	109.1	84.4	135.0	111.4
群馬	82.2	131.5	108.5	82.7	132.2	109.2	千葉	87.0	139.2	114.8	87.2	139.5	115.1
茨城	80.3	128.5	106.0	90.7	145.1	119.7	栃木	85.4	136.6	112.7	97.0	155.2	128.0
奈良	91.5	146.4	120.8	91.7	146.7	121.0	三重	81.7	130.7	107.8	77.7	124.3	102.5
愛知	84.0	134.4	110.9	82.2	131.5	108.5	静岡	82.5	132.0	108.9	79.2	126.7	104.5
山梨	89.6	143.4	118.3	100.0	160.0	132.0	滋賀	86.6	138.6	114.3	77.3	123.7	102.0
岐阜	84.9	135.8	112.1	70.5	112.8	93.1	長野	94.3	150.9	124.4	100.0	160.0	132.0
宮城	100.0	160.0	132.0	100.0	160.0	132.0	福島	95.0	152.0	125.4	85.9	137.4	113.4
岩手	100.0	160.0	132.0	86.9	139.0	114.7	青森	100.0	160.0	132.0	88.4	141.1	116.7
山形	100.0	160.0	132.0	83.0	132.8	109.6	秋田	100.0	160.0	132.0	83.7	133.9	110.7
福井	89.4	143.0	118.0	96.3	154.1	127.1	石川	89.9	143.8	118.7	92.3	147.7	121.8
富山	97.7	156.3	129.0	100.0	160.0	132.0	鳥取	88.7	141.9	117.1	87.7	140.3	115.8
島根	91.9	147.0	121.3	85.9	137.4	113.4	岡山	82.6	132.2	109.0	84.4	135.0	111.4
広島	83.0	132.8	110.0	76.8	123.0	101.4	山口	100.0	160.0	132.0	100.0	160.0	132.0
和歌山	82.6	132.2	109.0	79.1	126.6	104.4	徳島	87.3	139.7	115.2	84.5	135.2	111.5
香川	88.3	141.3	116.6	95.8	153.3	126.4	愛媛	87.0	139.2	114.8	83.0	132.8	109.6
高知	83.8	134.1	110.6	96.1	153.8	126.8	福岡	94.4	151.0	124.6	97.5	156.0	128.7
大分	85.8	137.3	113.3	68.6	109.8	90.5	佐賀	95.5	152.8	126.1	100.0	160.0	132.0
熊本	89.9	143.8	118.7	89.9	143.8	118.7	宮崎	93.2	149.1	123.0	86.6	138.6	114.3
鹿児島	87.2	139.5	115.1	78.4	125.4	103.5	計	86.7	138.7	114.4	83.4	133.4	110.1

『東京朝日新聞』1898年12月９日より。

註　A－新地価／旧地価，B－地租４％，C－地租3.3％

表２　明治32年度歳入補塡計画額（政府原案）

費　目	補塡計画額	
	円	%
地　租	17,644,113	38.3
所得税	1,494,516	3.2
酒　税	22,556,409	48.9
噸　税	475,972	1.1
登録税	1,603,882	3.5
葉煙草専売収入	1,082,133	2.3
日本銀行納付金	1,237,150	2.7
合　計	46,094,175	100.0

『明治財政史　第１巻』，70～71頁。

表３　明治32年度歳入補塡決定額

費　目	補塡計画額	
	円	%
地　租	8,475,958	20.2
所得税	1,494,516	3.5
酒　税	22,556,409	53.7
噸　税	237,986	0.6
登録税	1,846,759	4.4
葉煙草専売収入	2,145,550	5.1
兌換銀行券発行税	1,159,560	2.8
醤油造石税	1,598,387	3.8
煙草営業免許税	831,750	2.0
郵便電信収入	1,673,344	3.9
合　計	42,020,219	100.0

『明治財政史　第１巻』，71～72頁。

できる数値であったと考えることができる。地租増徴が三・三パーセントまで低減されれば、地価修正率の低い地方でも増徴率は二〇〜三〇パーセントにとどまるからである（表1参照）。憲政党が決定した地租率三・三パーセントについて、衆議院地租改正特別委員会で質問された松方蔵相は「兎角政府ノ方ノ希望ハ、原案ノ通リデゴザイマスレドモ、衆議院ノ帰スル所即チ此百分ノ三箇三ト云フ所ニ帰シマスル以上ハ、強テ不同意ヲ申スコトハアリマセヌ、併ナガラ此不足ダケノ財源ハ求メマスルカラ、兎角ソコニハ顧慮ヲ煩ハサニヤナラヌ」[28]と、三・三パーセントを容認しつつも、地租率を三・三パーセントにすることによる歳入の減収を補塡する新たな財源が必要であると訴えた。

しかし、三・三パーセントとなっても憲政党内の地租増徴反対論者はまだおさまらなかった。「憲政党内に於ける増租反対者ハ党議決定〔三・三パーセントのこと＝筆者〕すると共に、一同開化亭に集会し善後策に就き協議せしが結局飽迄初心を翻へさず此上ハ党議除外例によりて反対すべし」[29]と決し、福井県の杉田定一を中心に党議除外の要求を憲政党総務委員へ提出したのである。これらの最強硬反対派を説得するための方法が地租増徴に期限をつけることであった。反対派が採択で否決にまわれば、国民協会が地租増徴に賛成しても、その可決はむずかしくなるからである。『国民新聞』はその事情について、「地租増徴に制限の年限を附する事にして此事たる藤金作氏が大蔵省官吏（或は日阪谷芳郎氏）と面談し大蔵省の官吏は若し三分三厘を復活して四分とせば多少の年限を定むるも差支なしとの意をほのめかしたれば九州議員の一部は此れにて纏めんと大蔵省の案を翻して三分三厘に年限を付するの説を以て星、末松等の総務委員に交渉したりしも総務委員等は今更ら斯る交渉を政府に向てなすの面目なしとて一応之を拒絶したり」[30]と報じている。また、その年限が五年間となった事情については、「自由党〔憲政党のこと＝筆者〕総務委員等ハ増租七箇年有限説を以て各代議士の一致賛成を得せしめんとて頗る苦心する所ありたるに七年ハ尚ほ長期に過ぐ宜しく五年期に短縮すべしとの説を唱ふる者ありしかバ星、末松、林等の人々ハ七年期さへも無理押し付けの談判を以て政府を納得せしめたる位なれバ到底此上に短期ハ得て求むべきにあらずとて交も〳〵起って之が顚末事情を陳弁せしも例の三十余名の反対組ハ仲々之に承服せず是非今一応五年期として政府に交渉を開かれたしとて動く気色なきより左れバ成らぬながらも念の為め交渉せんと林、末松の総務委員ハ右五年期の交渉を持懸けしに意外にも松方蔵相ハ五年期にて宜しとの返答に及べり林氏等ハ云を聞いて余りに政府の安承諾に一驚を喫したる由なるが三十余名の反対派は『左もあるべし』との面持にて玆に五年説に纏まりたる次第なり」[31]との事情も報じられている。この記事は続けて、「大阪選出の代議士某氏が松方蔵相を訪ふて増租有限説を鳴したる折蔵相ハ七年ならバ同意すべき旨を語り尚五年期にても財政上左までの支障あるを見ずとて調査表らしきもの」[32]を見せたとされた。これらによれば、三・三パーセントでも納得しない憲政党の反対派議員が、地租増徴に年限をつけることを憲政党幹部に要求し、それによってまず政府に七年の期限を認めさせたのであろう。しかし、憲政党内の最強硬反対派はさらに圧力をかけて五年まで短縮させたのである。一方、地租増徴の財源が欲しい政府も衆議院通過を確実にさせるために、五年間の期限付増徴に妥協したのである。こうしたなかで、九州議員の重鎮松田正久は「若し此折合さへ出来れば〔三年ないし五年の期限をつけること＝筆者〕自分の体面にかけても反対派を説得すべし」[33]との決意を示した。最終的に、衆議院内では、憲政党と中立派の五年説に対して、最後まで七年説を唱えていた国民協会が歩み寄り、三・三パーセントを五年間とする衆議院の地租増徴案賛成が固まった。[34]松田正久は、地租増徴案の採決に臨む前の憲政党代議士総会において「予は元来今回政府の提出せし地租増徴案に対しては反対の意見を有するものにして出来得る限り間税《（間接税）》を以て財政の基礎を立てんと欲するものなり然れども今日国家の事は大政党一致の力を以てするにあらずんば其の大目的を貫徹する能はざるが故に予は一己の持説を固守する者にあらず今や我党中の賛否両派に於て互に譲歩をなし玆に此公平なる提案を見るに至りたる以上は断然此の説に賛成すべし希くば増租反対の意見を有せらる丶他の諸君も予輩と共に進んで本案に賛成あらんことを切望」[35]していると演説をなし、憲政党を地租増徴賛成にまとめきった。

一方、地租率が四パーセントから三・三パーセントへ低減されたことで、政府原案では一七六四万円の増収が見込まれていた歳入補塡計画の柱であった地租増徴は八四七万円と当初見込みの半分となり、補塡計画のなかで四〇パーセント弱を占めていたものから二〇パーセントへと比重が低下した（表2・表3参照）。政府は地租率低減による歳入不足を、さまざまな間接税的な税目で補わざるを得なかった。はじめ、政府はその不足分を家屋税で補おうとしたが、「家屋税ニ関シテハ頗ル非難ノ声喧ク容易ニ通過ノ望ナキ」[36]と言われているように、世論の動向を気にする政党の支持を得られなかった。政府は家屋税を撤回し、衆議院の要求のままに葉煙草専売収入の増加などで対応した（表3）。これによって、松方蔵相が「議会ハ総テ歳入補塡ニ関スル政府提出案ヲ協賛シ多年ノ難問題タリシ増税経画《（ママ）》ハ茲ニ漸ク成立ヲ見ルニ至レリ」[37]と述べているように、これ以後、憲政党は財政に関するすべての法案を可決して政府と協調した。最終的な歳入不足分の四〇〇万円は日清戦争賠償金からの繰替支弁で埋め合わせた。それでも、松方蔵相は「政府ノ提出案ニ比シ議定額ノ四百余万円ヲ減少シタルハ頗ル遺憾ナリト雖モ増税案ノ成立ハ戦後予算ヲ整理シ財政ノ基礎ヲ頗ル鞏固ナラシメタリ」[38]と安堵したのである。

　しかし、明治三二年度予算は政府の予想以上に膨張した。「本予算提出後追加予算ノ提出セラレタルモノ頗ル多カリシ為メ同年度ノ歳計ハ遂ニ九七〇余万円ノ償金繰替ヲ見ルニ至レリ」[39]と、約一〇〇〇万円近くを日清戦争賠償金から繰り入れねばならなくなった。地租増徴案は成立したとは言え、地租による増収は当初見込み額の半分、全体計画の二〇パーセントまでに低下し、地租増徴以外の税目については、憲政党がほぼ議会当初の政府との交渉会で主張した、幅広く間接税的な税目から徴収するという展開となった。また、償金の一〇〇〇万円近い繰替支弁も憲政党の見込みに近い額であった。第一三議会における地租増徴を含めた大増税は、山県内閣が政府の計画と憲政党の要求を調整しながら達成した成果である。山県内閣と憲政党との提携ができていなければ、成立できなかったと言っても過言ではないだろう。松方蔵相は、「所謂戦後経営ノ為メ増税ヲ画策シタルモ（中略）第一一議会及第一二議会ニ於テ相次テ敗レ漸ク第一三議会ニ於テ成立ヲ見ルニ至レリ戦後経営モ爰ニ粗ホ一段落ヲ告クルニ至レリ」[40]と、第一三議会を振り返って総括したのである。

　一方、憲政党も、地租増徴を含めた大増税を協賛したことで政党の存在感を示した。第一三議会の休会中に行われた憲政党の地方遊説員慰労会で、地租増徴反対論者であった松田正久は、次のような演説を行っている。「今日我党が地租増徴を賛成したるが為に全国各地方に於ては或は中央政界の事情に通ぜざるが為めに吾党に対して反対を表するものも是れあらんかと考へ遊説員として諸君のご苦労を煩はすこととなりしが諸君は此の朔風凜烈の候なるに拘らず風雪を冒して遠く各地に遊説せられ熱心以て吾党精神にある所を論述せられたる結果として全国到る所非常の好結果を得て吾々をして実に其予想外の盛況に驚かしめたる」[41]と。地方の人々によっても、憲政党の政府対応は評価されたのである。

1 『第十三回帝国議会、衆議院議事速記録第四号』(一八九八年一二月八日)、一四頁。総理大臣山県有朋の演説。
2 同前。大蔵大臣松方正義の演説。
3 「松方伯と地租案」(『東京朝日新聞』一八九八年一一月二八日)。
4 「地租増徴期成同盟会の設立」(『東京朝日新聞』一八九八年一二月一五日)。
5 「地租増徴期成同盟招待会」(『国民新聞』一八九八年一二月一八日)。
6 同前。
7 「実業家よりの招待」(『憲政党党報』第一巻第二号、一八九八年一二月二〇日)、九五~九六頁。
8 註5に同じ。
9 「地租増徴問題」(『東京経済雑誌』九五七号、一八九八年一二月一〇日)、一一九〇頁。
10 「地租増徴案の後来」(『東京朝日新聞』一八九八年一二月五日)。
11 「提携と各団体の意向」(『憲政党党報』第一巻第二号、一八九八年一二月二〇日)、一一〇頁。
12 註9に同じ。
13 松田正久「論説　財政計画」(『憲政党党報』第一巻第一号、一八九八年一二月五日)、三頁。
14 同前。
15 「代議士総会と増租問題」(『憲政党党報』第一巻第二号、一八九八年一二月二〇日)、九六頁。
16 「地租案の交渉」(『東京朝日新聞』一八九八年一二月七日)。

17 「地租問題交渉不調」(『東京朝日新聞』一八九八年一二月八日)。
18 「第十三議会報告書」(『憲政党党報』第一巻第九号、一八九九年四月八日)、四八一頁。
19 註17に同じ。
20 註18に同じ。
21 同前。
22 註17に同じ。
23 坂野潤治著『明治憲法体制の確立—富国強兵と民力休養』(東京大学出版会、一九七一年)、二〇七~二一二頁。
24 『明治財政史　第五巻』(明治財政史編纂会、一九二七年)、七二五頁。
25 「地租増徴及地価修正の建議」(『大阪毎日新聞』一八九八年一二月一日)。
26 「自由党決議反対の数」(『東京朝日新聞』一八九八年一二月一三日)。
27 「地租増徴の程度論」(『東京朝日新聞』一八九八年一二月一一日)。
28 『第十三回帝国議会、衆議院地租条例中改正法律案外一件審査委員会速記録第三号』(一八九八年一二月一八日)、二八頁。
29 「地租反対者の除外例請求」(『東京朝日新聞』一八九八年一二月一五日)。
30 「増徴に年限を附する事」(『国民新聞』一八九八年一二月二二日)。
31 「七年説と五年説」(『東京朝日新聞』一八九八年一二月二二日)。
32 同前。
33 註30に同じ。
34 註18に同じ。
35 「我党増租案を通過せしめたる始末」(『憲政党党報』第一巻第三号、一八九九年一月五日)、一三六頁。
36 「明治三三年松方大蔵大臣ノ提出セル戦後財政始末報告」(『明治財政史　第一巻』明治財政史編纂会、一九二六年)、七一頁。
37 同前。
38 同前。但し、七二頁。
39 同前。

40　同前。但し、七三頁。
41　「紅葉館の遊説員慰労会」（『人民』一八九九年一月二八日）。

3　文官任用令改正の公布と憲政党

　地租増徴問題が結着した後、星亨は第二次山県有朋内閣との提携に異論を唱えていた人々に対して、「山県侯ハ十三議会を無事に通過するに於て必ず勇退するに相違なし山県首相勇退の暁ハ即ち我党が思ふ存分なる内閣を造りて多年の素志を達する秋なり（中略）先づ当議会に於てハ一時忍ぶ能はざるの事情あるも忍んで之を授け山県首相をして我自由党（憲政党のこと＝筆者）の力に頼りて無事に議会を通過するを得たりとの感を興さしめバ曾て政海《（ママ）》に野心なき山侯の事なれバ議会無事閉会と倶に我党をして平素の希望を達せしめんとの観念を生ずるハ蓋し疑ふべくもあらざるなり此時に方り静かに山侯をして平和的勇退を断行せしむるハ不肖星亨の方寸にあり[1]」と述べていた。星亨は、いわば「情意投合」による憲政党への政権移譲すら構想していたのであった。

　一八九九（明治三二）年三月九日、第一三議会が閉会した。衆議院議員選挙法の改正は成し遂げられなかった（後述の第4節「衆議院議員選挙法改正と憲政党」を参照）けれども、山県内閣と共に積年の地租増徴・地価修正問題を処理し終えた憲政党の星亨は自信に満ちあふれていた。憲政党の四人の総務委員の筆頭格として憲政党を領導していた星亨は、憲政党寄りの論陣を張る新聞『人民』に著名入りの論説「気運漸く将に熟せんとす[2]」を発表し、その満々たる自信を披瀝していた。それには、「議会（第一三議会＝筆者）以後の憲政党は、応に如何なる行動進退を為すべき乎、是れ海内の翹首して與り聞かむと欲する所なるべし（中略）吾輩を以て之を観るに、政党内閣の気運は、漸く将に熟せんとするものあるなり[3]」と述べ、その理由として次のように政党勢力の伸張に言及した。「政党は最早操縦を以て甘んぜず、操縦するには余りに発達せり、余りに膨張せり、然れども政府は其生存の必要条件として、政党の力を籍らざる能はず、繰縦の一変して提携と為りたるは、是れ豈政府の退一歩にして、政党の進一歩に非ずや、山県侯は世に超然主義の本尊と称せられたりしも、其第二次の内閣を組織するや、敢て武断政治を行はず、敢て憲法中止を主張せず、所謂『一介の武弁』を以てして、尚且つ政党と手を握るを辞せず、自ら下て提携を憲政党に求め、宣言して以て天下に告白するに至りたり、之を伊藤内閣〔第二次伊藤博文内閣＝筆者〕が事実上提携しながら、天下に向かって公に宣言する所なかりしに比せば、政党の勢力、更に一段を進めたりと謂ふべし、而して超然主義は名実共に消滅せり（中略）是に於て乎、苟も政治に志あるものは、皆政党を望で走り、国庫より補助金を得んとするもの、政党に走り、天下争ふて政党に走て政党の勢力は益々大ならざるを得ず」[4]と述べていることに星亨の自信の深さが感じられよう。

　星亨が、この論説を新聞『人民』に掲載した一〇日後、一八九九年三月二八日、山県有朋は、勅令第六一号として文官任用令の改正を公布すると共に、この文官分限令・文官懲戒令をも公布した。後者の二つは、文官の身分を保障すると共にその懲戒に関する制度を整えるために出されたものであったが、文官任用令の改正は、政党からのいわゆる猟官運動を防止することを直接の狙いとすることは言うまでもないものであった[5]。文官任用令改正以下の三勅令の公布にあたって、政府は、「大権ヲ輔弼シ政略ノ参画ニ任スル国務大臣ハ即チ専ラ君主ノ親任ニ依テ其職ヲ奉スル者ナルカ故ニ一定ノ規制ニ従テ其任免ヲ議ス可カラズト雖モ高等行政官以下ニ至リテハ時局ノ変遷若クハ国務大臣ノ更迭ニ関シテ何等ノ影響ヲ受ク可キ者ニ非ス然ラサレハ将来或ハ起ル可キ内閣ノ交迭（ママ）ニ際シ毎ニ行政官ヲ進退スルノ弊ヲ生シ行政ハ為ニ公正不羈ノ性格ヲ失ヒ偏頗私利ノ具ト為ルニ至ル可キナリ故ニ行政官ヲシテ不偏不党政略ノ外ニ立タシムルニ非サレハ行政ノ公正得テ望ム可ラサルナリ」[6]と詳細に制定理由を発表した。国務大臣である親任官以外の勅任官は、文官高等試験に合格し、一定の官歴を経験した奏任官のなかから昇任させることにしたのである。政党との提携の埒外にあり、明治憲法第一〇条の官制・官吏令による行政府が、法律を根拠とすることなく独自に定めることができる独立命令である勅令によって政党の活動を抑制しようとしたのである。勅令という方法による突然の文官任用令改正は、山県内閣との提携を誇っていた憲政党に大きな衝撃を与えるものとなった。星亨が文官任用令改正を知ったのは、公布前日の三月二七日であったという。「官吏任用令改正〔文官任用令改正のこと＝筆者〕に関し、星亨氏の語る所によれば改正に就ては予め意見を問われたる事なく之を聞きたるは去る二七日の夜にして其時は既に官報局に廻送後にして僅かに草案に依りて知り得たるのみ政府の当局者の外は何人も知りたるものなく伊東巳代治氏の如きも僅かに余より数時間前に知りたりと云ふ位なり」[7]と報じられている。山県有朋は、第二次山県内閣成立時に憲政党との提携を積極的に推進し、仲介の労をとった伊東巳代治[8]にも情報を漏らさなかったのである。また、文官任用令改正に関して、山県有朋は、「憲政党の領袖板垣・星・松田・片岡の諸氏は昨日〔三月三一日＝筆者〕午後五時より山県首相の永田町の官邸に訪問したり此会合は数日以前板伯より会見を求めしも双方の用務の為め終に延〳〵て昨夜に至り会見を遂ぐること、なりしなり」[9]と報じられているように、すぐには憲政党幹部との会見に応じようとはしなかったのである。「山県首相が予め之を憲政党の領袖にも謀らずして咄嗟の間に其発布をなし」[10]たように、まさに「超然主義」的対応であった。このような山県有朋の態度は、憲政党と山県内閣との提携が盤石であると考えていた憲政党に失望と怒りと不審を醸成させることとなった。「現憲政党は現内閣成らんとするの当初、単に人材として入閣するをも之を拒絶し〔事実と若干異なるが＝筆者〕、爾来幾回の会見に於て毎に初志を堅持し〔中略〕、而て又区々官職を猟るが如き鄙心を挟まず、内閣をして其他施設百般に自在ならしめ兼て党の素望を実行せん」[11]とし、「百方懇請僅に一大臣数勅任官の椅子を得て其犬馬の爪牙となるを以て均等対等の提携」[12]とは思はず、「憲政党が現内閣と提携したる心志の高潔にして遠大」[13]なることを宣伝していた憲政党に大きな失望を与えたのである。そのうえに、「憲政党は今日敢て猟官を望むが如き心事もなくすでに前日此際任官の運動をなさゞるの決議をさへなし」[14]ていたからである。猟官を自己規制していたのは、表面的には強固に見える山県内閣との提携もその実は危ないものだとの認識があったのではないだろうか。

憲政党の自信と不信が交錯する意識は、「知らず山県内閣は是を以て〔文官任用令改正のこと＝筆者〕山県内閣其れ自身をして長生せしむる霊薬なりと信じたりし乎。政党なくして長生する能はざるは、過故《ママ》一〇年の憲法史之を証す、山県内閣独り之を知らずと謂ふ乎[15]」との文によく表現されている。また、山県内閣への失望は、「山県内閣は如何にして提携当初の精神に負かざらんとする乎（中略）吾人は自由党〔憲政党のこと＝筆者〕の為めに現内閣が時に提携当初の精神を忽視せんとするの傾向あるを咎む[16]」との言葉からもわかるであろう。そうは言っても、憲政党の本音が山県内閣との提携維持であることは疑いもない。新聞『人民』は、山県内閣に対して「山県内閣（吾人は内閣と言ふ）は明らかに憲政党の本領を認め歴史を認めて同志偕事の者となしたるを記せよ、明らかに超然の看板を撤して政党主義を取りたるを記せよ、而して至誠邁往を以て憲政党に永久的提携伴行を約したるを記せよ[17]」と迫ったのであった。三月三一日に行われた板垣・星・松田・片岡の憲政党幹部と、山県首相に西郷内相・松方蔵相が同席した会談において、憲政党側は文官任用令の規定によらないで任免できる「政務官」の設置を要求した。「（憲政党の）総務委員より首相に対して八ケ条の要求をなしたる赴《ママ》にて其要求中には各省次官、警視総監、内閣書記官長、法制局長官、地方局長、警保局長等は政務官として文官任用令の規定によらず任免することを得るの規定を設くる事[18]」を要求したという。憲政党が山県内閣と交渉して政務官という特別任用枠を設けようとしたのは、事実上、猟官ができないながらも山県内閣との提携の実際を憲政党員に示す必要があったからであろう。しかし、山県有朋はこの要求をも拒否したばかりか[19]、政党内閣による文官任用令の新たな改正を防ぐため、その改正は枢密院の諮詢事項とする規定まで入れて、政党の猟官を徹底的に封じ込めようとしたのであった[20]。次の第一四議会が始まると、憲政党と帝国党の両党は、この特別任用枠の設定を再度、山県内閣に申し入れた。憲政党の要求は、「各省次官法制局長官警視総監、内閣書記官長警保局長各省参与官及び府県知事郡区長[21]」を特別任用枠にしようとするものであった。「府県知事郡区長」への拡大要求は過大にすぎるにしても、それ以外の文官については、大正政変後に成立し、立憲政友会を与党とした第一次山本権兵衛内閣における文官任用令改正による特別任用枠の拡大とほぼ合致していることに注目しておきたい。

文官任用令の改正は、将来における政党勢力のより一層の拡大によって政権を握り、その力を背景として勝ちとる以外にはないのである。新聞『人民』の論説は、将来における文官任用令の改正について次のように言及し、その改正を実現する決意を述べている。「憲政本党は知らず、国民協会は知らず、憲政党に至ては既に自ら猟官運動をなさゞるべしと決す、縦令猟官拒絶令〔文官任用令改正の狙いをこう表現した＝筆者〕に逢ふとも復た何の痛痒を感ずる所あらん。異日或は自ら内閣に立ちて直接に其不都合を感ずるに至る乎、則ち之を廃止せば其れ迄なるに非ずや。（中略）少なくも憲政党の希望するが如き政務官の特別任用枠位は、之を聞くに非れば、即ち折角の任用令も内閣の交迭《ママ》とともに全く破棄せらるべき恐れあるを知らずや[22]」と。その後、文官の特別任用枠をめぐっては、大正デモクラシーの高揚を背景とする政党勢力と藩閥官僚勢力との政治的対抗関係のなかで、文官高等試験や官歴にとらわれない特別任用できる官職の指定をめぐって長く争いが続いたことは周知の事実である[23]。

1　「内閣改造と星林二氏」（『東京朝日新聞』一八九九年一月六日）。
2　この当時、憲政党の執行部である四人の総務委員は、星亨、片岡健吉、末松謙澄、松田正久であった。
3　星亨「気運漸く将に熟せんとす」（『人民』一八九九年三月一九日）。
4　同前。
5　例えば、自由・進歩両派の合併によって成立した第一次大隈重信内閣（憲政党内閣）を瓦解させようと、自由派の板垣退助（内相）、松田正久（蔵相）、林有造（逓相）の三大臣が辞職した時、自由派出身の官吏も一斉に辞表を提出したが、それらの人々は次のようであった（『憲政党党報』第一巻第一号、一八九八年一一月五日）、五〇～五一頁。
小倉久（内務省警保局長）　西山志澄（警視総監）　鈴木充美（内務次官）　山下千代雄（内務省地方局長）　齊藤珪次（内務秘書官）　栗原亮一（大蔵省監督局長）　櫻井駿（大蔵秘書官）　伊藤大八（逓信省鉄道局長）　松本剛吉（逓信秘書官）　杉田定一（北

海道長官） 中島又五郎（北海道局長） 堀内賢郎（北海道事務官） 菊地侃次（大阪府知事） 園山勇（長野県知事） 加藤平四郎（静岡県知事） 谷川尚忠（高知県知事） 草刈親明（群馬県知事） 志波三九郎（石川県知事）
6 内閣官房編『内閣制度七十年史』（大蔵省印刷局、一九五五年）、六五頁。
7 「任用令に対する星氏の意見」（『人民』一八九九年四月一日）。
8 徳富蘇峰編述『公爵山県有朋伝　下』（『明治百年史叢書』原書房、一九六九年）、三五六～三五七頁。
9 註7に同じ。
10 「任用令発布に就て」（『人民』一八九九年三月三一日）。
11 山﨑林太郎「憲政本党の報告書を読む」（『憲政党報』第一巻第一〇号、一八九九年四月二〇日）。
12 同前。
13 同前。
14 註10に同じ。
15 「文官任用令」（『人民』一八九九年三月三〇日）。
16 「如何にして提携の意を実にせんとする乎」（『人民』一八九九年三月三一日）。
17 「山県侯の宣言」（『人民』一八九九年四月二日）。
18 「会談の結果」（『人民』一八九九年四月二日）。
19 註8に同じ。但し、三七六頁。
20 註6に同じ。
21 「特別任用令の原案」（『東京朝日新聞』一八九九年一二月一七日）。
22 「文官任用令（三たび）」（『人民』一八九九年四月七日）。
23 これ以後における文官任用令の変遷について若干付言しておきたいと思う。
第三次桂太郎内閣の瓦解（大正政変）によって成立した第一次山本権兵衛内閣は、衆議院においては立憲政友会を与党としていたため、その意向を入れて文官任用令を改正した。一九一三（大正二）年八月、勅令第二六二号をもって、新たに法制局長官、各省次官（陸軍次官及び海軍次官を除く）、警視総監、貴衆両院書記官長、内務省警保局長及び勅任の各省参事官には、文官任用令の適用をしないこととし、これらを自由任用の官職とした（前掲『内閣制度七十年史』、八八頁）。

ジーメンス事件による第一次山本権兵衛内閣の総辞職を受けて成立した第二次大隈重信内閣は、元老の意向を受け、前内閣の特別任用枠に制限を加えた。則ち、一九一四（大正三）年一〇月、勅令二〇七号をもって「各省官制通則」を改正し、各省に参政官及び副参政官を設置することにした（実際の任命は翌一九一五〈大正四〉年七月である）。いずれも、帝国議会との交渉事項をつかさどるもので、後の政務次官及び参与官に相当するものである。また、当時に勅令二一八号をもって一九一二（大正元）年の勅令二六二号を改正し、参政官及び副参政官を自由任用とすると共に、これまで自由任用とされていた各省次官、警視総監、貴衆両院書記官長及び内務省警保局長をふたたび文官任用令を適用すべき試験任用の官職とした（前掲『内閣制度七十年史』、九〇頁）。

米騒動による寺内正毅内閣総辞職を受けて成立した本格的政党内閣である原敬内閣によって文官の任用制度はまたしても大きく改められた。一九二〇（大正九）年五月、勅令第一四三号「各省官制通則中改正ノ件」により各省の参政官及び副参政官を廃止すると共に、各省参事官一人を限り勅任とし、同時に勅令一六二号によって「任用分限又ハ官等ノ初叙陞叙ノ規定ヲ通用セザル文官ニ関スル件」を改正して、勅任参事官は自由任用とした。この改正は、従来の内閣書記官長・法制局長官・秘書官及前記の勅任参事官のほか、拓殖局長官・各省次官・内務省警保局長・警視総監・両院書記官長について文官任用令による任用資格の制限を撤廃した重要な改革であった。これによって高級官吏の任用制は、ほぼ第一次山本内閣時代の任用制にもどされた。この改正は、原内閣が枢密院の強い反対を押し切って行われたことを付け加えておきたい（前掲『内閣制度七十年史』、一〇〇頁）。

4　衆議院議員選挙法改正と憲政党

(1)　第一二議会における審議過程

帝国議会の開設に備えて一八八九（明治二二）年に制定された衆議院議員選挙法は、一九〇〇（明治三三）年の第一四議会において大きな改正がなされた。衆議院議員選挙法は、それまでの間、議会が開かれるたびに議員から改正案が提出されてはいたが、日清戦後経営による国家・社会の変化・発展のなかでその改正が急がれるようになった。とくに都市の商工業者の拡大と政治的進出がそれをうながした。第三次伊藤博文内閣は、一八九八（明治三一）年五月に召集された第一二議会に政府自ら衆議院議員選挙法の改正を提案した。

第一二議会における最重要課題はもちろん地租増徴問題であったが、衆議院議員選挙法の改正も地租増徴に劣らぬ重要な課題として認識されていた。一八八九年の衆議院議員選挙法の最大の問題点とされていたのは、選挙権及び被選挙権の財産制限が高かったこと、農村部に有利であって都市の商工業者に著しく不利であったことの二点であった。[1]それにおいては地租などの納税資格が、各種の草案では一応一〇円を基準としていたにもかかわらず、一五円となったことが、前者、財産制限の問題である。[2]第一二議会において衆議院議員選挙法改正案の政府原案の趣旨説明に立った伊藤博文首相が、「衆議院議員選挙法ヲ制定セラル、ニ当テハ未タ経験ノナイ所テアリマス故ニ政府ニ於テハ、深ク之ニ注意ヲ加ヘテ成ルヘク憲法上ノ進行ヲ平穏ニ運フヤウニト用心ヲ致シテ拵エマシタ、故ニ資格ノ上ニ於テモ余程高メテアッタノテアリマス」[3]と述べているように、納税資格を高めることで議会運営上の混乱を回避しようとする意図があった。また、都市部（市部）と農村部（郡部）の選挙権の不均衡については、納税要件が地租を納める者に有利であったことから当然の結果であった。第一回総選挙においては、人口数に対する有権者数の比率（パーセント）が、全国平均が一・一四パーセントであったのに対し、最低の東京府が〇・三七パーセント、最高の滋賀県が二・三二パーセントであり[4]、東京府と滋賀県では実に六倍以上の不均衡が生じていたのである。

第一二議会で趣旨説明に立った伊藤首相は、衆議院議員選挙法の改正に臨む意欲とその画期的な内容を次のように述べた。「僅々数年ノ間デハアリマスケレドモ、今ノ選挙法ノ規定ニ依リマシタ所ノ選挙人ノ資格デハ、各種国民ノ意思ヲ十分ニ代表スルニ足ラヌト認メマシタ、ソレ故ニ選挙権ヲ下ゲマシタノデアリマス、而シテ商業工業等ノ発達スルニ従ツテ、市ノ代表者ヲ特ニ増スノ必要アルヲ認メマシタ（中略）我国ノ現今ノ選挙法ニ依リマスルト云フト、四千二百万人ノ人口ノ上ニ於テ選挙権ヲ得テ居ル者ガ、四十四《マ》五《マ》万人内外ニナッテ居リマス、此度提出シタル議案ニ依ルト、凡ソ二百万人ニ上ボルト思ヒマス、サウスルト選挙人即チ所謂参政権ヲ得ル者ガ唯今ヨリ五倍以上ニ相成リマスガ、是位ノ増加ガ先ヅ当然ノコトデアラウト認メマシタ」[5]と述べ、とくに有権者数の大幅な増加と、都市部の商工業者への選挙権拡大に言及し、その政治的・歴史的意義を強調したのである。有権者数の五倍という拡大は、二〇年後の原敬内閣による直接国税の納税資格を三円とすることで、それまでの有権者数を六倍に拡大したことに迫るものだった。[6]

政府が衆議院に提案した原案は、

①一府県を一選挙区とする大選挙区制とし、市及び島嶼は独立選挙区を認め、議員選出標準は、市部は人口五万人について一人、郡部は一〇万人について一人とし、議員総数は四七二人（市部一一三人、郡部三五二人、島嶼三人、北海道四人）とする。

②選挙権については、満二五歳以上の男子で地租五円以上、または所得税・営業税を三円以上納める者。

③投票方法は、単記無記名とし、代筆などの代理投票は認めない。

とするものであった。[7]「帝国議会開会以来（中略）始終拡張ニ反対ノ意向ヲ執ラレタ」[8]政府がなぜこの臨時議会に突然提出したのかという質問に対して、伊藤首相は「今日提出シタ所以ハ、国家ノ状勢ノ変遷致シテ来ル以上、社会ノ政治思想モ段々発達シテ来タ故ニ、最早是ヲ改正スルノ必要ナ時期ニ到達シタト見タ」[9]からだとその必要性を強調した。議員選出の人口標準や、納税資格を優遇した都市の商工業者への選挙権拡大を主眼とした政府原案は、地方の郡部選出議員の多い自由党や進歩党の議員から強い反発を受けた。その声は「其拡張ノ点カラ見マスルト、少シ権衡ヲ失スルノ嫌ガアリマス（中略）郡部ニ較ベマスルト、却テ市ノ方ニ比例的《ママ》重クシテアル（中略）是ハ商工業者ニ重クシテ、或ハ農業者ニ軽キ所ノ嫌ヒガアリマス」[10]という主張に代表される。これに対して、政府委員内閣法制局長官として答弁にあたった梅謙次郎は、「今日ノ選挙法デハ農民ニ大イナル選挙権ヲ与ヘテ、商工業ヲ代表スル者ノ数ハ比較的少キニ失シテ居ル（中略）今度ノ案ハ商工業ヲ代表スル数ヲ多ク致シマシタノデ、是テ公平ニナッタ」[11]と答えると共に、市部を独立選挙としたことについて、「市ハ概シテ商工民ガ多イ、郡ハ概シテ農民ガ多イノデ、選挙ノ権衡ヲ得ルタメニハ、一緒ニ致シテ選挙スルト云フト、十分ニ権衡ヲ取ルコトガ出来ヌ、ソレデ分ケマシタ[12]」と述べ、市部の商工業者への選挙権拡大こそが今回の衆議院議員選挙法改正の最大の眼目であることを強調した。しかし、これこそが政党側が反発した最大の理由でもあった。市部は商工業者の納税資格が三円で人口五万人に一人の議員が選出できるのに対し、郡部は納税資格が五円以上で一〇万人に一人しか選出できなかったからである。

また、同じ第一二議会に提案された地租増徴案と衆議院議員選挙法改正案との関連にも疑問が出された。田口卯吉のように、「現今の選挙法の下に於て、代議士をして地租増徴に同意せしめんと欲するは殆んど其自殺を迫るに均し、彼れの同意せざる理なきにあらざるなり、去《（ママ）》れば地租増徴の前に於て先づ選挙法を改正せざるべからず（中略）〔都市の商工業者の選挙権を拡大する＝筆者〕此の如き改正を得て然る後地租増徴に同意せんことを望むもの亦た頗る多し[13]」と、商工業者の議員を多くすることで地租増徴を成立させることができると考える論者もいたからである。「若シ此選挙法改正案ト云フモノガ否決セラレマシタナラバ、将ニ出ダサントスル所ノ増税案ト云フモノハ出ダサズシテ止マルノデアリマスカ、又増税案ト云フモノガ若シ否決セラレマシタナラバ、此選挙法改正案ト云フモノハ、撤回セラル、ノデゴザイマスカ[14]」との質問に対して、伊藤博文首相は「此二法案ハ決シテ関連シテ居ルモノデハアリマセヌ[15]」とその関連性を否定したのであった。

画期的な内容を持つ政府原案に対して、政党の対応は混乱を極めていた。政党が政府原案に対抗し得る論理をまだ構築することができていなかったからである。「選挙法改正に就てハ各党派とも議論百出未だ一定の議を見る能わざる事なるが自由党ハ一旦嚮に選挙区域ハ現行法の儘にすべしとの姑息的決議を為したるも其後議論湧出して再び調査する事となり居る次第なり[16]」と報じられ、投票方法についても、自由党代議士総会では「選挙法ハ大体政府案にて意義なきも投票を単記となすか連記となすか記名か無記名かに就いてハ予てより党内にても議論ありし事とて甲論乙駁容易に決せざりしが結局連記無記名との説多数を占め其他ハ原案の通りに通過せしむる事に決定せり[17]」とされる状況だったのである。

衆議院の選挙法改正特別委員会（委員長は進歩党の中村弥六）は、投票方法については政府原案の単記を連記に改め、市部の人口標準を五万人から八万人に増すことを要旨とする修正案を報告し、衆議院で可決された。選挙区は政府原案の大選挙区であるが、市部の議員選出の人口標準を八万人に一人として市部選出議員を減少させたため、議員総数は四四〇人と政府原案より三二人の減少となる。また、選挙権・被選挙権の年齢を政府原案より五年引き下げ、選挙権は満二〇歳、被選挙権は満二五歳からとすると共に、政府原案では禁止されていた官吏の兼職要件を緩和したのである。[18] 衆議院の修正案は、衆議院・政党の利害を色濃く反映したものであった。すなわち、市部の人口標準の引き上げは、都市の商工業者選出の議員数を抑えることで郡部選出議員の相対的優位を維持しようとしたのである。投票方法を政府原案の単記から連記に変更したことは、候補者氏名を選挙区の定数分だけ記入できるようにすることで、長年にわたって培ってきた政党の地盤維持には有利にはたらくのである。年齢の引き下げは、人口の多い郡部の選挙人を増やすことになろう。官吏の兼職要件の緩和は、将来における政党の猟官運動を見越したものであろう。これらの衆議院の修正に対して、金子堅太郎農商務相は、政府を代表して次のように批判した。「政府が選挙法改正案を提出したるハ世運の進歩に伴ひ従来の経験に徴し選挙権拡張の必要を認めたれバなり然るに若連記法を採る時ハ多数ハ何時も少数を圧するのみならず各種人民の代表者を得る能はず且選挙を激烈にし賄賂横行の弊風を助長せしむるの虞あり連記ハ到底我国の現状に適応せず故に政府ハ断乎として委員の修正に反対す次に委員会が市の代表者を減じたるハ是亦政府の同意し能はざる所なりとて今日郡部と市部の代表者に非常の懸隔ある諸点を列挙[19]」して政府原案の維持を主張したのである。

衆議院の修正案が貴族院にまわされ、貴族院での審議が始まる時、伊藤博文首相は貴族院の演壇で次のように述べて、選挙法改正にかける決意を述べた。「今回の改正ハ頗る激変なる如くなるも将来を洞察して斯く改正せり（中略）此改正にハ税法の変更（一八九六〈明治二九〉年から営業税が国税化したこと＝筆者）より来り商工業の発達より来り均しく四民の代表者を出すの必要を認めたり全体の人にハ農業者頗る多数にして商工者ハ少数なれども割合に商工事業ハ国家に多く影響するを以て其代表者を多からしめざる可からず此改正に就て将来を憂慮せらる向もあれど断じて憂慮すべき事なし（中略）又衆議院の修正ハ政府の意見と反対也此点ハ絶対的に反対せざる可らず連記法ハ少数者を圧倒する者にて選挙ハ単記法ならざる可からず商工業者を減ずるハ反対なり故に政府ハ若し衆議院修正の如くなりせバ法律と為す能はず[20]」と、衆議院の党利党略からなる修正案を批判して演壇から降りたのであった。貴族院において、衆議院議員選挙法改正案は一五名の特別委員に付託されたが、六月一〇日、衆議院による地租増徴案の否決により、衆議院解散が命じられたため、貴族院での審議は未了とされて、不成立に終った。政府原案と真向から対立した衆議院修正案は、貴族院の意向との摺り合わせができなかった。政府との対立をそのまま残し、貴族院との調整もできなかった衆議院議員選挙法改正は、次の第一三議会へ持ち越されたのであった。

(2) 第一三議会における審議過程

臨時議会である第一二議会において不成立に終った衆議院議員選挙法改正案は、第二次山県有朋内閣によってふたたび第一三議会に上程された。ここでは、第一三議会におけるその審議過程を追いながら、成立への合意形成がどの段階までいったかを考察したい。

第一三議会に提案されるであろう衆議院議員選挙法改正案については、政府原案が提案される前から前議会の審議経過を前提として、各政党がさまざまな思惑を持って動き始めていた。前議会の政府原案をふまえ、憲政党の領袖の一人である林有造が政府との事前折衝を行い、投票方法については「単記無記名」、選挙区については、「郡部と市部の区別をつくる」ことで合意したにもかかわらず、その後に開かれた憲政党の代議士総会ではそれがくつがえされ、投票方法は「連記無記名」に、選挙区は「郡部・市部の区別を廃止し、人口一〇万人に付き一人を選挙すること」に変更し、それを党議として決定してしまったのである[21]。一方、憲政本党においても、投票方法は連記または制限連記が多数を占めていた[22]。前述したように、選挙区内の候補者氏名を複数書くことができる連記または制限連記[23]は、自由民権運動以来、地方選挙区に深く根を張り選挙地盤をつくっていた憲政党や憲政本党にとって有利な投票方法であると意識されていたのである。[24] 連記が大政党に有利にはたらくであろうことは政府も認めており、政府はそれ故にこそ、少数者から代表を出すには単記にしなければならないと考えていた。[25] 連記と単記は、その狙いが全く相反する主張だったと言えよう。憲政党が政党の利害から連記に固執すれば、「政府ハ最初の約束通り何処迄も単記説を確執する筈なれバ或ハ折角の提携も自由党（憲政党のこと＝筆者）より破るに至るも知るべからず[26]」とされるように山県内閣との間に、亀裂が入る可能性もあり、また、「（連記は）衆議院にてハ或ハ多数を以て可決すべきも貴族院多数の意向ハむろん単記投票に在れバ到底通過の見込なし[27]」と予想されているように、貴族院とも対立することになろう。そうなれば、せっかく地租増徴問題に結着をつけて提携強化をはかろうとしていた憲政党は、山県内閣ばかりでなく、貴族院とも全面的対立に発展する可能性があったのである。

こうしたなかで、提案予定より一カ月以上遅れた一八九九（明治三二）年二月八日、政府原案が衆議院に上程された。その政府原案は、

①選挙区を拡大して一郡を通じて選挙区とする。市は独立選挙区とする。
②選挙権は、地租は五円以上、地租以外の営業税・所得税は三円以上とする。
③議員選出標準を、郡部は一二万人以上に一人、市部は五万人以上に一人、八万人を増すごとに一人を加え、五万人以下の市も議員一人を出す。議員総数は四四五人（市部九八人、郡部・島嶼・北海道は三四七人）となる。
④選挙方法は単記無記名とする。
⑤官吏は職務を妨げない限り兼職が可能。

というものであった。[28] しかし、衆議院における山県首相自らの提案理由の説明がなされなかったことから、その熱意に疑問がわきおこった。[29] 第一三議会の前半にあたる前年の一二月中に地租増徴問題を解決させた山県有朋にとって、伊藤博文

のように切迫した緊急の課題であるという意識が薄かったのであろうか。政府原案は、第三次伊藤博文内閣が第一二議会に提案したものと大差なかったが、伊藤内閣の改正案と比較して郡部選出議員数の減少よりも市部選出議員数の減少の方が多くなっていることから、郡部を多くの地盤とする政党勢力への配慮が若干見られるかもしれない[30]。第一三議会閉会後に文官任用令改正を行った山県内閣がこの時点では官吏との兼職可能としたのも政党勢力への配慮をアピールしたものであろう。

本音では、山県内閣との全面的対立を回避するばかりでなく提携を強化したい憲政党は、先に党議で決定した「連記」と「市郡の区別を撤廃」の二項目の党議変更を模索し始めた。「過日代議士総会に於て連記投票の党議を定めたる際ハ出席者極めて少数なりしのみならず僅か三名の多数にて連記に決したる次第なれば板垣伯始め片岡議長其他有力なる党員間に異議少からず昨今之を再議に付し党議を改めんとの運動を為しつゝあり[31]」と報じられている。こうした動きのなかで、新たに開かれた憲政党代議士総会には七〇名以上の議員が出席し、「単記連記幷に市部独立等の事に就てハ各地方夫々の利害あり再議を求るもの多きにより之を再議に附したる次第にて種々討議の末同改正案ハ政府案の提出を待て何分の意見を決定する事となし党の党議ハ之を取消す事となりしが結局自由問題と決定[32]」した、すなわち党議ではなくなったと報じられた。同じような内容を報じた新聞がこのほかにもいくつかあったが、この報道は星亨に近い新聞『人民』が誤報として否定した[33]。このような動きは、「連記」と「市郡の区別撤廃」とを党議の拘束からはずすことによって山県内閣との提携を維持したい憲政党幹部たちの思惑をうかがわせる。その一方、当選の可能性が高まる「連記」を主張し、商工業者の選挙権拡大を意味する「市郡の区別」に反対する憲政党議員がいかに多数存在し、星亨らの憲政党幹部がそれらの議員を掌握しきれていないことがわかる。打開策が見えてこないなかで、星亨が提起したのは「制限連記」論である。「自由派にてハ板垣伯始め単記派連中頻りに選挙法再議説を唱へ居たるも連記派の党議主張の力固くして到底動かすべからざるより今ハ議論も下火となれるが連記説ハ仮令衆議院を通過し得るも貴族院の関門にて突返へさるゝハ知れ切たる事なれバ結局両院協議会を開くに及んで制限連記にて落ち附くべければ先其見込にて今更出来もせぬ党議変更説などを唱ふるよりハ必然来るべき両院の協議会を得て責《(ママ)》めてハ制限連記に決定せしむるよう尽力するこそ然る可けれとの星亨氏の仲裁的折衷説あり板垣其他の単記派も之にて納得し一同党議に服従する事になりたり」[34]と。「連記」は行き詰まるであろうという見通しの下で、星亨たちは「単記」と「連記」の折衷案としての「制限連記」に着地点を見つけ出そうとしたのであった。一方、林有造らと「単記」「市郡の区別を行う」ことで合意しながら、それを反古にされた山県内閣の内部では、再度、憲政党との交渉会を行うかどうかが大きな議論となっていた。結局、「交渉会を開きて審議熟考するときハ政府自由派共利益することなきにあらず」[35]として交渉会を開く予定にしたという。この交渉会が開かれたかどうかはわからないが、山県内閣としても憲政党との提携は維持したかったことがわかる。

　衆議院議員選挙法改正の政府原案を受けて衆議院に二七名の特別委員会が設置され、委員長には星亨が選出されて衆議院の修正案作成の中心となった。衆議院本会議への修正案提示の前に、政府原案に少しでも歩み寄りたい星亨は、憲政党の「連記」の党議を再度くつがえそうとした。政府が原案を上程した一週間後の二月一四日、憲政党評議員会において、星亨は総務委員として「選挙法改正案は先きに党議を以て決定する所ありしも同案に就ては我党代議士諸君の間にも種々の議論ありて終には夥多の除外例を請求し来るものあるに至るの模様なれば党の円滑を計る為に之を自由問題と致しては如何」[36]と発議し、憲政党評議員二一名中一一名の賛成というわずか一票差で「連記」を白紙にもどし、「市郡の区別撤廃」の党議を改めてしまったのである。反対から言えば、憲政党幹部の評議員でも、党員の利益につながる連記を維持し、商工業者への選挙権拡大に納得しない者が多数いたのである。こうした星亨による強引な党議変更は、「一名の多数を以て討議を取消し自由問題となすことを決定したるが連記派ハ右の決議に対し非常に激昂し」[37]たと報じられたように、憲政党内の混乱を一層助長させてしまったのである。二日後の二月一八日、これらの問題に結着をつけ、党の対応を確定する憲政党代議士総会が開かれた。この代議士総会では、まず、四日前の評議員会での自由問題とすることが取り消され、改めて選挙法改正には党議を定めて臨むことが決定されると共に[38]、憲政党の基本的対応が確定された。出席代議士八五名のなかで、「市郡の区別を行う」については、四三対四一（一名無効）とわずか二票差で決定した[39]。その上で、星亨は「党議を以て市郡を区別する事に決定したる以上は現在の市よりは一人の代議士を撰出することを得せしむべし或は市に制限を置て五万以上一人となすべしとの議を主張する人あれど現在の市は五十以上にして其内五万以上の市は僅々二十に満たずして五万以下のものは、三十以上に及べりと聞く左《ママ》れば少数の大なる市に権利を与へ多数の小なる市に総て権利を与へざるは不都合なれば是非とも現在の市よりは一人の代議士を撰出せしむる様致したし」と演説し、圧倒的多数で現在の市は、すべての市から一人を出せることを党議として可決した[40]。選挙区で「市郡の区別」をすると共に、人口にかかわらず、どの「市」からも議員選出ができると決定したことで、憲政党は商工業者への選挙権拡大をめざす方向を確定し、商工業者への政党基盤拡大の布石としたのであった。一方、「単記」「連記」については、多数で「連記」を可決し、その上で連記する候補者氏名数を制限する「制限連記」を圧倒的多数で可決したのである[41]。憲政党は、商工業者への選挙権拡大はその必要を認めたものの、党員の再選が有利になるだろうと考えられていた「連記」「制限連記」に固執し、党利を前面に出して「単記」を譲らないであろう政府・貴族院との対決姿勢を変えなかったのである。

　このような憲政党の党議をふまえ、衆議院議員選挙法改正特別委員会委員長の星亨から以下のような修正案が衆議院に提示された[42]。衆議院議員選挙法改正特別委員会の修正案では、投票方法は「制限連記」で「記名投票」とした。「連記」「制限連記」が大政党に有利となることは前述したが、なぜ連記を制限連記に修正したかと言えば、連記は開票事務に大変な労力を要することが予想されたからである[43]。制限連記ならその開票作業が連記よりは簡単になる。こうした政党の思惑をふまえて、星亨は政党の利益から考えて「単記ヨリハ連記ガ宜イ」、開票作業上からは「連記ヨリハ制限連記ガヨイ」と委員会の修正案の正当性を強引に言い放ったのである[44]。また、それらと一体化した記名投票も政党に有利なものになると考えられていた。議会開設一〇年を経たこの時点では、政党勢力の拡大・浸透によって投票に関する情報が記名によって政党側にわかり、政党にとっても投票人の動向を知る上で利用価値の高いものになっていたのである[45]。委員会の修正案では、選挙資格は地租と同じく所得税・営業税も五円以上とし、政府原案の所得税・営業税三円から二円引き上げることで商工業者への優遇をやめ、郡部への配慮を示した。政府原案では、人口標準は、郡部が一二万人に一人、市部は五万人以上に一人であり、五万人以下の市も一人選出できた。衆議院修正案では、市部と郡部は区別するけれども人口標準を市部・郡部ともに一〇万人に一人とした。一応、市は人口一〇万に満たなくとも一人選出できたが、郡部の人口標準を一二万人から一〇万人に引き下げたことで郡部選出議員数を増加させた。その一方、人口標準を五万人から一〇万人に引き上げられた市部選出議員数は減少することとなる。郡部の人口標準を引き下げた結果、衆議院議員総数は政府原案の四四五人から四七〇人と二五人の増加となった。一方、市部の人口標準を一〇万人に引き上げたことにより、市部選出議員数は政府原案の九八人から七六人へと二二人減少させた。その結果、衆議院の修正案では、郡部選出議員数は政府原案よりも四七人も増加することになるのである[46]。すなわち、星亨が言うように、衆議院の委員会は、「郡ノ方ニハ其二十二名ノ郡ノ方ヘヤリ、ソレカラ又二十五名モ政府案ヨリ多イ、此二十五名モヤリマス、四十七名ダケ郡ノ方ヘヤル（中略）政府案ノ市ニ厚クシテ郡ニ薄イ所ヲ修正[47]」したのであった。換言すれば、衆議院は本音ではまだ商工業者への選挙権拡大に踏み切れなかったと言ってよいであろう。

しかし、衆議院議員選挙法改正に関する委員長星亨の提案は、はじめから採決で行き詰まった。投票方法に関する単記、連記、制限連記の三者はともに否決されてしまったからである。単記は、連記を主張する憲政本党と制限連記を党議とした憲政党により否決され、連記は、憲政党と政府原案の単記を支持する国民協会により少数否決となった。制限連記は、憲政本党と国民協会によって否決されてしまったのである。いわば、キャスティングボードを握る政府側の国民協会の存在が、衆議院の意思決定を妨げていたと言えよう。しかし、星亨が「本案ハ必要欠クベカラザルモノ[48]」であると述べているように、第一二議会以来の懸案事項をこのまま葬り去ることはできなかった。星亨をはじめとする新たに九名の特別起草委員が選ばれ、再度修正案が練られることとなった。九名の特別起草委員は、制限連記の人数を選挙区の定数の三分の二にするという修正以外は先の委員会と同じ内容の提案を衆議院に行った[49]。制限連記でも数名の連記を考えていた憲政党[50]が、選挙区議員定数のすべての連記を主張していた憲政本党に議員定数の三分の二という数字で歩み寄り、憲政党と憲政本党の両党賛成による衆議院通過を狙ったのである。こうして、二月二三日、ようやくにして第一三議会における衆議院の意志が確定したのであった。

同日、衆議院から修正案の送付を受けて貴族院での審議が始められた。貴族院における審議の冒頭で、政府委員内務次官松平正直は「（衆議院の修正について）或ハ人員ノ数ニ多少増減ノアルト云フ如キハ格別デアリマセヌガ（中略）最モ其同意ヲ表セラレヌト云フ必要ナ点ハ此単記連記（と）記名投票」であると述べ、衆議院が修正した二点は政府として全く認められないことを「此段ハ予メ申述べ置キマス」と明確に言明したのであった[51]。貴族院でも二五名の衆議院議員選挙法改正委員会に付記されたが、「本案ハ申スマデモナイ重大ナ法案デアリマス、ノミナラズ衆議院デ政府ノ意ニ反シテ修正シタ所[52]」が多かったとして慎重審議された。そのため、貴族院特別委員会からの修正提案は、第一三議会の会期最終日にあたる三月九日となった。政府と貴族院は、衆議院の修正案が政府原案とあまりにかけ離れていたため、貴族院の修正を受けた衆議院との両院協議会で決裂させて選挙法改正案を第一三議会では葬り去り、次の第一四議会での成立を考えていたのではないだろうか。それでも、次に述べるように貴族院が修正案という形で意思表示を行ったことが、第一四議会において重要な意味を持ったのであった。

貴族院の特別委員長の侯爵黒田長成は、以下のような修正提案を行った[53]。貴族院では、投票方式の「単記」「記名」は政府原案のままであったが、納税資格については、「選挙人ノ資格ヲ現行法ニヨリ急ニ下ゲ過ギテハ余リ極端デアル」との理由から、地租の納税額を政府原案の五円から一〇円に引き上げ、所得税・営業税の納税額を三円から七円に、すべての税を合計して選挙資格とする場合は一〇円にしたのである。次の第一四議会で成立する納税資格の一〇円がはじめて表面に浮かび上がってきた。また、市部は八万人をもって一人を選出し、五万人以下の市からの議員選出を認めなかった。すなわち、市部は人口標準五万人以上八万人までは議員一人を選出し、それから八万人ごとに一人を加えるという修正案である。五万人以下の市からの選出をさせない理由は、「五万人以下ノ市ハ人口数モマダ十分議員ヲ選出スルニ足ルダケノ資格ノモノデナイ」と説明された。そうなると五万人以下の市は、郡部の選挙区に飲み込まれてしまうため、それらの市を考慮して、郡部の人口標準を政府原案の一二万人から一〇万人に引き下げたと理由付けた。貴族院の郡部の人口標準一〇万人は、衆議院の修正案における郡部の人口標準一〇万人に合致する数字として浮かび上がった。貴族院も衆議院に歩み寄る姿勢を少しは見せたのである。

しかし、議会会期最終日に行われた貴族院修正案の質疑応答が行われていた時、伊藤博文が突然登壇し、とくに商工業者への選挙権拡大について強力に主張した。伊藤博文は「(商工業者に)五円ノ税額ヲ基礎トシテ選挙権ヲ得セシムル(中略)此商工ノコトハ独リ内地ニ於ケルノミナラズ海外トノ関係偉大ナルモノデアル、此利害得失ト云フモノハ今日世界ノ競争場裡ニ於テ最モ注意ヲ惹イテ、必要ナルコト[54]」であると、帝国主義的世界情勢から説き、強力に政府原案の可決を求めたのであった。伊藤博文の発言を無視することはできない貴族院は、伊沢修二の発議で政府原案の復活を可決して衆議院へ送付した[55]。

衆議院が貴族院の議決を否決して送り返したことにより、開かれた両院協議会において、衆議院は「単記無記名ト云フコトニハ貴族院ノ修正ニ同意[56]」するまで歩み寄った。投票方法については、政党の利害という観点からはじめて脱却した。しかし、「市部ヨリ選出スル議員ノ点ニ至ツテハ衆議院ノ修正案ノ通リニ致シテ希ヒタイ」と衆議院が主張したのに対し、貴族院は「衆議院ノ議決案通デハ到底同意スルコトガ出来ナイ」と述べ、議会会期最終日の午後一〇時過に至って両院の交渉決裂が決定された[57]。しかし、一方では、人口標準については、衆議院・貴族院ともに「十万ト云フ標準ニ付イテハ少モ違ガナイ[58]」と報告され、衆議院が政府・貴族院の「単記」「無記名」を認めようとしたように、衆議院と貴族院は互い

表4　第14議会における選挙法改正案に関する政府・政党案の比較表

	政府案	憲政党案	憲政本党案	帝国党案
選挙区	大選挙区	大選挙区	小選挙区	中選挙区
	市は独立し，市は8万人に付き1人 郡は12万人に付き1人	市は独立し，市郡ともに10万人に付き1人	市は独立し，市郡ともに10万人に付き1人	市は独立し，市は8万人に付き1人 郡は12万人に付き1人
議員数	426人	479人	479人	不詳
投票方法	無記名，単記	記名，3分2の制限連記	記名，連記	記名，単記
選挙権（納税額）	地租5円以上 その他3円以上	すべての税で5円以上	すべての税で5円以上	地租10円以上 その他7円以上

『東京朝日新聞』1900年1月11日，「選挙法改正案対照表」より。

表5　第14議会における選挙法改正案・両院の修正過程

	議員定数		人口標準	選挙区・投票方法	選挙権
政府原案	426人（100%）	市部　91人（21.4%） 郡部　323人（75.8%） その他12人（2.8%）	市部は独立選挙区 市は人口8万に1人 郡部は人口12万に1人	大選挙区 無記名，単記	地租5円以上，その他の税3円以上
衆議院修正案	480人（100%）	市部　77人（16.0%） 郡部　388人（80.8%） その他15人（3.2%）	市部は独立選挙区 市郡部も人口10万に1人	小選挙区 記名，連記	すべての税で5円以上
貴族院修正案	337人（100%）	市部　45人（13.4%） 郡部　281人（83.4%） その他11人（3.2%）	市部は人口5万位上の市は独立選挙区 市は人口10万に1人 郡部は人口14万に1人	大選挙区 無記名，単記	すべての税で10円以上
両院協議会成案	369人（100%）	市部　61人（16.5%） 郡部　297人（80.5%） その他11人（3.0%）	市部は人口3万以上の市は独立選挙区 市郡部とも人口13万に1人	大選挙区 無記名，単記	すべての税で10円以上

衆議院・参議院編『議会制度七十年史　第7巻，資料編』，221頁。『第14回帝国議会，衆議院議事速記録　16』より作成。
註　議員定数のその他は北海道，島嶼，沖縄選出議員数の合計である。

にその着地点を模索し始めたことが第一三議会における衆議院議員選挙法改正の審議の収穫であったと言えよう。

(3) 衆議院議員選挙法改正の成功

第一四議会が開会されるとすぐ、山県有朋首相は、三度目となる衆議院議員選挙法改正案を衆議院に提出した。山県有朋首相は、「現行法制定以来国家ノ進運ニ伴ヒ、商工業ノ発達ハ実ニ著シイモノデアリマス、従ッテ社会ノ状況ニ一大変更ヲ来シタト云フコトハ、諸君ニ於カレマシテモ認メラル、コト、信ジマス、サウシテ今日ハ市ノ選挙範囲ヲ拡充シ、相当ノ代表者ヲ選出シテ選挙ノ公平ヲ保タシムルト云フコトハ、最モ至当ノコトデアル[59]」との趣旨説明を行い、選挙法案の改正に向けた強い姿勢を示した。この法案は、衆議院の二七名の特別委員会へ付託され、前議会に引き続いて星亨が委員長となった。

ここでは、政府原案と各政党の対案を一覧表にまとめ（表4）、政府原案と各政党案の特徴をまとめたいと思う。選挙区の区画割りは、政府と憲政党が大選挙区、憲政本党は「小選挙区」、帝国党は中選挙区を主張した。帝国党の中選挙区は、各案を折衷することによって独自色を出そうとしたにすぎない。しかし、同じ大選挙区の主張でも、政府と憲政党ではその狙いが全く異なっている。政府の大選挙区は「単記」と連動させることで、「地方全体ヲ通ジテ名望アル者ハ区画ガ小サク限ラレタガ為ニ当選スルコトガ出来ナイト云フヤウナ弊」をなくし、「少数代表者若クハ比例代表ノ目的ヲ達シ名望アル人物」を選出するためには、「政府案ノ如ク一府県ヲ通ジテ選挙権ヲ付スルノガ最モ適当デアル」という目的から出たのに対して[60]、憲政党の大選挙区案は、制限連記と連動させることで大政党の優位を一層確かなものにしようとするものであった。一方、憲政党の大選挙区案と憲政本党の言う小選挙区案は、同じ狙いを持ったものと言ってよい。前述したように、連記にすると大選挙区では議員定数の候補者氏名をすべて記入できるため開票に伴う集計作業が非常に繁雑になるが、憲政本党の「小選挙区」は連記を内容としていることから現代から言えば中選挙区の主張に近い。議員定数が二〜三人である「小選挙区」では、連記の開票・集計でも手間がかからないであろう。憲政党の大選挙区案も憲政本党の「小選挙区」案も、候補者氏名を連記にすることで大政党の利益を守ろうとする意図は共通であった。また、三つの政党とも「記名」によって選挙人の動向を把握し、その情報を使うことで政党基盤の維持・拡大を狙う党利党略から来ていることも前述した通りである。付言すれば、政党の「記名」投票に対して、一方の政府は、「政府ニ於テハ投票ノ自由ヲ保チマスルガタメニハ、無記名投票ノ制度ガ必要デアルト信ジテ居ル[61]」と明確に批判していたのである。政府は、初期議会のように記名投票による情報を使用して「選挙干渉」を行うという発想から完全に脱却していたのである。商工業者への選挙権拡大に関しては、政府原案が最もその要求に応えたものであろう。憲政党・憲政本党ともに納税額や人口標準を引き上げることで商工業者への選挙権拡大を制限しようとしていたことがわかる。帝国党は、人口標準では政府原案に追随してはいるが、納税額においてはどの政党よりも選挙権を制限しようとしていたのであった。

衆議院の選挙法改正特別委員会は、翌一九〇〇年一月二九日、星亨委員長が修正案を衆議院に報告し[62]、衆議院はほぼ委員会の修正案通りに可決した。選挙区は「小選挙区」（現代で言えば中選挙区）とし、「市は独立」するが、市部・郡部とも人口標準は一〇万人に一人を選出することにした。投票方法は「記名・連記」となった。人口標準の一〇万人と「記名・連記」はほぼ前回の第一三議会の衆議院修正案を踏襲したものであった（第一三議会においても憲政党の本音は制限連記よりも連記であった）。衆議院の選挙法改正特別委員会が、星亨の所属する憲政党の大選挙区を捨てて「小選挙区」にしたのは、あくまで「記名・連記」に固執したからである。新聞『人民』は、その事情を「衆議院従来の希望は、概して大選挙区制に拠る以上は、連記若しくは制限連記法に依り、且つ之を記名にせんと欲するに在りと雖も、其成立を希望する為め、両希望（記名・連記のこと）の折衷せらるべき小選挙区制[63]」をとったと説明している。「小選挙区」は「記名・連記」を残すための方便だったのである。こうして第一四議会においても政府・貴族院との全面的対立になることが予想されるなかで、それを回避しようとしたり、歩み寄ろうとする動きも見られた。衆議院の修正案が本会議に提案される七日前に開かれた憲政党代議士総会では、山本幸彦が「選挙法改正の通過を計る為め大選挙区単記論を唱え」[64]る場面もあった。また、衆議院では、無所属の島田三郎が出した納税資格を直接国税一〇円以上とする動議はもちろん否決されたが、それでも一〇〇票以上の得票があったのである[65]。貴族院が前議会で修正案とした直接国税一〇円を受け入れる基盤が衆議院で形成されてきたのである。

こうしたなかで、衆議院の修正案が貴族院に送付された。前議会に引き続き貴族院の特別委員会委員長となった侯爵黒田長成から貴族院の修正案が提案された[66]。選挙区は一府県全体の「大選挙区」とし、市は人口五万人以上の市のみを独立選挙区とし、市部の人口標準は一〇万人に一人、郡部の人口標準は一四万人に一人とした。選挙権はすべての税で一〇円以上を納める者とした。今回の貴族院の修正案は、全体として前議会の第一三議会における貴族院の修正案よりもなお一層選挙権の拡大を制限・縮小した案となっている。この理由は明らかではないが、表5で見るように、貴族院修正案における衆議院議員定数が、政府原案より九〇人少なく、衆議院修正案よりも一五〇人近くの減員となる三三七人となっていることから推測すれば、貴族院は衆議院の議員定数を第一四議会開会時における貴族院の議員数三二三人に近い議員数にしたのではないだろうか。貴族院は選挙権の拡大に伴う衆議院の大幅な増員によるその比重低下を嫌ったのであろう。

第一四議会の会期も終わりに近くなった一九〇〇年二月一九日、両院協議会が開かれ、成案の作成が行われた。衆議院議員選挙法改正に関する世論は、「苟も之を現行法に比して、勝る所あるとする以上は、大概の所に於て、其改正の成立せんことを望まざる能はず」[67]とする主張が浸透していた。そのため、貴族院も「貴族院は是れ世論を壅閉して民論を妨遏するものなりとして国民の怨恨は一に同院に集まる」[68]ことは避けたかったのである。こうした動向を、星亨は憲政党代議士総会で「貴族院の意向も亦昨年とは大に其形勢を異にし成る可く之を成立せしめんの精神なるが如し」[69]と報告した。衆議院における両院協議会の成案を可決するに際して、星亨は代議士総会において「既に我党の党議となる諸君の中若し之に反対の意見を有する人あらば宜しく先つ□（不明・脱カ）党して而る後任意の挙に出でんことを望む苟くも吾党代議士にして吾党の党議に反せんか吾党は此際唯だ□(不明)を揮つて其政友と交を断つの一断あるのみ」[70]との決意を述べている。こうして、第一四議会の会期最終日にあたる二月二三日、両院協議会の成案は衆議院と貴族院で可決・成立を見たのであった。憲政党が政党の党利・党略を捨て、貴族院の「大選挙区」「無記名・単記」を受け入れたからである。表5で見るように、衆議院の議員定数は当初より大幅に減員したが、市部選出議員数の百分比は衆議院・貴族院の修正案を上回った。これは、市部において、市をすべて独立選挙区とする衆議院の修正案は通らなかったが、貴族院の修正案である人口五万人以上の市のみ独立選挙区とすることから人口三万人以上の市を独立選挙区として人口要件を引き下げたからである。郡部選出議員の百分比は、衆議院修正案とほぼ同じである。百分比は同じであるが、人口標準を市部・郡部とも一三万人としたため郡部選出議員数は大幅に減少している。この人口標準一三万人は、衆議院修正案の一〇万人と貴族院修正案一四万人とを折衷しつつも貴族院の案に近い数字である。とにかく、憲政党は「記名・連記」や郡部選出議員の増員など政党の利害から考える態度をほぼ捨て去って衆議院議員選挙法の改正を成し遂げたと言ってよいであろう（憲政本党は「健全野党」の立場を貫いて否決にまわったが）。ここにおいて現在では当然のことと思われている「無記名・単記」の投票方法が確定した。

世論・新聞もこの結果を好意的に受け止めた。『東京朝日新聞』は「自由党が党議ハ勿論衆議院の院議をも犠牲にし殆んど全く貴族院の提議に譲りたる（中略）全く国民に向て選挙法改正の虚名を売らんが為めなりと雖も、而かも本案通過の功ハ亦之を没するを得ず」[71]「衆議院の多数が非常の屈辱譲歩に甘んじて該案を通過したるものハ（中略）兎に角正論正義・世論の賛成を博せる」[72]と評価している。

(4)　衆議院議員選挙法改正案成立の歴史的意義

第一四議会の会期末日とはいえ、三年間にわたる懸案だった衆議院議員選挙法改正を達成した憲政党は、深い安堵と高揚感につつまれていた。議会閉会後に開かれた選挙法改正成立祝宴会を兼ねた憲政党大懇親会は、代議士・前代議士に加え貴族院議員までも参加して盛況を極めたという[73]。

その祝宴の席で、第一四議会における選挙法改正の成立の歴史的意義やこれからの憲政党の方向性や課題についての数多くの意見が述べられた。まず総務委員の一人末松謙澄が、政党基盤の商工業者への拡大・浸透について、「実業家諸君に告ぐ、実業と政治との関係密接なるは論を要せず、然るに従来我邦の実業家は政治に冷淡なる観なきにあらざりしが、近来大に意を之に注ぎ我々と方針を同ふし共に政事上に尽さるゝは諸君の為に賀する処にして又甚だ謝する処なり、我党は積極方針を執り実業に意を注ぐものなり、諸君亦益々政界の為に尽力せられんことを望む[74]」と商工業者へエールを送ったのである。しかし、これに対して中島又五郎が発言を求め、「全国五十一市の総代として感謝の意を述べ猶ほ今後は三万以下の市[75]を独立せしむるに努められんことを望む[76]」と、市の全部を独立選挙区にすることができなかったことに苦言を呈し、より一層の商工業者への配慮・支援を要請した。また、後藤亮之助は、選挙法改正における衆議院の意志決定過程に触れ、「選挙法改正の成りたるは誠に喜ぶべきの事なり、而かも之と同時に悲むべきは我党が此の如き案を通過するに於て他の党の力を仮らずんば其の目的を達する能わざるの事に在り、願くは将に来らんとする選挙に於て増加すべき議員は之を我党より出して以て我党をして議院に過せしめよ[77]」と、憲政党が衆議院の議事を主導するためには、単独過半数政党への成長・脱皮がぜひとも必要であることを力説した。これは、衆議院議員選挙法改正における両院協議会の成案をつくるにあたって、衆議院のキャスティングボードを握る帝国党が、納税額（地租、その他の直接国税）一〇円以上を強力に主張[78]したために貴族院に対して強く交渉できず、衆議院の納税額を飲ませることができなかったことに対する反省である。いわば、キャスティングボードを握る政府寄りの政党を繰縦することで議会運営をコントロールしようとする山県有朋の三党鼎立論[79]を打破し、「立憲政友会」的大政党の出現を期待する空気が憲政党のなかで醸成されてきたことを物語っていると言ってよいだろう。

衆議院議員選挙法改正の成功は、憲政党を政党の利益という観点から脱却させ、政府と共に国家的な政策レベルでの成果を成し遂げたことを意味した。末松謙澄は「今や第十四議会も終を告げたり、此議会に提出せられたる議案少からざりしも選挙法改正の如きは蓋し其最重要なるものにして我党又最も力を用ゐし処なり、之に対しては地方的利害若くは各自の理論上多少不満足を表せらる丶人なきにあらざらんも党の面目の為め立憲政治の機関の運用の為め小異を捨て丶大同に組みし院の内外相応して歩調を一にし之か成立に力め《(努力)》以て宿望の一端を達し得たるは甚だ祝すべし」[80]と演説し、憲政党が選挙法改正の審議過程を通じて政党として新しい段階に至ったことを力説したのである。

また、末松謙澄は、第二次山県有朋内閣と提携した第一三議会と第一四議会の二回の議会を振り返って、「第十三議会と云ひ第十四議会と云ひ無事に経過し而して我党の意見着々事々に行はれつ丶あるを見るは誠に賀すべきなり、我憲政政治は其の初めて起りてより茲に約十年なりと雖も（中略）其の漸く整頓の時期に向ひたるは即ち第十三議会以後に在りと云ふも不可なく、後世我憲法史を編む者は思ふに此両議会頃に一時期を画し爾後を整頓時代と為すならんと」[81]と、議会開設以来の歴史的意義を強調したのである。山県内閣と憲政党との提携は、初期議会から一〇年を経てはじめて、政府と政党とが国家的展望を共有し、ともに国家的な政策課題に対応していこうとする新たな政治的段階に達したと評価してもよいと思う。

1 衆議院・参議院編『議会制度七十年史　第七巻、資料編』（大蔵省印刷局、一九六二年）、二一七頁。
2 同前。
3 『第十二回帝国議会、衆議院議事速記録第五号』（一八九八年五月二五日）、五六頁。伊藤博文首相の提案趣旨説明。
4 註1に同じ。但し、二一五頁。
5 註3に同じ。市島謙吉の質問。
6 金丸三郎著『新選挙制度論』（政経書院、一九六六年）、二一四〜二一五頁。
7 註1に同じ。

8 註3に同じ。
9 同前。但し、五八頁。伊藤博文の答弁。
10 同前。但し、五九頁。丸山嵯峨一郎の質問。
11 同前。但し、五九頁。政府委員梅謙次郎の答弁。
12 同前。但し、六〇頁。政府委員梅謙次郎の答弁。
13 「現今の政治を語る」(『東京経済雑誌』第九五三号、一八九八年一一月一二日)、一〇六五頁。
14 註3に同じ。但し、五七頁。柏田盛文の質問。
15 同前。但し、五七頁。伊藤博文の答弁。
16 「選挙法改正と各派」(『東京朝日新聞』一八九八年五月二三日)。
17 「自由党代議士総会(選挙法と増税案)」(『東京朝日新聞』一八九八年五月三一日)。
18 註1に同じ。
19 「選挙法改正案」(『東京朝日新聞』一八九八年六月四日)。
20 「伊藤首相の演説」(『東京朝日新聞』一八九八年六月八日)。
21 「選挙法改正案と自由党」「市と餡通貨の報酬」(『東京朝日新聞』一八九八年一二月二七日)。
22 「憲政本党再度の動揺」(『人民』一八九九年一月一五日)。
23 連記は、その選挙区内の議員定数全部の候補者氏名を記入して投票することができる。制限連記は、その選挙区内の議員定数の三分の一、二分の一、三分の二というように記入できる候補者氏名数を制限して記入し、投票する方法である。
24 後述するように、政府原案の投票方法は「単記・無記名」であった。それに対して憲政本党幹部の工藤行幹が次のように批判していることからも、連記は政党にとって有利と考えられていたことがわかる。工藤行幹は、「(単記は)政府ハ政党ヲイヤガルタメニ政党撲滅ノタメニ此案ヲ出シタノヂヤナイカト、私ハ思フノデゴザイマス、ナゼナラバ此単記ト云フコトニナッタナラバ、凡ソ今日日本ニアル大政党、自由党ニ依ラズ、進歩党ニ依ラズ、孰ニモ是ガ都合ガ悪ルイト云フコトニナッテ、唯此小サイ政党、或ハ中立党トカ、或ハ御用商人トカ云フヤウナ方ノ方々ガ是ハ便利ニ相違ナイ、故ニ政府ハ単記法ヲ行ツテ、成ルベク政党ノ発達ノ力ヲ成ルベク減殺シテ、以テ此議院ヲ縦横スル策ニ供シタルモノデハアリマセヌカ(中略)政党内閣ノ樹立ヲ期スルトスルナラバ、到底連記法ニ依ラザルヲ得ナイ、成ルタケ多数ガ絶対的ニ連記法ニ依ルハ、当然ノコト、思フ」と衆議院で発言している。連記こそが政党内閣への道であるという考え方が当時の意識をよく反映している（『第十三回帝国議会、衆議院議事速記録第三四号』、〈一八九九年二月二二日〉、四八五〜四八六頁。工藤行幹の発言）。

25 政府委員内務次官として選挙法改正に携わっていた松平正直は、「連記単記ノ問題モ是ハ随分重要ナル問題デアリマス、選挙区ヲ広ク致シマシタ以上ハ、少数代表者ニモ権利ヲ与ヘルト云フ目的ヲ以テ、此単記投票ト云フコトニ致シマシタ」と答弁している（『第十三回帝国議会、衆議院議事速記録第二五号』〈一八九九年二月八日〉、三三三頁。松平正直の答弁）。

26 註21に同じ。

27 「選挙法と自由党の譲歩」（『東京朝日新聞』一八九九年一月六日）。

28 註1に同じ。

29 衆議院議員選挙法改正案について、山県首相自身が提案理由の説明に立たなかったことについて、憲政本党の関直彦は「此当局大臣ガ此席ニ於テ其理由ヲ説明セヌト云フノハ、甚ダオカシイコトデアル（中略）総理大臣ニ於テカ、此選挙法改正ノ理由ヲ堂々ト本会議ニ於テ御説明アランコトヲ希望スルノデアリマス、甚ダ不可思議デアル」と発言している（『第十三回帝国議会、衆議院議事速記録第二五号』〈一八九九年二月八日〉、三三三頁。関直彦の発言）。

30 市部の人口標準を、伊藤内閣案の人口五万人に一人から、人口八万人に一人（その後八万人ごとに一人を加える）としたために、市部選出議員は一一三人から九八人と一八人の減少となった。一方、郡部選出議員は人口標準を、一〇万人に一人から一二万人に一人と引き上げたため、郡部選出議員は三五二人から三四〇人と一二人の減少となっている（註1に同じ。但し、二一五頁）。

31 「選挙法改正案の大要」（『東京朝日新聞』一八九九年一月一三日）。

32 「憲政党代議士総会（選挙法改正党議取消）」（『東京朝日新聞』一八九九年一月一七日）。

33 「憲政党の党議は依然たり」（『人民』一八九九年一月一八日）。

34 「単記派に対する仲裁的折衷説」（『東京朝日新聞』一八九九年一月三〇日）。

35 「選挙法改正案の昨今」（『東京朝日新聞』一八九九年一月一八日）。

36 「憲政党評議員会」（『人民』一八九八年二月一五日）。

37 「憲政党と選挙法問題」（『東京朝日新聞』一八九九年二月一六日）。

38 「選挙法の議定」(『憲政党党報』第一巻第七号、一八九九年三月五日)、四〇一頁。
39 同前。但し、四〇二頁。
40 同前。
41 同前。
42 『第十三回帝国議会、衆議院議事速記録第三四号』(一八九九年二月二二日)、四八二〜四八三頁。星亨の発言。
43 衆議院の単記論者は連記の開票作業の繁雑さを次のように指摘した。「(連記が)其開票当時ノ事実モドウ云フ風ニ運ンデ参リマスカ知レマセヌガ、殆ド十七八名ノ連記ヲ致シテ之ガ二十万程ノ投票ヲ一時ニ集メルト云フコトニナリマシタナラバ開札等ニモ非常ナ混雑ヲ来」すことになると指摘している(『第十三回帝国議会、衆議院議事速記録第三四号』〈一八九九年二月二二日〉、四八七頁。早川龍介の発言)。
44 『第十三回帝国議会、衆議院議事速記録第三四号』(一八九九年二月二二日)、四八七頁。星亨の発言。
45 第二議会解散後の総選挙における品川弥二郎内相の選挙干渉は、記名投票によった第一回総選挙における投票情報によってなされたことはよく知られている。しかし、それから一〇年を経た時点では、政党にとっても記名による選挙人の投票情報は利用価値のあるものになっていた。『東京朝日新聞』はその論説で「吾人を以て之を見れば、彼ら〔政党のこと=筆者〕は自己の便利の為めに、又自己の党派の便利の為めに選挙権を束縛して、国民的意志の自由行動を許さゞらんとするものなり」と衆議院が「記名」にこだわり続けることを批判した(「記名と無記名」、『東京朝日新聞』一九〇〇年二月五日)。
46 『第十三回帝国議会、衆議院議事速記録第三四号』(一八九九年二月二二日)、四八二〜四八三頁。星亨の説明。
47 同前。星亨の説明。
48 同前。但し、四九〇頁。星亨の発言。
49 同前。但し、五〇四頁。星亨の修正案に関する説明。
50 連記による繁雑な開票作業を制限連記で解消しようとしたことに対して、政府委員内務省参与官一木喜徳郎は、「制限連記ノ法(中略)ハ勿論純然タル連記法ノ弊害ヲ見ラレタ結果デアラウ(中略)尚ホ一歩進メテ単記法ヲ採ラレ」た方がいいと批判した(同前。但し、四八五頁、一木喜徳郎の答弁)。
51 『第十三回帝国議会、衆議院議事速記録第三四号』(一八九九年二月二二日)、四九五頁。内務次官松平正直の発言。

52 同前。但し、四九六頁。曾我祐準の発言。
53 同前。『第十三回帝国議会、貴族院議事速記録第四四号』（一八九九年三月九日）、七一一～七一二頁。侯爵黒田長成の修正案の説明。これ以後の本文中のまとめや引用文もこの黒田長成の説明文による。
54 同前。但し、七一四頁。伊藤博文の発言。
55 同前。但し、七三五頁。
56 同前。但し、七三六頁。黒田長成の両院協議会の報告。
57 同前。
58 同前。
59 『第十四回帝国議会、衆議院議事速記録第一〇号』（一八九九年一二月一九日）、一五八頁。山県有朋の提案理由の説明。
60 『第十四回帝国議会、貴族院議事速記録第一八号』（一九〇〇年二月七日）、三四三頁。政府委員内務省参与官一木喜徳郎の説明。
61 『第十四回帝国議会、衆議院議事速記録第一五号』（一九〇〇年一月二九日）、二七三頁。政府委員内務省参与官一木喜徳郎の答弁。
62 同前。但し、二七〇～二七二頁。星亨委員長による衆議院修正案に関する説明。
63 「選挙法の運命」（『人民』一九〇〇年二月二日）。
64 「自由党の再議」（『東京朝日新聞』一九〇〇年一月二日）。
65 「選挙権拡張の程度」（『東京朝日新聞』一九〇〇年二月三日）。
66 『第十四回帝国議会、貴族院議事速記録第二八号』（一九〇〇年二月一九日）、六一七～六一八頁。委員長黒田長成の修正案説明。
67 註63に同じ。
68 「選挙法の結果如何」（『人民』一九〇〇年二月二一日）。
69 「自由党の一大決心」（『人民』一九〇〇年二月二四日）。
70 同前。
71 「選挙法通過余聞」（『東京朝日新聞』一九〇〇年二月二五日）。
72 「選挙法改正案の裁可と同時に衆議院を解散すべし」（同前）。
73 「憲政党大懇親会」（『人民』一九〇〇年二月二七日）。

74　「選挙法改正大祝宴会　末松総務委員の演説」(『憲政党党報』第三巻第三一号、一九〇〇年三月五日)、二五四頁。
75　当時、全国で市制を敷いている五一市のなかで、独立選挙区になった市と、人口三万人以下で独立選挙区とならなかった市は、以下のごとくである。参考のために記載しておきたい(「三万以上の市と以下の市」、『人民』一九〇〇年二月二五日)。
(人口三万人以上の市)東京、京都、大阪、横浜、神戸、長崎、新潟、前橋、水戸、宇都宮、奈良、津、名古屋、静岡、甲府、大津、岐阜、長野、仙台、盛岡、弘前、山形、米沢、福井、金沢、富山、高岡、松江、岡山、広島、赤間関、和歌山、徳島、高松、松山、高知、福岡、佐賀、熊本、鹿児島、堺、姫路の四二市。

(人口三万人以下で独立選挙区とはならなかった市)久留米、門司、丸亀、尾道、鳥取、秋田、青森、若松、四日市の九市。
76　「選挙法改正大祝宴会　中島又五郎の発言」(註74に同じ。但し、二五五頁)。
77　「選挙法改正大祝宴会　後藤亮之助の発言」(同前)。
78　衆議院本会議で両院協議会における成案の説明を行った星亨は、納税資格に関する説明で「貴族院ハ十円、衆議院ハ五円ト云フコトデアル、此点ニ於テモ非常ニ吾々尽力致シマシタガ(中略)帝国党ノ如キデハ、ドウシテモ、十円デナケレバナラヌト云フ議論モゴザイマシタニ依ッテ、旁々以テ之ヲ十円ニ譲ル外ハナイ」と説明し、衆議院側の内部事情まで踏み込んで憲政党の意向が通らなかったことを述べた(『第十四回帝国議会、衆議院議事速記録第三四号』〈一九〇〇年二月二三日〉、七〇六頁、星亨委員長の説明)。
79　山県有朋の初期議会における三党鼎立論については、季武嘉也「山県有朋と三党鼎立論」(伊藤隆編『山県有朋と近代日本』、吉川弘文館、二〇〇八年)が詳しい。
80　註74に同じ。
81　同前。

5　治安警察法の公布と憲政党

第一四議会で成立した重要法案に二一カ条の条文を持つ治安警察法がある。治安警察法については、「敗戦にいたるまでの全期間を通じて、労働運動、農民運動に対し、いな一般の市民の政治活動に対し、その法的抑圧に終始役だった治安警察法は、この三三年（明治三三年のこと＝筆者）、第一四議会において、みるべきなんらの反対、いな討論すらもなく、可決されたことを記憶せねばならない。政府提出の同法案は、衆議院本会議において、政府の説明ももはや聞く必要なしとし、読会を省略してただちに可決され、貴族院また末節的な修正を加えて可決、この修正案を衆議院がみとめることによって、本法は成立した。（中略）治安警察法は、その一七条（労働運動・農民運動への弾圧条項）によって、とくに歴史的な性格を示したが、同時に、それは集会・結社一般の自由に対するこれまでの集会及政社法による規制を継承し、さらにその取締り規定を精密周到に整備した点で注目すべきものである」[1]という憲法学者鈴木安蔵の歴史的評価が定着している。

自由民権運動の政社・政党を受け継いだ初期議会の政党活動を規制する法令は、保安条例と集会及政社法の二法令であった。保安条例は、第一議会以来、その廃止が衆議院では可決されたが、その都度、貴族院において審議未了として握りつぶされるか、否決され続けた。貴族院がそれを可決し、保安条例の廃止を見たのは、一八九八（明治三一）年の第一二議会であった。[2]一方、集会及政社法は、第一議会開会前の第一回総選挙で民党が衆議院の過半数を制することが判明した一八九〇（明治二三）年七月二五日に、第一次山県有朋内閣が法律第五三号をもって公布したものであった。集会及政社法は、「各派の連合連絡を禁じ、政党の手足を束縛する」[3]ことが最大の制定の目的であった。政党の選挙運動や政党の連合を制限するこの法令は、第一次山県内閣の超然主義を体現した法令であった。民党は第一議会から、集会条例以来の屋外集会の禁止（第六条）と政社の連絡通信の禁止（第二八条）の二カ条の制限緩和に絞って修正案を提出したが、これもそのたびに貴族院で握りつぶされた。第四議会において、屋外の政治集会は認められるようになったが、貴族院における修正で「堅固なる屏障を設け、自由の交通を遮断したる地域」という制限がつけられた。すなわち、屋外集会自体を柵で囲み、通交できないような空間をつくらなければ屋外集会は認められなかったのである。一方、政社の連結禁止事項はそのまま残り、政党の政治活動を阻害し続けていた。[4]

第一四議会が本格的審議に入る前の一八九八年一二月四日、憲政党を代表した星亨・末松謙澄・片岡健吉の三人の総務委員は、首相官邸に山県有朋を訪問して政府と憲政党との交渉会が開かれた。憲政党の三総務委員は、松方正義蔵相・西郷従道内相・桂太郎陸相が同席するなかで、集会及政社法の廃止を要求したのである。その要求に対して、山県首相が「集会(及)政社法全廃にハ同意なるも愈々全廃するに於てハ社会の治安秩序を維持する能はざるの恐あれバ之に代ふるに警察命令を以てせんことに決せり」と述べたのに対し、星亨は「是ハ矛盾の言なり集会(及)政社法を全廃せんとの意志ハ厳酷なる束縛を脱し自由の行動を為さん為なるに警察命令を以て尚ほ之を束縛するハ寧ろ政社法を廃止せざるに如かず自由党と雖も全廃の結果治安秩序を害するやの懸念を抱き居れど能々厳重なる警察命令を設けて之を拘束するほどの必要なけれバ全然自由党の要求に応ぜられたし」と猛然と反論したことは[5]、憲政党や星亨の名誉のためにも特記しておきたい。星亨の反論に対し、山県首相は「是ハ国家の治安に大関係を有する者なれバ猶ほ克く熟考し置くべし[6]」と答えた。この交渉会で集会及政社法の全廃が確約されると共に、それに代わる新たな立法、すなわち治安警察法が表面化してきたのである。

　この交渉会以後、政府側を代表する内務次官小松原英太郎や内閣法制局長官平田東助と、「政府党」(憲政党と帝国党)との間で数回にわたる治安警察法の条文の調整が行われた[7]。翌一九〇〇(明治三三)年一月には、治安警察法は憲政党政務調査局での承認が得られるに至り、「(治安警察法は)政社法廃止と同時に議会に提出[8]」されることとなった。二月一日、憲政党の星亨・林有造・松田正久・末松謙澄の四人の総務委員と衆議院議長片岡健吉は、内務大臣官邸において小松原内務次官と平田内閣法制局長官と会い、治安警察法を衆議院へ提出するための最終的合意に達した[9]。しかし、まだ「貴族院中にハ尚ほ集会(及)政社法の必要を主張する議員多」く、「集会(及)政社法を存し警察法案を否決[10]」しようという動きも見られた。貴族院議員のなかにはまだ政党を嫌悪する者も多かったのである。また、「帝国党中には猶ほ警察取締り上に就き今少し厳重の取扱ひをなす方宜しからん[11]」という意見も多かった。山県内閣と憲政党はこれらの動きを抑えて治安警察法の合意に達したのである。新聞『人民』は、治安警察法について「現行法に比して其取締りを緩ならしめしは勿論(中略)現行法に比して大に緩なるものなりしは明確なり[12]」との評価を強調している。

治安警察法は、二月一三日に衆議院本会議に上程され、それを審議するために九人の特別委員会に付託された。衆議院の治安警察法に関する特別委員会の審議において、政府委員内務書記官有松英義は、立法の趣旨説明とその運用に関して、政党側の疑念を払拭することに努め、多くの言質を与えて政党にとって治安警察法がいかに画期的なものになっているかを説明した[13]。政党にとって最も廃止したかった「政社の連結禁止」、すなわち、集会及政社法第二八条の「政社ハ委員若クハ文書ヲ発シテ公衆ヲ誘導シ、又ハ支社ヲ置キ、若クハ他ノ政社ト連結通信スルコトヲ得ス」との条項については、「余程当時ノ立法ノ精神ニ於テ重キヲ置ヒテアッタ」条項ではあったが、「結社ヲ組織スル人ノ眼カラ見マシタナラバ誠ニ窮屈ニ感ジラレマスノデ、此禁止ハ宜シク廃止スベキモノデアル」と認めてその条項を削除した。また、集会及政社法では、集会を行うには、四八時間前までに集会場所、年月日時、発起人の氏名住所、講談論議者の氏名まで届出をしなければならなかったが、講談論議する人の氏名は届出事項からはずされた。すなわち、講談者（演談者）はその場で決められるようになり、だれでも発言できるようになった。その上で、集会の届出は、開会三時間前までにすればよいことに改められた（屋外集会は一二時間前まで）。三時間前までという時間制限は、最寄りの警察署から臨監に向かう警察官が最大限に必要とされる時間から割り出されたという。治安警察法第三条の「公事ニ関スル結社又ハ集会ニシテ政治ニ関セサルモノト雖安寧秩序ヲ保持スル為届出ヲ必要トスルモノアルトキハ命令ヲ以テ第一条又ハ第二条ノ規定ニ依ラシムルコトヲ得」の具体的な運用について、特別委員会の議員から、実業上の鉄道倶楽部とか農事倶楽部が通信行政や農事行政に関する建議を行う場合は政治結社として取り扱うのかどうかという質問に答えて、政府委員有松英義は「ソレハ結社ト認メルコトハナカラウト存ジマス」と答え、実業・学術団体の公事結社の活動と、政治活動を行う政治結社の概念を明確にしている。また、屋外における集会や運動（デモ行進など）についても、集会及政社法の改正にもあった「堅固ナル屏障ヲ設ケ自由ノ交通ヲ遮断シタル地域内ニ限ルモノトス」の条文は削除され、屋外集会や屋外運動（デモ行進）は届出だけで済み、集会及政社法のように警察署における認可を必要としなくなった。また、集会及政社法第二七条の「政社ハ標章、及旗幟ヲ用ヰルコトヲ得ス」との規定についても、内務書記官有松英義は「治安警察法デハ、現行法ノ結社ハ標章旗幟ヲ用ヰルコトカ出来ナイト云フ規定ヲ削除」したとも説明し、集会での幟や旗の使用がはじめて認められた。誤解を恐れずに結論付ければ、大正デモクラシー期において見られた「普選促進」と大書された幟をなびかせた尾崎行雄を先頭とする普選促進の大示威運動や、参加各組合の旗が林立した大日本労働総同盟友愛会のデモ、上野公園におけるメーデー集会などは、治安警察法の成立によって可能となったと言ってもよいであろう。まさに、大正デモクラシー期の政治・社会状況を先取りした法令であった。治安警察法がその第九条や第一七条によって、戦前の労働運動・農民運動・社会運動の弾圧に大きな力となったことはもちろんだが、私たちは、今まで、プラカードや旗や幟や横断幕をかかげ、シュプレヒコールが当然とされている権利・自由が「完全」に認められた戦後民主主義の概念によって、一方的に治安警察法を評価していたのではないだろうか。

また、治安警察法の第八条には、「結社ハ法令ヲ以テ組織シタル議会ノ議員ニ対シテ其ノ発言表決ニ付議会外ニ於テ責任ヲ負ハシムルノ規定ヲ設クルコトヲ得ス」とあり、この条文によって議員は議会内における言動・行動の自由が保証された。内務書記官有松英義は、治安警察法第一六条の「法令ヲ以テ組織シタル議会ノ議員議事準備ノ為ニ相団結スルモノニ対シテハ第一条及第五条ヲ適用セス」との条文について、「之ハ即チ衆議院議員ナリ、貴族院議員ナリ、其他府県会議員ナリ、凡ソ法令ヲ以テ組織シタ所ノ議会ノ議員ニ限リテ、議会開会中ハ申スニ及バズ、議会閉会後ニ続キマシテモ、相団結シテ会ヲ設ケマスルノガ沢山ゴザイマス（中略）法律ノ規定ヲ厳重ニ解釈致シマスレバ、或ハ政社法ヲ適用スベキモノデアルカモ知レマセヌ、ソレ故ニ斯ウ云フモノハ法ヲ以テ除外トシテ置キマスル必要ヲ認メマシテ、此規定ヲ新タニ設ケマシタ」と説明した。衆議院議員選挙や府県会議員選挙の準備のための集会は、その五〇日前から届出なしで開会でき、その上に、この条文によって、衆議院議員や府県会議員は政治活動に関する制限がなくなったばかりではなく、年間を通した自由な政治活動が完全に保証されたのである。

集会及政社法の廃止と治安警察法の成立は、政党が自由民権運動以来の弾圧されるべき明治政府の敵対勢力という位置から完全に脱却すると共に、政府と共に明治国家の政治を担う対等の地位となったことを示す画期的なことだったのである。一九〇〇年三月一〇日に公布された治安警察法の最後の条文である第二一条には、「第二十一条、集会及政社法ハ之ヲ廃止ス」[14]とあることを付言しておきたい。憲政党ばかりでなく、すべての政党の悲願であった政党の政治活動全般を標的としていた弾圧法令がなくなったのである。

1 鈴木安蔵著『法律史』(『日本現代史大系』東洋経済新報社、一九六〇年)、二四五頁。
2 同前。但し、二三六頁。
3 大津淳一郎著『大日本憲政史 第三巻』(『明治百年史叢書』原書房、一九六九年)、三一二頁。
4 註1に同じ。但し、二三七〜二三八頁。
5 「政府と自由党の交渉会」(『東京朝日新聞』一八九九年一二月六日)。
6 同前。
7 「治安警察法案の交渉」(『東京朝日新聞』一八九九年一二月一四日)。
8 「治安警察法案」(『東京朝日新聞』一九〇〇年一月一七日)。
9 「朝野の交渉(治安警察法決す)」(『人民』一九〇〇年二月三日)。
10 「治安警察法の運命」(『東京朝日新聞』一九〇〇年一月六日)。
11 同前。
12 「治安警察法の大綱」(『人民』一九〇〇年二月一〇日)。
13 『第十四回帝国議会、衆議院治安警察法及行政執行法案審査特別委員会速記録第一号』(一九〇〇年二月一六日)、一〜三頁。内務書記官有松英義の答弁。以下、本文中における政府側の答弁はすべて有松英義の発言である。
14 『第十四回帝国議会、衆議院議事速記録第二五号』(一九〇〇年二月一三日)、五〇二頁。

6 軍部大臣現役武官制と提携の終了

第一四帝国議会終了後、憲政党は第二次山県有朋内閣と改めて提携交渉を行った。一九〇〇(明治三三)年三月三〇日、四月一一日、五月三一日の三回にわたる交渉である。憲政党の総務委員であった星亨、末松謙澄、松田正久、林有造、片岡健吉の五人が全党を代表して首相官邸に山県有朋を訪ね、「提携に伴ふ自然の案件に対して具に交渉」したという。[1]『憲政党党報』が、そのことについて、「既に政党を樹立する以上は主義政見の実行を欲し之が為に適法に政権の授受分配を要求するのは当然のみ」「政党の主義政見の実行を欲して適法に政権の授受分配を要求するは猟官にあらざるなり」[2]と述べていることからいくつかの大臣のポストを得ようとしたのであろう。具体的には、憲政党は第二次山県内閣の閣員の憲政党への入党(陸海軍大臣は除く)と、党員若干名の入閣を提携継続の条件としていたと言われている。[3]憲政党は第二次山県内閣との二年余にわたる提携の果実を求めたのであった。すなわち、「(山県)内閣は我党の政見を容れ、我党の賛助に依て戦後経営の残務を料理し、我党と提携して時局に処し廟謨を奉承して国家の進運を扶持する悦び(中略)爾後我党は此約束を重んじ十三、十四両議会は為に無事に其局を結び、地租増徴財政整理の重要問題為に平和に其解決を見るを得たり」[4]として、その見返りの「猟官」を求めたのである。

こうしたなかで、二回目の提携交渉から約二週間後の四月二七日、第二次山県内閣は各省官制通則に改正を行ったのである。その内容は、各省の次官と参与官を廃止し、新たに総務長官と官房長を設けることにその主眼が置かれていた。これまで次官が管轄していた政務に関する事項を官房長に属さしめ、事務に関する事項の全般を総務長官が管掌することとしたのである。その上で、官房長は国務大臣とその進退を同じくする政務官の性格であると規定し、官房長と内閣書記官長は文官任用令・文官分限令の適用除外としたのであった。[5]言わば、官房長に政党員が任官できる可能性をにおわせたのである。第二次山県内閣は、官房長の任用を文官任用令・文官分限令から除外した理由を次のように説明している。各省の官房長の性格について、「常に大臣に親近して機務に参与する者なれば其熟練経験に須んよりは寧ろ其才能識見に択ばざる可からず故に行政官の任用及分限に付ては厳正の規定を要すると同時に亦別に疏通の答を開き大臣をして自由に其信ずる所の士を撰用せしむるの必要あり（中略）任用令及分限令の除外例を設け官房長の進退去就を自由にし従来の不便を避けた」と説明した[6]。その上で、内閣書記官長についても、「官房長と均しく内閣書記官長を任用令及分限令より除外したるは其職掌殆ど相同じきを以てなり[7]」と説明し、政党員が任官できる政務官の性格であることを強調した。政党が欲しがるポストの一つである警視総監についても、「之が原案には警視総監も除外令中に加へられつゝありたるに異論の為之を削除したり[8]」とまで述べ、憲政党への配慮をにじませたのであった。

この各省官制通則の改正は、「官制の改正及び官吏の任免分限の範囲を定むるは大権に属し行政府の責任に帰す、固より政党と何等交渉する所あらざるなり[9]」と憲政党側が述べているように山県内閣が何らの通告もなく独立命令の勅令で行ったものであった。そのため、憲政党としては、山県内閣の官制通則の改正を全面的に支持する訳にはいかなかったが、おおむね賛成の意向を示したのである。『憲政党党報』の「時論」は、次にように述べて、官制通則の改正を評価した。

「改正の要点は従来次官の掌りたる職務を両分し大臣官房と総務局とを置き、大臣官房に於て掌るべき機密・官吏の進退身分、及大臣の官印省印の管守に関する事項は官房長をして其任に当らしめ、其他省務の整理に関し総務局の掌るべき事項は総務長官をして之に処理せしむと云ふにあり、要するに官房長の職権の如きは頗る不明瞭不完全にして満足を表すべき価値あるものにあらざるは論なし、然れども兎に角此改正に由て機密参画の政務官と行政施行の事務官とを区別するの形を成したるは之を現内閣従来の施画に比して稍々進歩したるものなりと為すを躊躇せず、又任用令分限令に於て除外例を設けたるも悉く我憲政党の主張に合するものにあらずと雖も之を現内閣既往の措置に比して一段の進境を見たるものと為すを妨げず（中略）然らば我憲政党の希望と甚しく遠ざかるものにあらざるなり[10]」と期待した。

この官制通則の改正実施は翌五月一九日に公布され、五月二〇日から実施された。そのなかでいわゆる「軍部大臣現役武官制」が入れられたのである。各省の官制改正と共に、陸軍省官制と海軍省官制も行われた。この官制改正において、両者ともに陸軍省職員表・海軍省職員表が付されており、表に「大臣（大中将）」「総務長官（中少将）」と補任資格を明記するのみならず、「備考二」において「大臣及総務長官ニ任セラルルモノハ現役将官トス」と明記された。形の上では数文字を加えたにすぎないけれども、実質的には軍部大臣制の画期的な重大改正となった。すなわち、軍部大臣の補任資格は陸海軍大中将に限るのみならず、現役の将官でなければならなくなったのである[11]。また従来の次官であった総務長官も現役将官に限定された。この歴史的に見て重大な改正について、管見では『憲政党党報』にも論評はなく、この時期のマス＝メディアにも全く触れられていない。「軍部大臣現役武官制」の重大性は見過ごされてしまったというほかない[12]。五月一九日の官制改正は広範囲に及んでいた。外務省・内務省・文部省・農商務省・司法省の官制改正と共に陸軍省官制と海軍省官制が勅令として公布されたばかりでなく、海軍省関係では、海軍教育本部条例・海軍艦政本部条例・海軍軍令部条例中改正など合計一二件の改正がなされ[13]、マス＝メディアの報道はそれらに眼を奪われた感がある。また、当時においては、軍事に関する特殊専門家思想が浸透し、とくに軍事行政は武官以外にこれに携わることができないという考えが一般化していたとする考え[14]から見過ごされてしまったのであろうか。

「軍部大臣現役武官制」の導入によって軍部への政党の介入が阻止されただけではなかった。憲政党が評価し、期待していた自由任用の政務官である官房長は、他の省とは異なり、陸軍省・海軍省には設置されなかった。新聞『人民』は、陸海軍官制改正について、「陸海軍両省の官制改正は軍備拡張に伴ふ整理の結果なる由にて（中略）陸軍省にありては従来官房・法官の両部及び軍務・経理・医務の三局に分ちて掌理し来りたるを今度は総務・人事・軍務・経理・医務・法務の六局と為し官房事務は総務、人事の両局に分割し総務局には更に機密・庶務の両課を、人事局に補任、恩賞の両課を置けり即ち本省には他省の如く官房長なるものなきなり（中略）海軍省における改正も亦之と同じく従来軍務・医務・経理、の三局及び大臣官房司法両部に分たれたりしを総務・軍務・人事・医務・経理・司法の六局となし官房の事務は総務人事の両局に分掌して彼の官房長を置かさる事猶陸軍省に於けるが如し[15]」と報じている。軍部大臣現役武官制と合わせて陸軍省と海軍省には、政党の介入できる余地は全くなくなったのである。この官制改正について、徳富蘇峰編述の『公爵山県有朋伝　下』は、「官制改正は、恰も公〔山県有朋＝筆者〕が星らと交渉進行中に突然発表されたので、世人は其間に何等かの黙契あるか如く推測するものがあったが、其実、全く没交渉に属し、憲政党員にして、特別任用令の恩典に浴したるものは一人もなかった[16]」と冷やかに叙述している。軍部大臣現役武官制導入をめぐる「愚直な権力者」とされる山県有朋の政治的駆け引きのうまさは星亨以上であったと言ってよいであろう。憲政党と山県有朋との提携交渉継続中に行われた官制改正とそれに関連した軍部大臣現役武官制の導入によって、憲政党の「猟官」は完全に封じ込められた。付言すれば、総務長官の呼称と役割は、三年後の一九〇三〔明治三六〕年、第一次桂太郎内閣の手によってふたたび次官と改められた。

憲政党の総務委員と山県有朋首相との第三回目の提携交渉は、官制改正の施行から一一日目の五月三一日に行われた。この席で山県有朋は、内閣総辞職の意を漏らしたため[17]、提携交渉は新しい局面を迎えたのである。即ち、総辞職する内閣に向かってのポスト要求は全く無意味となるからである。『憲政党党報』は、「然れども第三回の会見に於ては首相の語気中暗に乞骸の意あるを示したるを以て、我党総務委員は既に従来の交渉を進むるの要なきを認め、自今我党は時局に干繫《ママ》せず自由の行動に出づべしと告げ、此に会見交渉を中断するの已むを得ざるに至りたり[18]」と交渉状況を報じている。また、「五月三十一日午后二時憲政党総務委員首相官邸に山県侯と会見す、是れ第三回の交渉を開けるものなり、此日首相掛冠の意あるを暗示し、憲政党の行動此に一変す、即ち伊藤侯に向て開きたる新交渉是れ[19]〔なり〕」とも報じた。山県有朋首相との第三回交渉は一時間余りで終り、憲政党総務委員たちは、片岡健吉衆議院議長官舎で協議したのち、直ちに新橋駅に向かい大磯行の切符を購入したという[20]。もちろん、伊藤博文との提携交渉を始めるためである。

1 「生面打開と憲政党」（『憲政党党報』第三巻第三七号、一九〇〇年六月一〇日）、五六四頁。
2 「頑夢者流の横議」（『憲政党党報』第三巻第三五号、一九〇〇年五月一〇日）、四三九頁。
3 徳富蘇峰編述『公爵山県有朋伝　下』（『明治百年史叢書』原書房、一九六九年）、三九八頁。
4 註1に同じ。
5 註3に同じ。但し、三九九頁。
6 「除外例の公布」（『憲政党党報』第三巻第三五号、一九〇〇年五月一〇日）、四七〇頁。
7 同前。
8 同前。
9 「官制改正と憲政党」（『憲政党党報』第三巻第三五号、一九〇〇年五月一〇日）、四三七頁。
10 同前。
11 松下芳男著『明治軍政史論』（国書刊行会、一九七八年）、四九五頁。
12 広田弘毅内閣が軍部大臣現役武官制を再度導入した時は、各マス＝メディアはその重大性を認識しており、大々的に報道している。
13 「法令（勅令）」（『憲政党党報』第三巻第三七号、一九〇〇年六月一〇日）、五八三頁。
14 註1に同じ。但し、三九九頁。
15 「陸海軍官制改正」（『人民』一九〇〇年五月二二日）。
16 註3に同じ。但し、三九九頁。
17 しかし、山県有朋に対して、明治天皇は義和団事件勃発への善後策のため辞職を許さなかった。山県内閣が総辞職するのはこれから約六ケ月後である。
18 註1に同じ。但し、五六五頁。
19 「政界の一生面」（『憲政党党報』第三巻第三七号、一九〇〇年六月一〇日）、五七三頁。
20 「観測日記」（『憲政党党報』第三巻第三七号、一九〇〇年六月一〇日）、五七七頁。

第二章

日清戦後財政をめぐる藩閥・政友会・商工業者

1　地租増徴と憲政党の財政運営構想

第一三議会において、憲政党は地租増徴に賛成したけれども、それが憲政党の衆議院議員や支持する人々にとって多少は不利益であったことにはまちがいない。憲政党の幹部や議員たちは、まず地租増徴が地方の人々にとっても大きな負担ではなくなったことを強調し、地租増徴に賛成した意味を弁明した。憲政党の総務委員が地方の党員に送った書面には、「其レ国家財政ノ基礎ヲ安全ナラシメントセハ、最モ安全ナル財源ニ依頼セサルベカラザルハ、財源ノ原則ニシテ、最モ安全ナル財源ガ地租ニアルハ、マタ明白ノ理ナルガ故ニ今日ノ急ニ処スルニ於テ、我党ハ大体ニ於テ地租ヲ増徴スルヲ可トシタリ（中略）思フニ償金ヲ使用シ、公債ヲ使用シ、其ノ他ノ煩苛ナル小税目ヲ数フレハ一年二年ヲ済スノ策ナキニ非ズト雖モ、是レ姑息偸安ノ小政略ニシテ、決シテ我財政ノ基礎ヲ固クスル所以ニアラザル也、我党ガ区々ノ小刀細工ヲ捨テ、断ジテ地租増徴ヲ是トシタル者之ガ為メナリ」[1]とあり、地租増徴がいかに必要であったか強調されている。また、東北地方への遊説では、西原清東が「葉煙草税は既に一円に買ひ上げて二円に売るの方法なれば更に之を増徴するの余地無し、而して他に財源無き故止むを得ず地租を増徴すること、せり」[2]とも述べ、地租増徴が最後の手段であったと釈明した。

また、その負担の増加についても、前章で述べたように「政府案ノ如ク百分ノ二・五ノ税率ヲ百分ノ四トスルハ急激ニ失スルノ憂アルヲ以テ之ヲ改メテ百分ノ三・三トシ、之カタメ政府ガ一千七百万円ヲ得ント予期シタルモノハ七百四十六万円ニ止リ一千十八万円ノ不足ハ他ノ財源ヨリ取ラントスルニ決シタリ」[3]と最小限に抑えたことを強調している。また、山梨県に遊説した桜井駿は、「尚ほ直接諸君を前に云ったなら山梨県下に於いて地租の増徴の結果は地価修正の減額を差引き八万三千余円の負担を重くするに止りて、而してこの八万三千余円も五ケ年の後に至ると、反って地価修正の為め減額したる二万五千円丈けは差引き減税となる姿である更にこれを人別にすれば地租増徴の結果一人に付拾七銭三厘の負担を重くしたるに過ぎないのである。僅か一人に付き拾七銭三厘の負担を彼れ此れと云って肝心の国歩の渋滞を疎通することが出来ぬと云ふことは誠に理し難い事である乃ちこれ等は国運の進暢を図る代価である」[4]と具体的にその軽さを説明している。

　しかし、以上のように地租増徴に賛成した消極的な理由では、地方の憲政党員を納得させるには不十分であった。憲政党の幹部や遊説員たちは、地租増徴に賛成した積極的な意義もあわせて強調している。山梨県甲府の演説会で、先の桜井駿は、地租増徴によって財政が安定すれば、まず「山梨県の如きは交通機関たる鉄道は極めて必要である。一日も早く開通せねばらなぬ、併し予算不足の為め昨年の如きは事業を中止した、若しこの上に三十二年度の予算不成立となった暁には、又〳〵延期しなければならぬ、公債を募ることも出来ず償金を繰り込む訳にもゆかず、否でも応でも尚ほ一ケ年度工事を中止しなければならぬ、是は山梨県一県に限らぬ、日本全国にしては誠に非常の影響を蒙らねばならぬ」[5]と述べ、いわゆる地方利益の拡大が順調になるであろうことを強調した。また、「地方党員ニ与る書」でも、「地方ノ負担ハ決シテ地主ノ損失ニ終ワルモノニアラザルハ言フマデモナク諸君ノ熟知セラル、所ナランソレ地主ガ負担スル所ノ歳出ハ如何ナル使途ニ消費セラル、ニアラス公平ニ全国ニ向ッテ使用セラル、モノニシテ或ハ鉄道ノフセツトナリ或ハ兵営ノ建築トナリ旅費トナリ学校ノ新設トナリ、新事業ノ刺激トナリ、実業学校ノ普及トナリ、電信郵便ノ便トナリ、全国ノ生意（ママ）ヲ一様ニ鼓舞スルノ結果ハ至ル所ノ村落ニモ生活ノ便易安楽ヲ普及シ、其生産物ノ価格ヲ騰貴スルハマタ照々トシテ疑フベカラザル所ニシテ、巡環復生ハ、経済ノ大池也」[6]とその積極的な財政的意義を強調したのであった。憲政党の地方党員へ地租増徴が地方的利益の増進に直結していることを述べると共に、地租増徴が全国的な経済発展に寄与するとまで言っていたのであった。東北地方の山形県へ遊説した西原清東も「北陸奥羽に於ける鉄道も経費の不足なるを以て未だ完成せず、行旅の不便、貨物の停滞、富の発達を妨ぐるもの鮮少にあらざるなり、是に於て一般の国民不景気の歎を発し商工業者各々疑懼の念を抱き活発の取引を為すこと能わす金融逼迫抵当下落して殆んど経済界の活動を止めんとす、惨状を目撃して傍観坐視するは政治家の徳義にあらず之が救済の方法を講ずるに当りて他に良法無し是れ租税増徴の止むを得ざる所以なり」[7]とし、経済界の不況から商工業者を救済するのも地租増徴によらなければならないと述べている。このような憲政党の主張は、経済不況下のなかでその救済には地租増徴が必要であると叫んでいた商工業者にも浸透していった。東北地方の太平洋側の遊説に向かった末松謙澄らの一行は、仙台駅で「高張提燈を樹て丶党員は固より実業家数十名群をなしてブ《(ママ)》ラットホームに歓迎」され、仙台で開かれた実業家招待会は「今回の実業家招待会発起人は同県の粋を抜きたる人」によって開催されたと報告されている[8]。

そればかりではなく、憲政党は地租増徴が軍備の拡大・増強にも寄与するものであるとの論旨をも展開していた。山形県で、西原清東は、「軍備拡張の必要は一般の与論にして、長と云はず薩と云はず枢密院と云はず貴族院と云はず苟も国家の形勢を達観する者は必ず国費の膨張は止むを得さるものと決心せり、然れども軍備を拡張して支出多端なれば之に伴ふの富の増加を求めざるべからず、即ち将来商工業の発達を促し、往来交通の便を開かんがため鉄道を布《(ママ)》設し港湾を修築する等の新事業を興して、富の程度を進むるは軍備と相待ちて目下の急務とする所なり」[9]と述べ、軍備拡大による国家支出の膨張は不可避であり、それを支えるのが地租増徴であると主張した。同じように、山陰地方の鳥取県に遊説した山本幸彦も、「我々は戦後の経営を熱心に画策し時の政府と提《(携カ)》出して画策せる者なるに依り何所迄も之れを仕遂くるの責任を持つものである軍艦製造の如き又連隊増設の如き即ち鳥取に連隊を設置したるも矢張経営の結果である此事は一旦着手したる以上は最早中止すべからざるもの（中略）外に対して相比敵《ママ》すべく国力の許す限りは砲台も建築すべく又兵隊も増すべきなり独り外国に張合ふ而已ならず内地の事業をも発達して交通機関の便利を図り、航路、鉄道電信、電話の如き交通機関として不可欠のものは僻遠の地に至る迄設置するの方針を取りたるものにして以上は皆経営のなかに含有せる」ものであることを強調し、軍備拡大と地方利益の拡大も両方とも憲政党の「積極的の方針」のなかに含まれていることを力説[10]した。地租増徴こそが、「此事業も見合すへく彼の事業も中止すべし」[11]という財政状況を根本的に改善する方策であるとも述べている。地租増徴によって「予算ヲ成立セシメサレバ行政ノ渋滞ハ論ヲ待タス国防完備スヘカラス、官設鉄道工事進行スヘカラス、民間ノ経済救《ママ》スヘカラス」[12]という状況が回避できるのである。憲政党は、「軍備の拡大」「地方利益の拡大」「民間経済の救済」の三兎を追うための財政政策の中核に地租増徴を位置付けていたのである。換言すれば、憲政党は、地租増徴が行えれば、日清戦後財政の予定調和的な財政運営が可能となり、軍備拡大を支持して山県有朋内閣との提携が強化でき、地方利益の拡大によって憲政党の地方基盤が一層強固になり、民間経済を不況から救うことで商工業者の支持を取り付けて憲政党の基盤に組み込むことができると考えていたのである。

本章では、このような憲政党の財政運営構想が可能であったかどうか日清戦後財政の上から検証しつつ、憲政党の政策課題を引き継いだ立憲政友会と第四次伊藤博文内閣の財政運営を考察すると共に、それらの財政運営に対して実業家や商工業者がどのように対応していったかを考えたいと思う。

1 「惣《ママ》務委員より地方党員ヱ与る書」（『憲政党党報』第一巻第三号、一八九九年一月一日）、一二三二頁。
2 「東北地方に於ける嘉恒西原氏等の一行」（『憲政党党報』第一巻第四号、一八九九年一月二〇日）、一二三四頁。
3 註1に同じ。

4 「山梨に於ける鈴木、桜井両氏の一行」(『憲政党党報』第一巻第五号、一八九九年二月五日)、二一八六頁。
5 同前。
6 註1に同じ。
7 註2に同じ。
8 「東北地方に於ける末松、菅原、奥野氏等の一行」(『憲政党党報』第一巻第四号、一八九九年一月二〇日)、二二三七頁。
9 註2に同じ。
10 「山陰道に於ける山本塩田氏等の一行」(『憲政党党報』第一巻第四号、一八九九年一月二〇日)、二三三五頁。
11 同前。
12 註1に同じ。

2 日清戦後財政の展開と憲政党

憲政党が地租増徴によって好転すると主張した日清戦後財政は、憲政党の政策を全面的に支える内実を持っていたのであろうか。本節では、日清戦後の財政運営をその実態から考えてみることにしたい。

表1について見てみよう。これは日清戦争以後の各年度における継続事業費の繰延額を表にしたものである。継続事業費の予算額に対する繰越総額について見れば、明治二九年度は約七〇パーセントが繰り越され、以下三〇年度は約四五パーセント、三一年度は約五〇パーセント、三二年度は約四四・五パーセントとなり、三三年度は約三五パーセントと下向するけれども、三四年度にはまた六九パーセントと上昇しているのである。これらの繰越額については、「繰越使用は所謂経常費、行政費に於てせずして大概臨時費、事業費に於てす、故に繰越金の有無は各年度の経営に係る工事、製造若くは其の他の事業を予定の期間に予定の企画のごとく竣成し得ると否とに由り、而して其の金額の多少は事業進行の如何と、

表1　29年度より34年度六箇年間継続費繰越財源調　（単位，万円）

年度	A 予算額	B 繰越総額	$\frac{B}{A}\times100$	財源区分					
				C普通歳入	$\frac{C}{B}\times100$	D 公債	$\frac{D}{B}\times100$	E 償金	$\frac{E}{B}\times100$
29	6,025	4,217	70.0	613	14.5	780	18.5	2,823	67.0
30	14,522	6,518	44.9	470	7.2	3,311	50.8	2,737	42.0
31	14,168	7,138	50.4	587	8.2	3,605	50.4	2,938	41.2
32	14,719	6,544	44.5	1,333	20.4	2,354	36.0	2,856	43.6
33	13,302	4,695	35.3	1,268	27.0	1,319	28.0	2,107	44.9
34	5,865	4,044	69.0	1,184	29.2	1,209	29.9	1,651	41.0

「自二十九年度至三十四年度六箇年間継続費繰越財源調」（曾禰文書　国立国会図書館憲政資料室蔵）より作製。

兼ねて実際其の経営に任するもの、手腕如何とを徴知するに足る」[1]と指摘されているように、事業の遅延・遅滞を意味していたのである。事業の遅延・遅滞は「其繰越額が年々頗る巨大なるより見れば、吾人〔円城寺清＝筆者〕は予算の編成と其運用とに関して遺憾なき能は」[2]ざる状態にまでなっていた。ふつう繰越金とは年度内に使用が終らなかったか、余った経費を言うのであるが、その巨額さから見て、財源がないために繰り越さざるを得なかった名目的な繰越であって、実質は繰延とかわらないものであろうと思われるのである。推測ではあるが、三三年度に繰越額が三五パーセントと下っているのは地租増徴などの増税による一時的な財政好転を示すものではないだろうか。また、三四年度の継続費の予算額が、三一・三二・三三年度の半分以下となっていることにも注目したい。いわば、三一・三二・三三年度にピークとなる日清戦後経営が、三四年度からは整理段階となるはずであったことを示している。しかし、三四年度の継続費繰越総額は前年度とほとんどかわらず、予算額に対する繰越額は六九パーセントに達してしまっている。早くも地租増徴などによる増税分が財政悪化のなかに吸収されてしまったのであろう。

次に、表2によって、各省別の継続費繰越額について見てみたい。道路整備や港湾修築・橋梁架設等の国内整備のための事業を担当していた内務省は毎年約三〇〇万円前後の繰越額を出しており、電信電話の架設や鉄道敷設などの事業を行っている逓信省も少ない時で約二〇〇万円、多い時には約九〇〇万円前後の繰越額を出しているのである。こうしたなかで、憲政党内閣（第一次大隈重信内閣）においてつくられた予算案では、「成ルヘク不生産的経費ヲ減少シ余裕アレハ以テ生産的経費ニ充ツルノ方針ヲ執リ殖産運輸交通教育ノ如キ直接生産ニ有益ナル経費ニ重キヲ置キタルニ反シテ軍事費ニ対シテハ其濫増ヲ防遏スルニ力メタリ」[3]という方針をとって、地方の政党員の期待に応えようとしたけれども、松方正義が次の第二次山県有朋内閣の蔵相になった時には、「製鉄所創立費追加、台湾事業費、電信改良費の如き重要なる事項にして未定の儘本大臣に引継がれたるものあり」[4]とされる情況であったという。憲政党内閣による予算編成も政党員の期待に応えられるものにはなっていなかったのである。それ故に、地

表2　継続費繰越額各省別財源内訳調　（単位，万円）

各省別	財源	29年度	30年度	31年度	32年度	33年度	34年度
外務省	A	0	0	0	0	0	0
	B	0	0	0	0	0	0
	C	0	0	0	4	0	0
内務省	A	45	16	3	6	5	42
	B	0	0	0	0	0	0
	C	208	288	348	341	265	297
大蔵省	A	91	76	0	0	0	0
	B	0	0	0	0	0	0
	C	0	0	0	14	61	77
陸軍省	A	0	379	395	350	85	14
	B	966	602	521	489	229	134
	C	51	32	112	363	259	248
海軍省	A	0	2,201	2,774	1,306	612	296
	B	1,814	2,130	2,416	2,367	1,878	1,217
	C	309	116	66	486	462	298
司法省	A	0	0	0	0	0	0
	B	0	0	0	0	0	0
	C	6	6	2	0	2	10
文部省	A	0	0	0	0	0	0
	B	0	0	0	0	0	0
	C	3	9	14	17	81	117
農商務省	A	0	141	897	73	91	39
	B	42	4	0	0	0	0
	C	4	2	20	25	34	14
逓信省	A	642	195	341	617	323	815
	B	0	0	0	0	0	0
	C	27	14	20	78	101	120
計	A	780	3,310	3,604	2,354	1,318	1,209
	B	2,823	2,734	2,938	2,856	2,107	1,651
	C	612	470	587	1,333	1,268	1,184
合　計		4,217	6,518	7,130	6,540	4,695	4,044

「継続費繰越額各省別財源内訳調」(曾禰文書　国立国会図書館憲政資料室蔵)より。

註　A—公債財源，B—償金財源，C—「普通歳入」財源

表3　陸海軍臨時拡張財源調　　　　　　　　　　　　(単位，万円)

年　度	29	30	31	32	33	34
拡張費	3,944	8,197	6,459	4,332	2,596	2,130
A	3,944	3,637	3,613	3,181	2,183	1,823
B	0	4,560	2,846	339	0	0
C	0	0	0	812	413	307
追加額	0	0	0	611	572	380
A	0	0	0	0	0	0
C	0	0	0	611	572	380
合　計	3,944	8,197	6,459	4,943	3,168	2,510
A	3,944	3,637	3,613	3,181	2,183	1,823
B	0	4,560	2,846	339	0	0
C	0	0	0	1,423	985	687

「明治三十六年歳入歳出総予算参考書『陸海軍臨時拡張財源調』」(曾禰文書　国立国会図書館憲政資料室蔵)より。
註　A－償金財源，B－公債財源，C－「普通歳入」財源

方党員にとくに関心の深かった鉄道敷設については、第一三議会で憲政党は「鉄道敷設工事ヲ予定期間内ニ竣工スヘキ建議案」を提出しなければならなかったけれども、それに対して、政府委員松本荘一郎は「今日マデノ工事ノ進行ノ有様ニ依ツテ考ヘマスルト、予定ノ期限ノ三十七年中マデニハ、工事ヲ完成スルト云フコトハ、単ニ工事ノ一方カラバカリ観察シマシテモ、余程ムヅカシカラウ」[5]と答弁しているのである。

こうした継続事業の繰延＝事業の遅滞はどのようにして起こってきたのであろうか。物価上昇等によるものならば、その比率だけの繰延にとどまるものであろうが、物価上昇比率以上、毎年半分以上の事業が遅滞しているのは別の理由が加わっていると考えなければならないであろう。表2によって見れば、継続事業費の繰延は、陸軍省・海軍省が極端に多く、毎年度の大半を占めているのである。陸海軍両者における事業費とはもちろん軍備拡張費であって、その意味からすれば、陸海軍両者における事業費の繰越額の増加は、軍備拡張の遅滞を意味していると言ってよいであろう。つまり、事業の遅滞は、憲政党の言う「積極的な政策」の内でも地方的利益や産業基盤育成のための事業の遅滞よりも、軍備拡張のための事業の遅滞の方がより重大な事態になっていたと言うことができよう。そして、この時期においては、対ロシア関係の緊迫化から考えれば、軍備拡張の遅れは絶対に許されないことなのである。それ故に、日清戦後経営における財政運用は、軍備拡張費は日清戦争賠償金により、産業育成事業費は公債募集金でまかない、行政費膨張や軍備拡張の完成や事業の完成に伴う経常費の増加に対しては増税による一般歳入の増加によって支弁するものと決定されていたように[6]、軍備拡張費は最も確実な財

源によって支弁されるようになっていたのである。だから、軍備拡張費が償金支弁であるにもかかわらず、陸海軍両者において巨額な継続費の繰延が出ていたということは、年度内に予定されていた償金を使い切っても、その年度の軍備拡張費には足りなかったことを意味するのである。つまり、償金だけでは軍備拡張費を賄いきれていなかったと言ってよいであろう。換言すれば、軍備拡張費は、償金だけでは足りずに、他の財源から持ってこざるを得ないのであって、日清戦後経営の財政運用の原則は、軍備拡張費の増加によって破られたと言ってよいであろう。

そのことを表3によって見てみよう。表3によれば、償金は軍備拡張費の財源に充て、公債は産業基盤や地方整備などの事業拡張のための財源に充てるという、原則通りに財政が運用されたのは明治二九年度のみにすぎない。翌年度の明治三〇年度には、軍備拡張費は償金よりも多額の公債財源によって支弁され、公債財源がおかされ始めていることがわかる。換言すれば、明治三〇年度においては、償金による軍備拡張費が三六三七万円であったのに対し、公債財源でまかなわれた軍備拡張費は四五六〇万円となっていて、償金よりも公債による軍備拡張費負担が約一〇〇〇万円も多くなってしまっているのである。そして、このことは、軍備拡張費が公債財源を侵食することによって、公債財源によって各年度に支弁されるべき各種の事業費が減少し、事業の進展が阻害され始めたことを意味していると言ってよいであろう。さらに、明治三二年度になると、新たに「普通歳入」によって軍備拡張費が支弁され始め、軍備拡張費は「普通歳入」＝租税収入などに食い込み始めたのである。これは、明治三〇年度及び三一年度に比べて軍備拡張費支弁の公債財源が激減したことによるものであって、公債募集が難しくなったことに対応するものであろう。しかも、この明治三二年度では、「普通歳入」支弁による軍備拡張費は約一四〇〇万円であって、償金支弁による軍備拡張費約三一〇〇万円の半分にあたり、三二年度の軍備拡張費の三分の一を占めるという大きな割合に至っているのである。こうしたことにもかかわらず、表2によれば、明治三一年度において陸海軍両省は約一八〇〇万円（陸軍省が一一二万円、海軍省が六六万円）の繰延を「普通歳入」から出し、三二年度においても約八五〇〇万円（陸軍省が三六三万円、海軍省が四八六万円）を「普通歳入」から出しているのである。換言すれば、軍備拡張費は「普通歳入」にくいこんでも、まだ足りなかったのである。また、表3で見れば、明治三二年度以降、軍備拡張費は償金と「普通歳入」だけに頼っていたのである。さらに重要なことは、軍備拡張費に振り向けられた「普通歳入」の約一四〇〇万円は、第一三議会における地租増徴分約七五〇万円を大きく上回るものであったということである。

このように地租増徴は、「地租増加の必要は軍備拡張に伴へる必要の結果なり、故に若し地租増加に反対せむとせば、其先決問題として、軍備拡張の計画を破らざる可からず」[7]と指摘された以上に軍備拡張を支えるものになっていたと言ってよいであろう。つまり、地租増徴による増収分は、軍備拡張に伴う一般的な財政の膨張による不足を補うということでさえなく、地租増徴による増収は直接に軍備拡張費の不足に充当されてしまったと言えるであろう。そして、この臨時費による軍備拡張が完成するにしたがって、経常費で支弁される軍事費は増加していくのであって、地租増徴によって一般歳入に余裕を生じることなど全く考えられないことなのである。軍事費の膨張が他の歳出を圧迫していく過程で、産業基盤の育成や地方整備などの事業の順調な進行は阻害されていたのである。その上に事業費を支弁すべき公債は経済界の不況のなかで募れなくなっていたのである。

以上のように、地方利益の拡大=鉄道敷設などの事業費の安定的な支出はたえず阻害されており、それは日清戦後経営の当初より軍備拡張によって圧迫させられていたのである。明治二九年度において、「政府ノ財政計画ニ於テハ未ダ収入セサルノ償金ヲ以テ軍備拡張ニ充ツル可カラザルヲ以テ別ニ事業公債一億三千五百万円ヲ募集シ第一期収入償金四千万円余ヲ軍備拡張費ニ繰入レタルノ外ハ此公債ヲ以テ第一期ノ軍備拡張費ニ充ツル者ト為セリ政府ノ財政計画ニ於テハ第二期償金ノ収入ナキモ事業公債ヲ以テ第一期ノ軍備拡張費ニ充ツル者ト為セリ」[8]と政府は考えていたのであって、早くも事業公債は軍備拡張のための財政とされていたのである。これはもちろん第二期の償金を受け取った時には公債財源に繰り戻されることになっていたけれども、先に見たように、翌年の明治三〇年度には軍備拡張費が公債財源に食い込んでいることから考えて繰り戻されたかどうかはわからない。なぜならば、「前内閣（第二次伊藤博文内閣＝筆者）の財政計画に拠れば、第一期軍備拡張費は其財源を償金に仰ぎ、公債を予備財源に止めたけれども、現内閣（第二次松方正義内閣＝筆者）は償金の過半数に領収したる後、尚ほ第一期軍備拡張費の財源を公債及び普通歳入に仰ぐことに一定し、さらに第二期軍備拡張を要求し[9]」ていたからである。こうして、事業公債は、はじめから軍備拡張に流用されており、次には経済的不況で公債の募集は難しくなり、募ることができた公債も本格的に軍備拡張を担うということになってしまい、憲政党員の期待する事業は遅々として進まなかったのである。

このように、事業費支出のための財源は、軍備拡張費などからの浸食を受け、行き詰まりつつあったことに対応するため、政府は第一三議会において事業支出を円滑ならしむるために、「鉄道敷設法、事業公債条例及北海道鉄道敷設法ニ依ル公債募集金ヲ以テ支弁スヘキ費途ハ市場金融ノ景況ニ由リ一時償金特別会計資金ヲ以テ繰換《ママ》支弁シ他日公債ヲ募集シ之ヲ返償スルコトヲ得[10]」とする法案を提出し、軍備拡張費を公債支弁することとは反対に事業費支弁のために償金を流用することを定めた。それを受けて、償金特別会計法も「償金ハ歳計ノ都合ニ依リ国庫他ノ会計部へ一時繰換《ママ》運用ヲ為スコトヲ得[11]」とする条項を追加したのである。これは、「内地ニ於テ公債ヲ募集スルヲ得サリシカ為メニ鉄道其他ノ公債支弁ノ事業ハ一大影響ヲ受クル事ト為リタレハ公債支弁ノ経費ニ対シ償金部ヨリ一時貸出スノ必要ヲ生[12]」じたためであって、翌年度や翌々年度に支出を予定されていたものを一時的に出すことにしたものであろう。しかし、軍備拡張費を償金でまかなうことができず、公債や「普通歳入」に食い込んでいたことから考えて、この償金の事業費への流用がうまくいったとは考えられないであろう。その上に、この当時、償金は「三十一年度以前已ニ支出セシ者ヲ除クノ外ハ未タ使用セサル金額ヲ現存スルノ理ナレトモ、其金額ハ種々ニ運用セラレテ或ハ本邦公債トナリ或ハ勧業債券トナリ或ハ銀行預金トナリ或ハ銀塊トナリ其現金ノ儘存在セル分ハ僅カニ一部分ニ過キズ[13]」とされる状態であって、「結局ニ至リ七千余万円ヲ余スノ計算ナリト雖モ三十二年度ニハ現金ニ巨額ノ余裕ナク且ツ此内五千万円ハ非常準備金ニ供シ弐千万円モ亦其用途大凡ソ定マレルカ故ニ償金ヲ以テ経費ノ不足全部ヲ補充スルコトハ事業ノ許サヽル所ナリ果シテ然ラバ不足額ノ補填ハ国債ハ勿論償金ニモ求ムヘカラ[14]」ざる状況であることはあまりにも明白なことだったのである。償金の流用は、その時の資金運用を一時的に糊塗するだけであったと言っても過言ではないであろう。換言すれば、償金が軍備拡張を十分にまかないきれなかったために地租増徴が問題になったのであって、事業費への償金の流用は本末転倒と言うべきであろう。また、償金の事業費への流用が第一三議会で決定されたことは、地租増徴による歳入増加が憲政党員の望むいわゆる「積極的な政策」の事業費に使われなかったことの証拠にもなるであろう。

しかも、事業公債の軍備拡張費への流用が簡単にできるようになっていたのに対して、償金の事業費への流用は軍備拡張に支障のないようになっていたのである。つまり、「事業公債及鉄道公債特別会計法ニ於テ公債募集金ヲ使用セントスルトキハ其金額ヲ一般ノ歳入ニ組入レ一般ノ歳出トシテ之ヲ払出スヘキ通則ヲ定メシニ拘ラス償金特別会計資金ノ一時繰替金ヲ返償スル場合ニハ直ニ償金特別会計ノ資金ニ繰入スヘキ者ト定[15]」められていたからである。言い換えれば、事業公債及び鉄道公債によって得られた収入は、各種の事業や鉄道敷設改良費の支出に限定されていた訳ではなく、一般会計の歳入と見なされることによって事業全般の歳入不足を補う可能性があった。そのため、とりわけ歳入不足の最も巨額な軍備拡張費にたやすく流用されやすかったのに反して、償金の繰替金に対する返償は、直ちに償金特別会計に繰り入れられ、軍備拡張には支障のないように配慮されていたのである。

第一三議会において、憲政党は「此時ニ当リ財政ノ基礎ヲ固クシ、以テ軍備ノ完成ヲ速メ、以テ交通機関其他官民ノ諸工事ノ竣功《(ママ)》ヲ力メ《(努カ)》以テ産業ノ発達ヲ助長スル[16]」と意義付けて地租増徴に賛成し、軍備拡張と各種の産業基盤の育成を「積極的方針」＝積極主義政策の両輪と位置付けて推進しようとしたけれども、各種の事業の拡張は、もう一方の車輪とされた軍備拡張に圧迫されて、もはや順調な進行は望めなかったのである。憲政党員の大部分の立場は、「今日必ずしも租税の大なるを憂えず歳出に於て租税の有効に使用せられんことを希望する者なり、戦後経営に於て増税果して止むを得ずとせば国民は敢て財源の供給を辞する者に非ずして戦後経営上軍備の充実すると同時に生産事業を発達して富国強兵の実を挙げんと期する者たり」[17]とするもので、軍備拡張を各種の事業の拡大と均衡を持った進行を望んでいたのであって、軍備拡張によって生産的事業の進行が阻害されることは決して望んではいなかったのである。

以上のように、第一三議会の時には、あまりに過大な軍備拡張費のために、軍備拡張費の支弁は、償金財源では足りずに公債財源や普通歳入などの他財源の浸食が始まっていた。軍備拡張費の財源を確保するために、事業費の縮小による事業の遅滞という事態は始まっていたのである。憲政党が地租増徴に賛成し、地方党員の望む地方の基盤整備の順調な進展に期待した時、実は償金財源の不足と公債募集の不可能という事態が深刻化しつつあった。日清戦後財政のなかでは、軍備拡張と産業基盤の育成や地方の基盤整備は両立することができなくなっていたのである。国際関係においてロシアとの緊張が増してくるなかで、山県内閣との提携を維持する上で、表面的には軍備拡張に反対を唱えることができない憲政党は、自身の政策展開を支える事業費の財源を確保するために苦しい立場に追い込まれていたのである。

伊藤博文による新党結成が本格化してくるなかで、一九〇〇（明治三三）年五月、星亨は次のような論説を『憲政党党報』に載せている。「我党は国家経営に於て積極的方針を取りたり、今後の経済政策に於ても亦積極的方針を取らざるべからず、既に拡張したる軍備は今更之を縮小すること能わず、此上は国富を興すが為に唯々正に生産事業の為に積極的方針を取るの外なきなり（中略）既に積極的方針を以て国家経営に当りたる以上は今後積極的方針を以て生産事業を作興するの外なし、此時に方て仮に積極的方針を採らざらんか、国家唯々蔭沈あるのみ、即ち一たび退かば遂に又進むの時なきなり、今に於て誰か此愚策を用ひんや、要は唯々邁往直進すべきのみ、即ち何処までも積極的方針を把持して以て国家に必要なる打算を為すべきなり、或は一時之が為に困厄に遭逢することあるべし、然れども堅忍不抜能く之に克つを得ば其結果は実に測知することを得ざるものあらんとす、今後の経済政策此外又別に名案なきなり」[18]と。財政運営を打開するためには、星亨も新たなる政界の再編に期待する以外にはなかったのである。

1 円城寺清「予算編成に関する管見」(『進歩党党報』第一〇号、一八九七年九月一五日)、五頁。
2 同前。
3 「明治三二年度予算ニ於ケル財政経済方針」(「財政諸問題に関スル書類九　講演及論文集五」〈阪谷芳郎文書、国立国会図書館憲政資料室蔵〉より引用)。
4 「松方正義大蔵大臣の談話」(『憲政党党報』第一巻第二号、一八九八年一二月二〇日)、九一頁。
5 『第十三回帝国議会、衆議院鉄道敷設工事ヲ予定期限内ニ竣工スヘキ建議案外一件審査特別委員会速記録第一号』(一八九九年二月二五日)、一頁。政府委員松本荘一郎の答弁。
6 坂野潤治著『明治憲法体制の確立—富国強兵と民力休養』(東京大学出版会、一九七一年)、第二章第五節、二〇六~二三九頁参照。
7 「政治界」(『太陽』第四巻第二五号、一八九八年一二月二〇日)、六一頁。
8 「第九議会自由党報告書」(『党報』一〇七号、一八九六年四月二六日)、七頁。
9 「財政整理の責任を論ず」(『党報』一三七号、一八九七年七月二六日)、三頁。
10 『明治財政史　第三巻』(明治財政史編纂会、一九七一年)、二二六頁。
11 同前。但し、二二七頁。
12 「第十三議会報告書」(『憲政党党報』第一巻第九号、一八九九年四月八日)、四九六頁。
13 同前。
14 註3に同じ。
15 註12に同じ。
16 「物務《ママ》委員より地方党員ゑ与る書」(『憲政党党報』第一巻第三号、一八九九年一月一日)、二三四頁。
17 桜井駿「進歩党の所謂財政整理策を駁す」(『憲政党党報』第二巻第二〇号、一八九九年九月二〇日)、三〇六頁。
18 星亨「今後の経済政策」(『憲政党党報』第三巻第三五号、一九〇〇年五月一〇日)、四四一頁。

3 立憲政友会の成立と第四次伊藤博文内閣の財政運営

前年から地方遊説を行って新党結成運動に力を注いでいた伊藤博文は、一九〇〇（明治三三）年九月一五日に立憲政友会の創立式典を帝国ホテルで上げた。緊迫する国際情勢に対応し、国内政治を安定させるためには、衆議院に過半数を占める大政党がぜひとも必要であるとの理想を、伊藤博文が具体化した政党であった。立憲政友会の中心は、西園寺公望や末松謙澄（憲政党の総務委員であった）らの伊藤系の人々と、星亨の指導の下に憲政党を解党して合流した旧憲政党員であった。そのほか、帝国党からは大岡育造らが参加し、華族からの参加者もあった。憲政本党からは尾崎行雄が参加した。大阪毎日新聞社の社長であった原敬もその職を辞して結党に参加した。当初の立憲政友会は、構成員の性格が多種多様で統一がとれていなかったが、それでも、結成時には衆議院議員一五一名で、過半数をこえる衆議院の第一党として出発した。第一五議会開会の直前には、一五五名の衆議院議員を要するまでになった。

辞意を表明したのちも、義和団事件の処理のために首相にとどまっていた山県有朋は、立憲政友会が創立されると、九月二六日に辞表を提出し、第四次伊藤博文内閣が組織されることとなった。閣僚は、第二次山県有朋内閣から外相加藤高明・蔵相桂太郎・海相山本権兵衛が留任したほか、内相末松謙澄・蔵相渡辺国武・法相金子堅太郎・文相松田正久・農商務省林有造・逓相星亨が入閣し、西園寺公望が無任所大臣として加わった。留任した三人を除いた大臣は一応、立憲政友会員ではあった。しかし、伊藤博文直系の末松謙澄・渡辺国武・金子堅太郎については、内相の末松謙澄は長く憲政党の総務委員をつとめて政党員の動向を熟知していたが、蔵相の渡辺国武や法相の金子堅太郎は、政党の活動には全く携ってはこなかったため、その政治的意識はいわゆる山県系官僚とあまりかわりはなかった。[1]

第四次伊藤内閣ははじめから内部に矛盾・対立を含んで出発した。その一つは、渡辺国武の「心気一転事件」[2]に象徴されるような伊藤系官僚と、旧憲政党からの立憲政友会員との対立であった。渡辺国武は、立憲政友会創立の際には創立委員長となり、第四次伊藤内閣の蔵相として入閣したが、第二次伊藤内閣の時に日清戦後経営を立案した一人としての自負から旧憲政党員系の政友会員との関係はうまくいっていなかった。この「心気一転事件」は政友会員の激しい反撥を招き、渡辺国武の政友会総務委員辞職を勧告するところまでこじれてしまったのである。[3]

このような感情的対立は、財政政策に対する見解の相異ともあいまってその振幅を増大させていった。蔵相渡辺国武は一九〇〇年一二月四日の経済研究・商工相談両会大会の大臣招待会において、経済の見通しと財政運営に関する見解を次のように述べている。即ち、「(経済界を矯正回復するためには)流通貨幣の膨張増加を防ぎ以て物価の平準を回復する事を勉め之と同時に極力貨幣循環の速度を敏捷活発にして以て商工業者に充分なる資本を供給するの道を尽し(中略)経済上本分必需の事業に向って一国の全力を致して以て基根本を培養するにあり語を換へて之を言へば社会経済の紊乱は之を整理し経済社会の衰退は之を振作し積極消極併び行[4]」わなければならないとしたのである。渡辺国武の見解は、「一国の全力を致して」や「積極消極併び行」うに強調されているように、金融逼迫を解決して経済界を救済するためには、政友会員の期待している事業費の支出にある程度のブレーキをかけようとするものであった。この点では、渡辺国武の前に第四次伊藤内閣の蔵相に予定されていた井上馨の財政意見とほぼ同じものであった。井上馨も伊藤博文に「経済界の日々逆境に進みつつある現情故、明年上半季《(ママ)》に至らば、必ず日本銀行レザーブボンドは四千万円に減少するの趨勢故、各省の経済的整理より増税又は減員、経済の秩序を立つる等の熟慮する時は、中々以二三の手段方法にては経済も其効を不奏は言を不待儀に有之候。第三此複雑なる並発病性に対しては、病人不好服薬節制も厳行せざるべからず[5]」と述べて、財政的行詰りの打開と日本最初の資本主義的恐慌に直面した経済界救済のための強力な施策を要求していたのである。そして、井上馨は「政府の財政は歳出入の平衡を待ば事足るが如きも実業界との聯絡に留意せざるに於ては完全に財政の目的を達するを得ざるべし[6]」とも述べ、実業界の救済こそが最も重要な政策課題であり、そのためには、事業費の支出の抑制はやむを得ないという立場を表明していたのである。

こうした蔵相渡辺国武の意見に対して、同じ大臣招待会の席上において、逓相星亨は、「只今大蔵大臣の演説中積極消極併び行ふの説ありしが予の見る所を以てせば、消極主義を行はんが宜しく鎖国するまでも消極たるべし、積極主義を行はんか鉄道又は税関を抵当とするも低利の外債を輸入して事業の振起を期すべし、両極併行は畢境姑息策のみ」[7]と述べて、渡辺国武の財政意見に反対を表明したのである。星亨からすれば、渡辺の意見は、憲政党が地租増徴に賛成し、「積極的な方針」の下で事業費の安定的な支出に腐心してきた数年来の努力を全く無視して述べられたものと言うことができよう。換言すれば、渡辺国武の意見は、財政難の名の下に、政党基盤の拡大をめざす星亨の政権構想を全く否定するに等しいものだったのである。また、現実政治の上からも、消極論は無理であった。井上馨が伊藤博文に「小生の行為は消極のみか非難も生じ、且内閣は一致協同は無覚束」[8]と書き送っているように、消極論を主張し続けた場合は閣内における対立が避けられないものとなるであろうことは予想されていたのである。事実、旧憲政党からの政友会員たちは、伊藤直系の人々に対する感情的反感をこのような財政政策をめぐってより倍加させていったのである。新聞『人民』の社説は、「(伊藤直系の人々の＝筆者）多数は撰挙区すらも有せざるなり、其個人的勢力感化を以て、国民否一府県、否一郡村の中心たるさへ能はざるなり、之に対して議員諸氏に至ては智識理想に於ては、固より高襟党に及ばざるものあるべしと雖も皆撰挙区を有し、地方の党援を有し、以て国民の利害感情を代表しつゝあるなり、故に若し政友会の牢固なる基礎は安くに在りやと問はゞ、即ち此議員及此議員を撰出する一般の会員に在りと謂はざるべからず」[9]と述べて、政友会の「一般会員」の意向の尊重と彼等の利害の重視を強調したのであった。

第四次伊藤内閣が立案・成立させなければならなかった明治三四年度予算において、日清戦後財政は新たな困難な段階を迎えていたのである。本章第2節の表3でわかるように、明治三三年度から軍備拡張のための臨時費の財源が、償金と「普通歳入」とによって賄われるようになったことから特徴付けられるのである。経済恐慌によって公債募集ができず、公債募集金が軍備拡張費にまわされなくなったことは、一時的に公債募集金によって支弁されていた軍備拡張費のための臨時費が「普通歳入」＝租税収入などに食い込み、臨時費財源における「普通歳入」の比重が高まったことを意味しているのである。それ故に、「普通歳入」は、これ以後、今までのように経常費に支出されなければならないと共に、臨時費も担わねばならなくなったのである。そして、経常費も増加し続けているのである。臨時費によって行われた軍備拡張や事業は完成後には経常費へまわされるからである。つまり、「臨時費は年々減少の傾あるも、以て多額の減少期すべからず、而して経常費は戦後経営の完成に近づくと共に新事業新施設の増加と共に将来は非常の勢力を以て増加するものと謂はざるべからず[10]」とされる状況のなかで、「普通歳入」が経常費と軍備拡張費＝臨時費を同時に賄わねばならないことは自明だったのであった。それ故に、「帝国財政の膨張は随って未だ廃止する所を知らざるなり[11]」とされる深刻な事態が進んでいた。その上で、「経常部の歳出は将来益々増加せざるべからず、従て租税を増徴若しくは新課して経常部の歳入を増加するの必要あるは歴然たりと謂はざるべからず[12]」と指摘されたように、これ以後の財政の膨張はすべて経常部歳出の増加＝「普通歳入」の増加に頼らなければならないのである。換言すれば、明治三三年度予算に至って、償金は軍備拡張費、公債募集金は事業拡張費、増税は経常費の増加に充てるという日清戦後財政の原則は決定的に破綻したのであった。明治三三年度以後の新しい計画は皆「普通歳入」に頼るほかなく、そのために「普通歳入」の増加＝「租税の増徴」「租税の新設」が必要となるのである。即ち、第一三議会における地租増徴問題の決着からわずか二年余りで、増税問題が政治的対立のなかで浮かび上がってきたのである。明治三四年度予算はこうしたなかで、作成されねばならなかった。

こうした財政状況のなかだからこそ、政友会員たちは、憲政党以来の地方基盤の整備などの事業の進展が第四次伊藤内閣の成立によって本格的になされるようになると期待していたのであった。第一五議会を前にして、政友会東北大会は、「交通機関を設備する事」「東北大学を設置する事」「東北築港を大成する事」を決議[13]していたし、衆議院議長の片岡健吉も「京都大学も完備しないし、愈々両大学〔東北・九州の両大学＝筆者〕を建てるとすると高等学校もまだ二・三校は必要でありませう」[14]と述べて、地方に大学などの高等教育機関の設置を希望する政友会員の意見を代弁していたのである。それを受けて、文相松田正久は、九州大学と東北大学について、「両者一時に着手するを至当とす（中略）九州には各分科を長崎、熊本等に分置したしとの希望もある」[15]と言明していたのである。

第四次伊藤内閣は、酒税・砂糖消費税・海関税の三種類からなる一八二〇万円余りの増税を第一五議会に提案した。この増税は、蔵相渡辺国武が衆議院で「此西鄰《ママ》ナル清国ニ起ッタ現在ノ不幸ナル事変ニ付イテ其軍費ヲ支弁スルト言フコトガ一ツ、而シテ将来ニ於テハ必要ニ応ジテ或ハ募債ニ替ヘ、或ハ他ノ事項ニ付イテ欠クベカラザル事項ノ財源ニ充テルト云フ目的ニナッテ居リマス」[16]と説明したように、直接的には義和団事件による出兵費の補塡を目的としていたが、もう一つは事業費財源の確保という目的も持っていた増税案だったのである。それ故に、高等教育機関の拡充などの事業を支弁するための財源は増税しか考えられなかったため、政友会の議員が増税に反対する理由はなかったが、第一三議会の地租増徴のように単なる財政の補塡に使用され、事業費へまわらなくなるという事態は絶対に阻止したかったのである。第四次伊藤内閣が第一五議会に提出した増税案について、その支途をめぐり政友会では大きく議論された。政友会内において、「増税の目的如何に依りては随分烈激《ママ》なる反対を生ぜずとも限らず」[17]とされ、九州議員倶楽部においては増税反対の旗幟を明らかにし、貫徹しない場合は脱会するとして[18]、伊藤内閣に圧力をかけていたのである。逓相として星亨も「其課税物件並びに増税率の詮議に先立ちて何が故に増税を要するかを審理せざる可からず増税問題の賛否は此増税の源由《ママ》に依りて決するなり然らば今日世上に伝説する予算の補足基金の補塡の為に増税する事如何と云ふに予は未だ賛同する能はざるなり何となれば予算の補足基金の補塡は共に今日未だ必要を見ざればなり若し増税にして交通事業を拡張し又は殖産事業の新施設にて他日収入を増加し又は外国貿易上輸出を増加し輸入を減殺する等の見込あらば増税して可なり要するに生産的事業の為めにする増税は賛成すべし予算基金の補充は未だ賛同する能はず予が増税に於て講究せんとする所は先づ之を必要とする支出の途如何にあり」[19]と明確に言い切っていたのである。また、九州・四国地方の衆議院議員たちは、「若し増税案にして通過する事ともなれば前記学校建設の追加案を是非提出されたし[20]」と文相松田正久に迫り、増税による増徴をどうしても地方における大学や高等教育機関の拡充に結びつけようと最後まで努力していたのであった。だから、伊藤首相も政友会内の意見を代弁しに来た代表者たちに向かっては、増税の必要性について「前内閣に於ては基金塡補に於て是が理由の根拠とせしもの、如くに推察せらる、然りと雖も自分が増税を必要と信ずるは蓋し夫れ以上の理由存すればなり（中略）政府が公債を以て経営し来りたる事業は漸次進行せんとす而して今日の経済界の状態よりすれば内外何れよりするも公債を募集することは決して容易に非らず勢斯の如し故に若し今日に於て之れ迄進行中の事業を中止せずんば増税を行ふべき一途あるのみ増税は斯の如く必然の結果として止むを得ざる所なり[21]」と、公債支弁事業への充当として説明しなければならなかったのである。蔵相渡辺国武も、なぜ義和団事件の出兵費に「永遠ノ税」を課すのかという質問に対して、「或ハ将来ニ至リテ国家必要ノ事業ガ起レバ或ハ之ニ振リ向ケネバナラヌコトガアルカモ知レヌ[22]」との答弁を行い、事業費支弁に含みを持たせたのであった。

しかし、衆議院が賛成したこの増税法案を貴族院が否決してしまったことから事態は難航した。否決の理由は、貴族院が衆議院に過半数を有した政友会の第四次伊藤内閣に対して反発し、その上に、星亨による東京市政に関する疑獄事件が重なったことによるなどが言われている。しかし、増税という財政運営上の視点から言えば、増税による増収分を軍事費に使用するか、そのほかの財源に振り向けるかの根本的な対立があったと言わねばならない。藩閥やそれに近い貴族院から見れば、軍備拡張費も増税収入に頼らざるを得なくなっていたために、増税を軍事関係費に限定したかったのである。この増税案が貴族院の強力な反対に出会った時、元老らは「今回増税により収入するものは軍事費と三基金塡補とに使用し其以外に使用する場合には議会の協賛を経べしとの条件を貴族院に於て決議してこれを通過せしめて可ならん[23]」との調停案を示して、増税収入による支出を普通歳入に頼っていた軍備拡張費に限定しようとする意図を示したのである。清浦奎吾が山県有朋に送った書翰にも「単純なる軍事費の要求に形式を変じて更に提出すれば、貴族院も反対は出来ざるべし」[24]と述べられている。山県有朋は貴族院の六会派を集めて伊藤内閣との調停の労を執り、「一、増税案は原案の侭とし、其の消費の目的は北清事変、及び三基金塡補の二目的とすること」「一、北清事変の政局終りを告げ、且つ三基金の塡補成りたる時は、更に議会の協賛を得て、他の支途に充つるや否やを決する事」との代案を示したのに対し、貴族院の六会派代表者は、「一、酒造税法改正法律案、並に之に連関する各法律案は、衆議院送付通り可決すること。但し該法律は、明治三十八年度限り廃止すること」「一、関税定率法改正案は、衆議院送付通り可決すること」「一、砂糖消費税法案並に麦酒税法案は、之を否決すること」との条件を付け加えたのであった[25]。貴族院は、最も安定した税収を見込める砂糖消費税と麦酒税をなくし、酒造税増徴に年限を付し、政友会員たちの期待する軍事費以外への費目への支弁の道を絶とうとしたと言えるであろう。伊藤内閣は貴族院六会派の回答案を閣議を開いて不同意[26]としたため、最終的には明治天皇の勅語によって、貴族院は増税案を可決することになったのである。

事業の拡張にしろ軍備の拡張にしろ、その裏付けとなる財源は、増税による増収分しかなかったため、政友会にとっては無条件で増税に賛成する訳にはいかなかったし、藩閥やその意向を受けた貴族院にとってもそれを不足しがちな軍備拡張費に限定して振り向けたかったのである。まさに、増税を軍事費のみに限定すれば、貴族院の反対はなかったと言ってよい。地租増徴とは異なって、増税そのものが新しい政治的争点になってきたのである。

こうしたなかで、政友会が主張し始めていた財政整理・行政整理（両政整理）を考えてみる必要があろう[27]。政友会員が「増税を断行するに於ては一面に於ては宜しく根本的に財政を整理し冗費の節減し得べきものは是れが実行冀望し」[28]と、両政整理によって生み出された余裕を事業費に組み入れるように希望したのは、現実には、事業費の支弁が増税収入に頼ることができなかったからである。原敬は政友会の総務委員・幹事長として、伊藤首相に対し、「鉄道敷設の請願建議等に対する政府の方針の外尚経済救済に対する諸請願建議等悉く此際俄かに処置すること能はず、財政及行政の整理に譲るべき趣旨を以て諸請願建議人等に対すべき方針」[29]としたと述べ、「両政整理」の方針を政友会や第四次伊藤内閣の政策展開の根底に据えたのである。ただ、この「両政整理」は政権を握っている時には、実行可能だが、政権を手放した時には実現することが難しいものとなろう。第四次伊藤内閣が総辞職した後に、政友会愛知支部は「政友会が第一五議会に於て天下の信望を得たるものは、行政刷新、財政整理の実行を期するにあり、果して然らば伊藤侯野に退て此目的を達するの成算ある乎[30]」との質問を政友会本部へ送り、本部を批判したことから考えても、いかに政友会員たちがこの両政整理に期待していたかがわかろう。換言すれば、政友会員の期待する事業の進展はこの両政整理に頼らざるを得ないほど追い詰められていたのである。それ故、星亨は「吾輩は敢て政府の事業を勝手に処断せんとするものにあらずと雖も、整理刷新の実を挙げんとせば先づ政友会調査部の設立を為さざるべからざるものを信ず[31]」と述べて、両政整理における政友会の主導権を確立しようとしたのであった。もし、この両政整理が実行に移され、それによって大幅な財源が捻出できれば、事業費財源をいつ募れるかわからない公債に頼っているよりも、安全かつ確実な「普通歳入」＝租税収入などによって支弁できるようになり、軍備拡張費に圧迫されていた事業は順調に進展できるようになるであろう。初期議会の「民力休養・政費節減」が地租軽減の財源確保を目的としていたのに対し、この当時の「財政整理・行政整理」は、政友会員の期待する事業の進展に財源を導入する、いわゆる「積極政策」を支えるものであった。それ故に、政友会は「両政整理」が「消極的政策」と考えられることを恐れた。新聞『人民』の社説は次のように述べて、政友会の政策展開の不変性を強調したのである。「政府の事業は公債に依らずして、経常の歳入に依るべしと説くものあり、臨時歳入を以て、経常歳入を支弁するは、国家破産の源たり、然れども経常歳入を以て臨時歳出を支弁し得るは国家の進運、国民の富栄を証すべし、故に経常歳入を以て臨時歳出を支弁し得るは吾人の最も希望する所なるも、之が為に公債を絶対的に非なりとする理由とは為らず、這回、政府継続事業の繰延は、一般国民已むを得ざる必要に出てたるを諒せり、政友会亦之を認むるに躊躇せざるもの、如し、然りと雖も、是を以て政友会が所謂積極主義を捨て丶、消極主義に就きたるものと倣すべからず、鉄道の敷設は、国家の最大急務なり。電話の敷設も、亦当面の急須たり、苟も交通機関の発達、文明の普及、生産増加を期するものは、誰か敢て鉄道電話の敷設中止に随喜するものならんや（中略）積極進取の主義を執れば、常に其因て以て生ずるの弊を防ぐの手段なかるべからず、財政を整理する必要是に於て乎生ず財政整理の結果として、或は歳出を緊粛《ママ》するの必要もあらん、所謂消極主義を行ふの必要もあらん、而も皆是れ更に大に積極進取の施設経営を行はんが為の予備手段なるべし[32]」と。それ故に、この「両政整理」によって事業費の財源を捻出しなければならない状況のなかで、政友会員たちの望む「積極的な政策」の進展を望んでいけば、「行政整理は大抵失敗を以て畢れり、苟も軍備を縮小するに非ずんば、多額の経費節減を期すべからず[33]」とする認識に到達せざるを得なくなるであろう。この当時の国際的・政治的状況から考えれば全く不可能なことではあるが、政友会員たちは、政友会の標榜する「積極的な政策」を推し進めていくためには、軍備拡張に反対し、軍備の縮小も視野に入れなければならないということを認識し始めていたのである[34]。

こうしたなかで、第一五議会閉会後の一九〇一（明治三四）年四月五日、蔵相渡辺国武は突然、明治三四年度の公債支弁事業を全面的に中止するという案を閣議に提出したのである。この渡辺国武案は「財政困難を以て事業中止の理由となすのみならず経済救済も亦其の理由となすものにして而して前者よりも寧ろ後者に重きを置く[35]」立場からだと説明していたが、今まで述べてきたように第四次伊藤内閣の成立によって事業の順調な進展を期待していた政友会員を裏切るものであった[36]。政友会員は、「財政方針の無責任なること及び事業中止の如きは本会の意見と相反するもの[37]」だとして、渡辺国武との全面的対立に発展したのである。東京市政の疑獄事件で逓相を辞任した星亨の後継者をもって任じていた原敬[38]は、渡辺案反対の急先峰となった。原敬は、渡辺国武に「一、何故に今日まで事業中止の見込を閣員に告げられざりしや。二、何故に今日まで公債募集の計画に着手せられざりしや。三、公債価格幾何までなりしかば募集の見込なりや。四、公債価格低落なきも年度開始後まで募集の計画に着手なく而して年度開始後直に要する支払の急に応じらる丶事を得る見込なりしや。五、事業中止後に支払ハざるを得る費用は如何にして支払せらる丶見込なりしや。六、何年まで事業を中止せらる丶見込なるや[39]（七・八・九の事項は略す）」との詳細な質問を行ってその意図を糺したのであった。なぜ、公債支弁事業を中止にしたかと共に、政友会員から見たその最も重要な問題点は、「蔵相の取りたる中止方針は鉄道製鉄等其他生産的事業に向っては之を取るも不生産的事業に及ば[40]」ないという、鉄道敷設の事業費などを中心に中止したやり方であった。星亨も、一八九八（明治三一）年の蔵相井上馨の事業繰延と比較して、「井上伯が財政当局者として採りたる事業繰延には画然たる筋道の立ちたるありき即ち伯は不生産的事業は可成繰延の方針を取り是を海陸軍の上にも加へたりと雖も生産的事業は可成進行せしめんとせり若松築港の如きは其一例として見るべし然るに渡辺子の事業繰延は殆ど是れと反対にして其繰延んとするは、主として鉄道、電話等の事業にあれば其間大に趣を異にするものあり[41]」と述べ、蔵相渡辺国武による政友会の方向性を否定する事業繰延には絶対に反対したのであった。

以上述べてきたように、政友会に基礎を置く第四次伊藤内閣の成立によって、政友会員の期待する各種の事業が順調に進展するであろうという展望は、新たな増税によっても実現する見通しは厳しかった。事業費の支弁は「財政整理・行政整理」といういわば財政の節約に頼らざるを得ないという状態まで追い込まれていたのである。こうしたなかで、渡辺国武の事業のほぼ全面的な繰延案が政友会の反発を引き起こすのは当然のことであった。

第四次伊藤内閣は、一九〇一年五月一〇日、閣内不統一を理由に七カ月余りで総辞職した。伊藤内閣は、日清戦後財政が第二次山県内閣の地租増徴問題の時よりなお一層困難な時期に成立したため、内部矛盾を急速に露呈させ、崩壊の時期を早めたと言ってよいであろう。また、政友会員は自分たちの望む地方の基礎整備などの事業を順調に遂行するためには、いつの日にか軍備の拡張と対決しなければならないということも認識したのである。

1　金子堅太郎は、山県有朋が文官任用令改正を公布した時、次のような書翰を山県有朋に送って賛意を表わしている。「昨日発布之文官任用令、分限令等之諸勅令は、実に一大御英断と為国家大杯を挙て祝賀仕候。已に去夏内閣更迭後〔第三次伊藤博文内閣総辞職のこと＝筆者〕之官吏之情態は、我国官海之前途に大弊害を来し可申と、天下之人士何れとも憂慮いたし居候処、今回之御英

断に而、衆人皆安堵可仕候。従是官府之威厳及、信用も堅固と相成、行政之事務も著々進歩可仕と存候（中略）小生年来之希望を達し候事、欣喜雀躍に不堪候」と（徳富蘇峰編述『公爵山県有朋伝　下』〈『明治百年史叢書』原書房、一九六九年〉、三七四〜三七五頁）。

2 山本四郎「渡辺国武について」（『華頂短期大学研究紀要』第一一号）を参照してほしい。

3「昨日の総務委員会」（『国民新聞』一九〇〇年一〇月一六日）。

4「三大臣の演説」（『国民新聞』一九〇〇年一二月四日）。

5「明治三三年一〇月一〇日付伊藤博文宛井上馨書翰」（『伊藤博文伝　下』〈『明治百年史叢書』原書房、一九七〇年〉、四七三頁）。

6「井上伯の経済談」（『国民新聞』一九〇一年三月一日）。

7 註4に同じ。

8 註5に同じ。

9「政友会の三級組織」（『人民』一九〇〇年一二月二三日）。

10「帝国の財政　下」（『人民』一九〇一年一月五日）。

11「帝国の財政　上」（『人民』一九〇一年一月四日）。

12 註10に同じ。

13「政友会東北大会決議」（『人民』一九〇〇年一一月二九日）。

14「第一五議会の問題（片岡議長の談）」（『人民』一九〇〇年一一月一五日）。

15「松田文相の大学増設談」（『人民』一九〇〇年一二月二日）。

16『第十五回帝国議会、衆議院議事速記録第四号』（一九〇一年一月三〇日）、一六頁。大蔵大臣渡辺国武の趣旨説明。

17「増設問題」（『人民』一九〇〇年一二月二〇日）。

18「九州倶楽部と増税問題」（『人民』一九〇〇年一二月二五日）。

19「逓相の増税意見」（『人民』一九〇〇年一二月六日）。

20「大学と高等学校」（『人民』一九〇〇年一月一二日）。

21「八団体委員の首相訪問」（『国民新聞』一九〇〇年一二月二四日）。

22 註16に同じ。
23 原奎一郎編『原敬日記』(福村出版社、二〇〇〇年)、一九〇一年三月一日の日記。
24 徳富蘇峰編述『公爵山県有朋　下』(『明治百年史叢書』原書房、一九六九年)、四五〇頁。
25 同前。但し、四五二~四五三頁。
26 同前。
27 これ以後、第一次・第二次西園寺内閣や第一次山本権兵衛内閣など、政友会を基礎とする内閣が成立するごとにこの財政整理・行政整理は叫ばれていくことになる。
28 「増税調査委員の首相訪問」(『国民新聞』一九〇一年一月二五日)。
29 原奎一郎編『原敬日記』(福村出版社、二〇〇〇年)、一九〇一年二月一四日の日記。
30 「政友会愛知支部の去就」(『国民新聞』一九〇一年六月五日)。
31 「財政整理と行政刷新(星院内総理の意見)」(『人民』一九〇一年二月一四日)。
32 「政友会と積極主義」(『人民』一九〇一年四月二三日)。
33 註10に同じ。
34 この軍備拡張反対が表面化するのは、一〇年後の「二個師団増設問題」まで待たねばならない。
35 「閣僚確執の顛末」(『国民新聞』一九〇一年五月四日)。
36 『国民新聞』の社説ですら、渡辺国武の事業中止案の無謀さを次のように批判している。「現内閣が企画する財政整理と行政刷新とは程なく着手せらるゝの運びに至るべけれども財政整理に就いては所謂消極主義にあらずして積極主義を持して調査せんことを望まざるを得ず、今日の日本は已に膨張的にあれば其財政も亦之に伴はざる可からず妄りに収縮するを以て整理の本能と為すは誤解たるを免る可からず」と(「財政整理と行政刷新」『国民新聞』一九〇一年四月六日)。
37 「政友会有志総会」(『人民』一九〇一年四月二八日)。
38 原敬は伊藤直系の人として政友会に入ったにもかかわらず、他の伊藤直系の人々と異なることは、地方の代表ということを強調し、それを前面に押し出したことであった。星亨の逓相辞任の際に、関東東北聯合会懇親会の席上において、星亨が「一意専心政友会の為めに尽力し、益々関東東北の懇親を厚ふし政友会の地盤を鞏固にする為めに利害の関係相均しき地方聯合の好模範を開らきたるの名誉を収めんことを期す」と述べて、星亨の関東倶楽部と東北会との利害の一致を強調したのに対し、新しく逓相となった原敬は、「関東の星君が逓相の任を辞せられて其後任を東北の予が襲ふこと、なりしも一奇と謂ふべく殊に予は故陸奥伯の知遇に依り今日の地位を得たるものにして星君も亦維新後陸奥伯とは特に親密の関係ありしは何人も知る処なり、斯く故陸奥伯に関係深きものが相前後して逓相の椅子に就きたるも一奇と謂ふべし偶然の結果とは云へ又以て関東東北の聯合の偶然に非るを証するに足る」と述べてそれに応え、星亨との一体性を強調したのである（「関東東北聯合会懇親会」、『人民』一九〇〇年一二月二八日）。また、新聞『人民』は、「原氏は経済問題に於て星氏と一致し居る今日、凡ての始設《ママ》に於て前逓相の精神を襲ぎて逓信の政務に当る筈なり」と述べて、原が星の政策を継承することを強調している（「原氏就職の事情」、『人民』一九〇〇年一二月二三日）。

39 「渡辺蔵相に対する質問事項」（一九〇一年四月）、財団法人大慈会寄贈原敬記念館所蔵文書。
40 立憲政友会史編纂部編『立憲政友会史　第一巻』（立憲政友会出版局、一九二四年）、八八頁。
41 「信州運動委員と星亨氏」（『国民新聞』一九〇一年四月二七日）。

4　立憲政友会と商工業者

蔵相渡辺国武の事業繰延案が立憲政友会から猛反対を受けたこととは反対に、それは商工業者たちにとっては望むところのものであった。一九〇〇（明治三三）年の六・七・八月にピークに達していた日本における本格的な経済恐慌が、一九〇一（明治三四）年に入っても続いていたからである。[1] 商工業者はこの恐慌の原因を政府事業（官業）の膨張による民業の圧迫に求め、官業＝政府事業の縮小を主張していたからである。渡辺国武の事業繰延案もこれら商工業者の意見を代弁するものであって、大蔵官僚の意向をその背景に持っていたのである。[2]

商工業者は日清戦争以来資金不足に悩まされ続けていた。これは先に見たように、償金が軍備拡張のみに使用されて民間の経済発展に貢献しなかったことが原因であるとされている。このことについて、中村隆英氏は、「軍備拡張に向けられた財政支出の膨張が『民力』の疲弊をまねくような増税をもたらし、またその需要のかなりの部分は海外に発注され、国内における乗数効果をもたらさなかった」[3]と述べ、「政府消費の増大と民間設備投資や民間消費の低下があざやかな対照をなしている」[4]と指摘され、「つくりだされた需要増が国内の生産をそれほど刺激せず、かえって増税によって民間の生産を抑制する結果をまねいた。この種の財政膨張は結果として経済発展に不利をまねいた」[5]と結論されている。即ち、当時の商工業者たちの「官業が民業を圧迫する」という主張は根拠のないものではなかったのである。

このことは、政友会が事業の進展を主張すればするほど、政友会は商工業者たちをその政治的基盤に吸収できなくなっていたことを意味していた。事業費支弁のための財源が公債募集に求められていたため、商工業者は公債のより一層の増加による経済界の混乱を恐れていたのである。伊藤博文は立憲政友会の創立に商工業者の参加を期待したが、参加した商工業者が少数だった理由の一つが政友会のこうした政策展開にあったのであろう。日清戦後経営のなかで、憲政党は商工業者をその政治的基盤に繰り入れるために鉄道国有論を展開して彼らを引きつけようとしたのである。[6]憲政党にとって鉄道国有論は、「鉄道ヲ国有トシテ交通機関ヲ速成完備セハ内地ノ産業ヲ興シ従テ海外ノ貿易ヲ盛ンニスルヲ得ヘキナリ」[7]と鉄道の敷設進展が経済発展に結びついていることを商工業者にアピールして、商工業を取り込もうとすると同時に、他方では、「公債ハ株券ヨリモ抵当上ノ便利アルヲ以テ一層金融上ニ便利アリ又タ公債ハ株券ヨリモ外国ニ売レ易キヲ以テ幾分カ外資ノ輸入ヲ促スヘシ」[8]と主張したように、商工業者を金融的にも救済していけると考えていた政策だったのである。鉄道国有によってその敷設が進展すれば、公債支弁による事業の拡張がそのまま経済界を潤す一方、資金不足に悩まされている商工業者に直接資金を散布していけるはずであった。第四次伊藤博文内閣の蔵相に就任する以前の渡辺国武も「鉄道の建設、其他大規模の計画の下に一般の産業を保護奨励するの方針を採らんことを希望して已まざるなり（中略）要するに積極的方針を以て産業の興起に力むるを根本の主義と為すことを望」[9]んでいたのであった。地租増徴成立によって、事業の進展に対する期待はかなり広がっており、憲政党がそれによって商工業者を取り込める可能性も考えられたのである。

しかし、第四次伊藤内閣の蔵相となった渡辺国武が、公債支弁事業の全面的繰延を唱え始めたことからもわかるように、明治三三年以来の経済恐慌と日清戦後財政の行き詰りは、憲政党の主張が実現できる可能性を奪ってしまったのであった。商工業者たちにとっては、「鉄道国有の議を実行するは之を行ふの如何に依り、亦正に一歩の便を外資輸入の道に添ふるの望なくんばあらず[10]」、「経済界の窮状匡救の道を得るためにあらざれば、増税の実行亦極めて困難なるべし[11]」と述べられているように、鉄道国有は外資導入のためにこそ意義があり、第一五議会における増税は政友会がそれを事業費にまわそうとしていたこととは反対に、経済界の救済に直接結びつかなければ意味がないと考えられていたのである。商工業者たちにとって、鉄道国有問題は「鉄道国有ニ関スル建議ハ（中略）経済整理ト同趣意[12]」であると認識されているように、それによる経済界の救済を第一義と考えていたのである。いわば、商工業者たちにとって、鉄道国有が鉄道敷設の進展に寄与するという政策的意味には全く同調しなくなっていたのであった。

そうは言っても、商工業者の政友会に対する態度は一様ではなかった。大都市の実業家たちは政友会の政策には強力に反対していた。のちには政友会に入会する大阪商船社長中橋徳五郎は、「今日財界の悲運は外金《（資力）》に依る政府事業の膨張に基く所大なれば、此事業を縮小し、経費を節減して、一方には政府の財政遣繰より来る通貨の膨張を防ぎ、他方には輸入を防ぐ所の消極的財政整理案に仍るの外途あらざるべし[13]」と、この時点では政友会の政策を否定し、経済界の窮乏救済を訴えた。銀行家の池田謙三は、「今日の場合、独り官業の中止若くは大々的繰延を断行するの要あるのみならず、更に進んで宜しく陸海軍の土木工事の如きも之を切詰め、尚ほ更に進んで一般の歳出に迄迫んで、之が冗費を省き、其節減を希望せざる能はざるなり[14]」と、中橋徳五郎よりも強力な消極論を展開していた。そして、この事業費の節減は、「適当に外資を輸入し、其結果各種の新興せる事業の効力を現わす迄之を継続す[15]」とされたように、経済界の不況が克服されるまで継続されなければならなかったのである。彼らは政友会のいわゆる「積極政策」＝事業費支出の拡大には反対していたけれども、軍備拡張には反対しなかった。中橋徳五郎は、「今日の陸海軍を以て宇内の大勢に処するに必要なる程度と為す以上は勢ひ経費の削減を他の点に求めざるべからず」[16]として、経済界の救済にあてる財源は軍備拡張費以外から、即ち、事業繰延によって行うべきだとの態度をとっていた。

しかし、各地の商業会議所に結集する商工業者のなかには、政友会の政策に期待を寄せる者も少なくはなかった。大阪商業会議所では、渡辺国武蔵相の事業繰延問題について明確な方向性を表明することができなかった。大阪商業会議所は、「第一は従来政府の執り来れる借金政略を棄てゝ新事業一切を中止すべし、第二事業の性質に依り緩急を見計ふて比較的不急の事業だけ中止すべし、第三は此際事業一切を中止する如きことありては経済界に及ぼす影響尠からざるを以て先づ出来得る丈け政費を節減することゝして事業は相変らず進行せざる可からずとの三派に分れ議論容易に決着せざる」[17]状態であり、事業繰延問題に対する態度決定については難航を極めた。結局、大阪商業会議所は「本会議所は如何なる場合に於ても公債其他の借入金を以て事業経営の資に充つるを不可とする者に非ず他日若し経済上不利事情の消散するの時に至らば事業費を公債に仰くの却て利なることあるべきを認むる者なりと雖も今日の場合此手段に依りて事業を経営せんとするの不得策たるを云ふのみ」[18]という意見書になったという。もし事業が順調に進展してそれによって商工業者が潤えば、公債支弁でも「普通歳入」支弁でもよかったのである。それ故に、商業会議所は、事業の進展を望む立場から軍備拡張を問題としたのである。のちの第一八議会では、第三次海軍拡張が承認され、海軍拡張財源が公債に求められるとわかった時、商業会議所聯合会は、「政府が財政計画の方針を一変して両び公債政策を取るに至りしを難じその善後策として政府当局に対し次年度予算を編成するに当り断然行政整理を遂行し及ふ限り生産的事業と国防を完成し其他必要の費途に充つべき資額を剰得し公債を募集せずして国費を充足し我財界をして安泰ならしむること」[19]を第一次桂太郎内閣に要望したのである。また、神戸商業会議所も「海軍の拡張固より国家の急務なるべしと雖も由来公債の収入を以て支弁すべきは宜しく生産的施設の経費ならざるべからず而も慎重熟慮財界の時機を斟酌し其宜しきを得るにあらざれば乃ち不可なり」[20]とする意見書を発表したのである。商業会議所は対ロシア関係の緊迫化から第三次海軍拡張には反対できなかったが、その財源を問題とすることによって商工業者も政友会と同じように事業の順調な進展に期待していることをアピールしたのであった。

しかし、現実に財政と経済界の好転は難しかった。明治三五年度予算編成前における第一次桂内閣の外債募集失敗は、東京株式取引所理事長（日露戦後には東京商業会議所会頭となる）中野武営をして「一般国民殊に我が当業者等をして茫然自失させしむるに至」[21]らしめると述べさせたように、深い失望を与えた。それ故に、中野武営も次のように事業の縮小に言及し、政友会の路線とは一線を画す発言をしたのであった。中野武営は、「今日迄我経済界の窮迫したる主原因は実に財政殊に公債支弁計画によりて盛に営みたる政府事業の結果たることは、朝野識者の夙に悟了したる所なれば大体に於て政府事業を抑ゆるの方針に議会の多数は傾くべく、彼の財政策は如何になるとも必ずや我経済界を攪乱するが如きことを避くることとなるべし、果して然らば我経済界の恢復の曙光を認むることは疑を容れざるべし」[22]と談じ、政府事業の進展よりもまず経済界の回復を優先させることを訴えた。こうして、両政整理による財源の捻出に期待しながらも公債支弁による政府事業の進展＝積極政策の推進を望んでいた政友会[23]と、経済恐慌の原因を日清戦争以来の公債過多に求め、外資の導入等による金融事情の改善と政府事業の縮小を求める商工業者との主張とは平行線をたどるのである。商工業者の立場は、「戦後積極ノ方鍼《（ママ）》ヲ継続セハ須ラク時ニ応ジテ変通スルノ手段ナカルベカラザルナリ」[24]とするものであって、その時々の経済界の状況に応じて商工業者に経済的不安を与えないような財政運営を望んでいた。不安を与えなければ、もちろん政府事業の進展には賛成だったのである。その限りは政友会の政策に同調できる可能性は持っていた。しかし、現実には、財政運営は商工業者の期待したようにはならなかった。それ故に、その時々の財政状況、政治的対抗関係のなかで独自に行動した。換言すれば、政友会と桂内閣の対抗関係のなかで、当分の間、不安定な政治勢力として行動しなければならなかったのである。

1 大島清著『日本恐慌史論　上』(東京大学出版会、一九五五年)、一九五〜二四〇頁。
2 「大蔵省官吏の意嚮」(『国民新聞』一九〇一年四月一八日)。
3 中村隆英著『戦前期日本経済成長の分析』(岩波書店、一九七一年)、一三頁。
4 同前。但し、一三頁。
5 同前。但し、一四頁。
6 坂野潤治著『明治憲法体制の確立―富国強兵と民力休養』(東京大学出版会、一九七一年)、二〇七〜二一二頁。
7 「第十三議会報告書、鉄道国有」(『憲政党党報』第一巻第九号、一八九九年四月八日)、四九六頁。
8 同前。
9 「渡辺国武氏の経済談」(『東洋経済新報』第一五五号、一九〇〇年四月五日)、四〇九頁。
10 「経済界救済に関する経済研究会の意見」(『東京経済雑誌』第一〇六五号、一九〇一年一月二六日)、一一六頁。
11 同前。
12 「第十回商業会議所聯合会報告」(『商法』京都商業会議所月報第一二八号、一九〇一年一一月一〇日)、六頁。
13 「財界救治と財政整理(中橋徳五郎)」(『東洋経済新報』第一八八号、一九〇一年三月五日)、二九五頁。
14 「官業中止に就て(池田謙三)」(『東洋経済新報』第一九五号、一九〇一年五月一五日)、六三五頁。
15 註13に同じ。
16 同前。
17 「大坂《ママ》商業会議所と官業中止問題」(『東洋経済新報』第一九五号、一九〇一年五月一五日)、六五一頁。
18 「大坂商業会議所と借金政略」(『東洋経済新報』第一九七号、一九〇一年六月五日)、七二三頁。
19 「(内国経済彙報)商業会議所聯合会の結果」(『東洋経済新報』第二七二号、一九〇三年六月二五日)、八五八頁。
20 「(世論一斑)神戸商業会議所の公債政策反対意見」(『東洋経済新報』二七〇号、一九〇三年六月五日)、七六四頁。
21 「中野武営氏の外債失敗の影響談」(『東洋経済新報』第二一八号、一九〇一年一一月五日)、五九〇頁。
22 「中野武営氏本年の経済談」(『東洋経済新報』第二二八号、一九〇二年一月五日)、一五頁。
23 第一六議会において、政友会は事業費の公債支弁にこだわって、「普通歳入」支弁に反対したのであった。

24 「戦後ノ財政政策ニ関スル陳述書（商工経済界）」（曾禰荒助文書『戦時及戦後財政　10』国立国会図書館憲政資料室蔵、一九〇一年一二月一四日付の井上角五郎外四〇名の曾禰荒助大蔵大臣に対する陳述書）。

おわりに

第一三議会において、憲政党は地租増徴に賛成することで憲政党員の望む地方の基盤整備事業が進展すると考えた。しかし、第二次山県有朋内閣の松方正義蔵相の言う日清戦後財政における歳出入の均衡のみは達成されたけれども、憲政党が唱えていたそうした事業の進展が行えるような財政状況ではなかったのである。償金で軍備拡張、公債は事業費支弁、租税の増徴は経常費の増加分に充てるという日清戦後財政の原則が、軍備拡張費の増大と公債募集不可能という事態のなかで崩壊していたからである。とくに軍備拡張費は償金だけではまかないきれずに公債募集金にまで食い込み、最後には租税収入をも浸食しており、公債募集不可能とあいまって憲政党の望む政府事業は財源的に行き詰まっていたのであった。憲政党が地方党員の望むような事業費を支弁するためには、そのための財源を確保する必要があり、限られた財源をめぐって軍備拡張を至上の命題とする藩閥や経済界の救済を求める商工業者と新しい緊張関係に入らなければならなかったのである。

明治三三年度予算からは、「普通歳入」のみが確固とした財源なのであって、今まで償金と公債と租税増徴の三つの財源で行っていた政策は、経常費・臨時費とを問わずに「普通歳入」のみによって支弁されねばならなくなっていたのである。換言すれば、日清戦後財政の原則はこの明治三三年度において崩壊していたと言っても過言ではない。第四次伊藤博文内閣はこのような財政状態のなかで成立し、明治三四年度予算を作成しなければならなかった。政友会員たちは、地方の基盤整備などの事後の進展を第四次伊藤内閣に期待していたにもかかわらず、それらの事業費の財源は両政整理＝経費節減に頼らなければならない状況だったのである。こうした状況のなかでは、渡辺国武蔵相の全公債支弁事業繰延案は政友会員にとって全く認めることのできないものであった。このような財政困難な状況が、まだ立憲政友会の党内基盤を安定させてはいない第四次伊藤内閣の死期を早めたのである。

一九〇〇（明治三三）年以来の経済恐慌と公債の過多な募集によって打撃を受けていたと考えていた商工業者は政友会への批判を強めていた。彼らは、経済不況の原因を官業の膨張＝政府事業の拡大に求め、政府事業を支弁していた公債募集をやめて官業の縮小を求めたのである。しかし、大都市の実業家層が政友会の政策を徹底的に批判していたのに対して、地方の商業会議所に結集する商工業者たちは経済不況を克服するために官業の縮小を主張しながらも、政友会の地方基盤の拡大にも期待をよせ、政友会に同調できる可能性をなお持っていたのである。こうした状況が商工業者の政治的行動を複雑にした原因である。日露戦後に東京商業会議所会頭に就任した中野武営は、政友会と桂太郎内閣の間で複雑な行動をとっていくのである。

以上のように、政友会、山県有朋の後継者である桂太郎、商工業者は、桂園時代という政治体制のなかで新しい対立関係を形づくっていった。この三者の対立関係の基礎にはいつも不安定な財政をめぐる対立が横たわっていたのである。

第三章　幻の「近衛新党」

はじめに――問題の所在

大正デモクラシーの推進力の一つが民衆の政治的活性化であることは言うまでもないことであろう。そのはじめが日露講和条約反対を叫んだ日比谷焼打ち事件であったが、そこにあらわれたような民衆のエネルギーを結集し[1]、それを自らの政治活動の基盤にしようとした政治勢力が数多くあらわれた。一方、自由民権期の三大事件建白運動以来、対外問題を政治的結集軸にしようとすることは有効な政治的手段と考えられてきた。一八九三（明治二六）年から翌一八九四年にかけての対外硬六派の運動、すなわち対外硬運動は、初期議会において藩閥政府と接近しつつあった自由党に対抗し、改進党を軸とする政党再編とそれら六派の勢力拡大をめざす運動であった。本章で問題とする国民同盟会は、日清戦後の新たな国際情勢に対し、統一的でかつ強硬な外交方針を求める対外硬運動の延長線上にあるものと考えてよいであろう。国民同盟会とその運動については、酒田正敏氏による詳細な研究がある。[2]そこでは、国民同盟会の成立、憲政本党と国民同盟会運動、貴族院勢力と国民同盟会、新聞記者団と国民同盟会など、さまざまな側面から分析されているが、本章では、現実に国民同盟会が政治的対抗関係のなかでどのように機能したかを追求することに力点を置いた。換言すれば、憲政本党と国民同盟会との関係を考察し、憲政本党が立憲政友会との対抗関係をどのように構築していこうとしたのかを考えたいと思う。そのことによって、憲政本党の政策やその限界と、日露戦後の憲政本党の動向を展望したいと考える。

1　宮地正人著『日露戦後政治史の研究』（東京大学出版会、一九七三年）を参照。
2　国民同盟会に結集した団体や構成要素、その動向や消長については、酒田正敏著『近代日本における対外硬運動の研究』（東京大学出版会、一九七八年）が詳細に分析している。本章もこれに負うところが大きい。

1　憲政本党の政治的動向

一九〇〇（明治三三）年に入って、憲政本党は政党としての行き詰り状態から脱するための新しい方向を模索しつつあった。それをうながしたものは、対外的には義和団運動によって引き起こされた中国における国際的緊張であり、対内的には伊藤博文による立憲政友会の結成である。前者によって、自由民権運動以来ずっと主張してきた地租軽減（減租）のスローガンは軍備拡大の必要性のなかで、もはや現実的な政策としての意味を失ってしまったのであった。また、後者によって、新しい政治的対抗関係の創出へいやおうなく向かわざるを得なくなったからである。いわば、憲政本党の政策や政党の基盤が危うくなっていたのである。

憲政本党は第一三議会における地租増徴問題において、地租増徴反対を選択し、減租をかかげて減租運動を展開することで政治的エネルギーの結集をはかろうとした。

第二次山県有朋内閣が地租増徴案を衆議院に提出した[1]一八九八（明治三一）年一二月八日、東京・芝公園の紅葉館において地租増徴反対同盟の発起会が開かれ、政府・憲政党・商工業者たちの地租増徴に賛成する勢力に対抗する組織がつくられた。この発起会では、憲政本党の鈴木重遠が会長に推薦され、鈴木重遠は谷干城を幹事長に指名し、その他三〇名の幹事が推薦されて地租増徴反対同盟の組織が整い、反政府系の行動組織となった[2]。これより前、山県内閣による地租増徴案提出を目前に控えた一二月一日、憲政本党系の新聞記者たちで組織している同志記者倶楽部は、「吾人は断じて地租増徴に反対す」「前項の意見を遂行するため地租増徴反対同盟の組織に尽力すべし」という決議案を採択し、準備委員一一名が地租増徴反対同盟組織の準備活動にあたった[3]。その準備委員たちは、憲政党、憲政本党、中立団体、貴族院の各団体、及びこれらの院外諸団体に向かって共闘の交渉を行い、憲政本党の院外団体である憲政同志会と共闘することになった[4]。ここにまず、同志記者倶楽部と憲政同志会の二つの組織から地租増徴反対同盟は成り立ったのである。憲政本党としては地租増徴反対同盟に正式に参加していた訳ではなかった。憲政本党は、衆議院で地租増徴には反対していたが、院外の大衆運動には党として取り組まなかったのである。その理由は明確ではないが、憲政本党内には地租増徴反対でもさまざまな意見を抱えており、幹部を中心に明確な地租増徴反対の立場を嫌う勢力もあり、一方では、党派の政治活動という形をとらず、国民運動的形態をとることでより広範な政治的エネルギーを吸収しようとしたのであろう。

地租増徴反対同盟の幹事長となった谷干城は、「地租問題は実に人民の休戚に関し、延て国家の安危に関す（中略）余は従来尊農主義にして、日本の安寧を維持するは実に自作農業者多数なるにありとす」[5]と表明しているように、農本主義者的発想から自作農を国家の根幹と考え、地租増徴による自作農への打撃を本当に恐れていたのである。地租増徴による自作農の経営不安定化とその減少は国家体制の安定を揺るがすものだと考えていた確信的な地租増徴反対論者であった。それ故、日清戦後経営が進展すればするほど国家財政は膨張し、その財源は増税とくに地租増徴に頼らざるを得なかったから、自作農の崩壊の危機が迫っているという危惧は大きくならざるを得ない。谷干城自身は「軍備拡張論者で、決して縮少《ママ》論者ではない」[6]と地租増徴反対同盟発会式で述べて、軍備縮小論へ傾斜したくない憲政本党の首脳部への配慮を示してはいたが、地租増徴反対を貫徹しようとすれば、「野夫（谷干城）は（中略）軍備縮少《ママ》の為に斃ふるるは名誉とするものなり」[7]と述べたように徹底的な軍備縮小論者にならざるを得なかった。また、谷干城は、「軍備不足に帰し臥薪嘗胆の名の下に七個師団を一躍し十三個師団に増加し厳然戦争の準備を敢てし内は国力の如何を不顧外は欧米各邦の嫌疑を招」[8]くような対外関係の緊張を望んではいなかったのである。谷干城は、「外国に対し平和主義を取るものなり、外交上英雄主義を排し、君子主義を取るものなり」[9]との姿勢を貫いていた。また、日清戦争前の一八九二（明治二五）年当時に、「軍備の拡張案は政府案に一層鞭を加え度事」[10]と考えたのは、攻撃的な軍備拡張の主張ではなく、「明治六十年までに掛らなければ海岸の防禦は十分に出来ぬと言ふのは如何にも情けない事柄である」[11]と防禦的観点からの考えにほかならない。谷干城の対外論には対外膨張的発想はきわめて少なく、軍備拡張批判も徹底していたと言ってよいであろう。その軍備拡張批判に裏打ちされた地租増徴反対論は強固なものであった。それ故に、谷干城の減租論は、第二次山県内閣と憲政党の地租増徴→積極政策（地方利益の拡大と軍備拡張）の論理に対抗し得たのである。憲政本党の政策的な地租増徴反対＝細民保護的なポーズに批判的であった田口卯吉さえも、「余輩は将軍〔谷干城＝筆者〕が細民の友たるを知るなり」[12]と認めていたのである。反対から言えば、地租増徴反対（減租）が軍備拡張を含む日清戦後経営批判になることを恐れていた憲政本党首脳部は、谷干城らの意見や行動に全面的に同調する訳にはいかなかったのである。

しかし、あえて谷干城に近い立場から軍備縮小によって減租の論理を推し進めていこうとする人々は、憲政本党内に少なからずいたのである。憲政本党内には確信的な軍備縮小派が多数いたのである。[13]彼らはいわゆる「三衛門派」と称される浜口吉右衛門、石原半右衛門、金岡又左衛門を中心として、神鞭知常、大東義徹らの人々も彼らに近く、憲政本党内には最大五〇名近くの勢力を占めていたと思われる。[14]彼らのなかには、軍備縮小と対外硬の論理をそのなかに共存させつつ国民同盟会から対露同志会へ結集していくメンバーも多く、いわば民衆の素朴な政治的エネルギーに着目した人々も数多く含まれていたのである。彼らの説は、「今日の財政を整理せむには、軍備を緊縮して行政費を削減するの外名案なし。増税案には反対しながら、政府の十年計画に賛成するは矛盾なり」[15]として、増税反対はそのまま軍拡反対に直結しなければならないとするものであった。その財政案は、「我国の所得は大凡十億円に過ぎざれば、其の一割即ち一億円以上の歳出を許すは国力の殆ど堪へざる所なり、但し行掛り上止むを得ざる事情ありといはゞ、一億四千万円までを限度とし、(日清)戦役前の歳出八千五百万円の上に、行政費一千八百万円、軍事費三千五百万円を加へたる以外のものは、経常臨時両費を問わず、総べて之を許さざること、すべし[16]」とする極端な財政緊縮論となり、日清戦後経営を根底から批判するものにまでなった。

このような地租増徴反対運動＝減租運動の展開に対して、憲政本党の首脳部は、地租増徴反対(減租)が日清戦後経営批判＝軍備拡張批判になることを極度に恐れ、それと距離を置こうとした。憲政本党が政党として政権へ接近するためには、地租軽減の主張がそのまま対露戦争を想定した軍備拡張を中心とする日清戦後経営の否定へと連動させる訳にはいかなかったのである。軍備拡張批判が政権への道を閉ざすことになるからである。それ故に、憲政本党の領袖である武富時敏は、「地租を減ずべきや否やと言う問題は既に過去の問題となって、今日の問題は此地租が果して減じ得るべきや否やと言う問題になって居る。此地租を減じ得べき方策さへ立ち[17]」さえすればよいと言って、地租増徴反対論＝減租論の民力休養論的側面＝軍備拡張批判的側面を意図的にはずし、地租増徴反対を単なる財源問題の枠内に閉じ込めようとしたのであった。武富時敏の減租案[18]は、植民地となった台湾経営費の増加が地租増徴の根源であるとして、台湾守備隊の編成替えによって約四〇〇万円の倹約、台湾の憲兵を廃止して民政局の巡査を増すことによって約一〇〇万円の倹約、台湾の樟脳を専売にしてその関税を増すことによって約一〇〇万円の収入増、その他で合計約八〇〇万円を捻出することによって減租を実行しようとするものであった。武富時敏は、「子〔谷干城＝筆者〕ハ旧ニ依リ軍備拡張攻撃の演説を繰返し居候我党の人士ニして子の一行に伴ふときは軍備拡張攻撃の道連れを為す様ニて心苦しき限ニ御座候[19]」と谷干城による軍備拡張批判に巻き込まれることを恐れると共に、「(四国減租)大会ハ存外の盛況ニて数日前同所に開きたる自由派の会合に比すれば数倍の盛況ニ御座候(中略)四国の人士ハ今度の大会ニて四国の形勢一変すべしと踊躍罷在候夫程の効果ハ無論覚束なく候」[20]とも述べて、減租運動が憲政本党の党勢拡張策としては有効ではないと分析していたのである。憲政本党内の首脳部は、党内では党情大革新派、または前官吏派と呼ばれる人々であった。彼らは、進歩党の首脳部として松隈内閣の下で官僚となり政権のなかに入り、日清戦後経営に携わった人々であった。また、憲政党内閣〈第一次大隈重信内閣〉の下で彼らが編成した予算案は、地租増徴をすることを除けば、第二次山県内閣が第一三議会に提出した予算案とほとんど同じものであった。それ故に、彼らは第二次山県内閣の予算案や政策には基本的に反対しないことで、憲政党→政友会のように政権党への脱皮をはかろうとする人々であった。

こうした減租論を放棄しようとしていた憲政本党首脳部に対して、地方の党員たちの不満も高まっていった。憲政本党東北倶楽部は、「財政は前内閣〈第一次大隈内閣＝筆者〉の計画を踏襲せず更に計画を立つる事」「政費は大に削減を行ふ事」「前条の方針を以て其調査を本部に要求する事」という決議[21]を行い、憲政本党首脳部を批判し、軍備縮小派＝減租貫徹派への支持を貫く姿勢を見せた。軍備縮小派や減租をあくまでも主張する人々は、憲政本党が藩閥政府側の戦後経営に加担してきたことをすべて否定し、真の民党に立ち返ることを求めたのである。地租増徴案が成立した第一三議会開会中の一八九九〈明治三二〉年二月一〇日、三浦梧楼によって両派の調停が行われた。その結果、憲政本党の政務調査会において、「歳出額の程度を定めず成る可く節減の方針を執る可し」「陸海軍費を緊縮し、諸般の行政を整理すべし」「地租郵便醤油税を復旧して減租の方針を取る可し」「増税は種目を論せず、一切之を行はざる可し」[22]と決定された。「軍備の縮小・減租・一切の増税の否定」がセットで確認されたことで、軍備縮小＝減租派が一応勝利したのであった。

新聞『日本』や雑誌『日本人』による国粋主義者たちも憲政本党が反藩閥の姿勢を貫き、減租の方針をとることに支持を与えていたのである。彼ら国粋主義者は、「非増税を唱へて而して軍備の緊縮を訐らざれば、将た如何にして財政を処理し得べきや、他に財源ありと言ふと雖も国民は決して信を置かざるべし、〈中略〉党中の健全なる分子は其の如き両立し難き言説を策して空中に楼閣を築くが如き両立し難き冀望を以て日一日と空過するよりは此際断然悔悛して其図を一変し、大に軍備の緊縮を叫びて非増租と唱和し、以て善く両立併行せる否な一而不二の議論を唱へんには若かずとの意を懐ける者ありと聞く、是れ誠に当を得たるの見と謂ふべし。（中略）十年一日の如く藩閥打破を口にしながら却て軍備の拡張を黙許するは是れ即ち藩閥拡張の黙許と均しく、軍備を拡張すればするの度大なる丈け藩閥は益々勢力を加へ其の生命は亦た益々長大なるべきことを」[23]と述べて、憲政本党の主張や政策に矛盾が多いことを批判していた。また、憲政本党の党勢拡張策についても、「藩閥の儕輩を吸収し得ざるが如き豈に遺憾とするに足らんや、寧ろ新智識を有して将に社会に現出せんとし、而して藩閥以外に立ちて些の関係を有せざる者を採容《ママ》するの優るあるに若かざるなり」[24]として、政府権力に接近することで党勢拡大をはかる憲政党を否定し、藩閥以外の勢力を吸収しつつ憲政本党が徹底した反藩閥の政党に立ち戻ることを求めた。義和団事件による東アジアの国際的緊張が顕在化していなかったこの頃まで、国粋主義者たちも「民の負担を増すことを図り、反抗する者あらば、即ち曰く愛国心なし」[25]と非難する権力者たちを批判し、反藩閥の姿勢を取り続けていたのである。

地租増徴反対同盟や国粋主義者たちから支持を受けて、憲政本党内には軍備縮小を唱える勢力が大きくなった。彼ら軍備縮小＝減租派の主導権拡大に対する党内の革新派＝前官吏派の巻き返しが党制改革問題であった。それは、第一三議会における地租増徴案成立直後の一八九九年一月初旬から問題となり始め、二月一四日には代議士総会を開いて党制改革問題を討議するまでになった。党制改革の理由は、「本党従来の党制は党務総攬の上に於て不便尠からざるは久しく諸君と共に実験し来る所となれば、爾今以後旧来の組織を一変し、此に総理一名、副総理二名を新設して、以て機務を総攬し、敏活の行動を自在ならしめんと欲す。故に吾々役員一同は挙て総辞職を為すべければ、願わくは先づ仮りに副総理を選み、以て百搬《ママ》善後の処理を委任したし」[26]とされるように、新設した総理による党内統制力の強化によって政権党への脱皮を意図したものであった。なぜならば、この党制改革を積極的に推進したのは、「役員諸氏亦た誠意を以て之に賛同し、自ら奮て評議員会及び代議士会を開き、以て其案を提案」[27]したとされるように憲政本党の首脳部であった。憲政本党首脳部の主導による党制改革問題は、政権獲得の前提条件として党の整備と党内秩序の維持を名目に統制力の強化をはかったものであった。換言すれば、党制改革に名をかりた軍備縮小＝減租派の封じ込め策であった。これに対し、減租を強力に主張していた田中正造は、「此の如き改革案を提出して以て其の内訌紛擾を増長せしむるは我等の與みする所にあらず[28]」と述べて批判している。

また、第一三議会における地租増徴反対の熱気がさめていない一八九九年の一月から二月にかけては減租派の勢力が大きかったため、総理新設による統制力強化を狙う憲政本党首脳部の意図は挫折した。総理新設の件は流れ、党則改正のための臨時大会は開かれなかった。一八九九年二月二〇日に至って新しく楠本正隆、犬養毅、河野広中が総務委員に選ばれて党務を統括することになった。この時点では、楠本・河野は減租派、犬養はどちらかと言えば首脳部派であり、この時期の党内抗争は一応、減租＝軍備縮小論の勝利に帰した。

しかし、非地租増徴＝減租論が軍備縮小論にならざるを得ない以上、憲政本党が軍備縮小の志向を堅持することは困難であろう。それは政党として政権獲得への志向を断念するに等しいからである。減租のために軍備縮小を持ち出すことは、中国分割＝植民地獲得競争の激化という国際関係の緊張のなかでは全く現実に合わない政策になっていたからである。憲政本党が主催した各地における減租大会で強調されたのは、「内に養ふ所なくんば外に向って伸ぶるを得ざるなり、今や内外多事大に国力を養成すべきの秋に際し[29]」て、国民を疲弊させるであろう増租をすべきでないということであった。

「内外多事」の一層の緊迫化によって、自由民権運動以来の「内に養ふ所」の視点は希薄化するばかりであった。また、国粋主義者たちの減租論も義和団事件から日露戦争に至る対外的緊張の高まりのなかで放棄される運命にあった。もはや、地租軽減を叫ぶような時代状況ではなかったのである。憲政本党の党勢拡大（党勢挽回）には、「減租」をのりこえる新たな論理と運動とが必要になっていた。憲政本党はそれを義和団事件の勃発という国際的緊張のなかでふたたび対外硬運動に求めたのである。

1 地租増徴問題の政治過程については、本書、第一章第1節を参照されたい。
2 「地租増徴反対同盟発会式」(『日本』一八九八年一二月一〇日)。
3 「同志記者倶楽部の決議」(『日本』一八九八年一二月三日)。
4 「地租増徴反対同盟組織の準備」(『憲政本党党報』第三号、一八九九年一月一日)、四〇～四一頁。
5 「谷干城　非地租増徴論」(『日本人』第七五号、政教社、一八九八年九月二〇日)、二二頁。
6 「地租増徴反対同盟発会式　谷干城の演説」(『憲政本党党報』第三号、一八九九年一月一日)、四二頁。
7 谷干城『谷干城遺稿　下巻』(靖献社、一九一二年)、六〇八頁。一八九六年九月二六日付陸実宛谷干城書翰。
8 同前。但し、六二頁。一九〇〇年一〇月五日付望月小太郎宛谷干城書翰。
9 同前。
10 同前。但し、五七〇頁。一八九二年、弘田正郎宛谷干城書翰。
11 註6に同じ。
12 「谷将軍の非地租増徴論」(『東京経済雑誌』第九四二号、一八九八年八月二七日)、四五四頁。
13 藤村道生「軍備拡張と階級矛盾の展開」(信夫清三郎・中山治一編『日露戦争史の研究』河出書房新社、一九七二年)が軍備縮小派について詳細に分析している。
14 「進歩党内訌録」(『日本』一八九九年二月二〇日)。
15 「明治三十二年の政界」(『太陽』第六巻第一号、一八九九年一月一日)、四〇頁。
16 同前。
17 武富時敏「減租の方案」(『大帝国』第一巻第四号、一八九九年八月一日)、四一頁。
18 同前。
19 『大隈重信文書』(早稲田大学出版会、一九七九年)、一八九九年四月二三日付大隈重信宛武富時敏書翰。
20 同前。
21 「東北倶楽部の決議」(『憲政本党党報』第七号、一八九九年三月五日)、四五頁。
22 註14に同じ。

23 「憲政本党の根本的矯革」（『日本人』第八三号、一八九九年一月二〇日）、七〜九頁。
24 「憲政党の拡張と憲政本党の拡張」（『日本人』第八〇号、一八九八年一二月五日）、七〜八頁。
25 「増租必要の程度（対外成績の如何に応す）」（『日本』一八九八年一二月二〇日）。
26 註21に同じ。
27 同前。
28 「憲政本党の改革会」（『日本』一八九九年二月一四日）。
29 「東北減租同志大会決議」（『大帝国』第一巻第一号、一八九九年六月一五日）、七一頁。

2 憲政本党と国民同盟会

清国内でその勢力を拡大しつつあった義和団は、一九〇〇（明治三三）年五月には北京・天津に迫り、清国の中枢部を占領する情勢となった。憲政本党は、この義和団運動の拡大による国際的な緊張を利用して十分な成果を上げることのできない減租のスローガンを放棄し、対外的な積極論によって人々の政治的エネルギーの結集を企てようとしたのである。また、国内における伊藤博文の立憲政友会設立は憲政本党に深刻な動揺と打撃を引き起こしていた。それ故に、対外的にも、対内的にも、減租のスローガンから対外的な積極論への変更は、政友会設立による憲政本党の動揺を防ぎ止め、再度憲政本党へ結集させる意図の下に進められた。

一九〇〇年六月、憲政本党総務委員の犬養毅は、「只憂うベキハ国家ニ御座候此度ノ外交一歩ヲ誤れば将来回復不可《（ママ）》からざる危険形勢ヲ成立セシムベク（中略）内治の事に関しては政友如雲に候得共東亜時局に就て臭味ノ友を求め候得ハ実ニ索莫を感し居候此一点ハ中々地租問題と比すべきものにあらず此を棄てても彼ハ棄てられ不申候[1]」と述べて、早くも清国の義和団事件による国際的緊張が高まってきたことを理由に、憲政本党への支持が思うように広がらない減租論を放棄し、国民にわかりやすく支持が求めやすい対外的な積極論に転換することが必要だと訴えた。憲政本党評議会が六月一五日に義和団事件についての決議を上げたのに呼応して、憲政本党新潟支部も、「我党は時局の難きに処して、益々鞏固なる内閣を望むと雖此際にては敢て軽動せざるべし」「清国事変に処して、列国均衡の上に於て一歩も譲らず、一面は清国政府を開誘して隣誼を尽すべし」[2]との決議を上げ、山県有朋内閣への批判を抑えて、外交問題を政局の重要課題とするように求めたのであった。

一九〇〇年八月三〇日、東亜同文会幹事会の席上ではじめて国民同盟会結成が話題となった。近衛篤麿はその時の様子を「これより国民の世論を喚起するの方針を取らざる可らずとて、団体を仮に三箇に分ち、先輩等の一派、頭山を首領としたる青年者の一派、新聞同盟の一派とすること、而して速やかに其成立を計る事とし、唱道する処の論点は、北京より撤兵して野心無きことを天下に示すべし（日本首唱して列国応ぜざれば単独にても退く事）、朝鮮を独力扶植する事（これは余未だ同意せず、何となれば是が為団体の弱くなる惧あればなり）、以上の目的並に支那保全に反する行動ある国に対しては、我国は非常の決意をもって其野心を弾圧する事、此意味にて一つの宣言案の様なものを起草する事」[3]とその日記に記した。近衛篤麿の考えはまず列強によるこれ以上の中国進出の阻止に置かれていたことがわかる。この後、九月二四日に発起人会を開いて国民同盟会が成立し、一〇月二一日には八〇〇名の来会者を集めて盛大な懇親会が開かれた。

『大帝国』第３巻第７号口絵
左の人物は貴族的な鼻と口髭から近衛篤麿。右の人物は伊藤博文。近衛が国民同盟会によって第４次伊藤内閣を圧倒して，内閣を脅していることを暗示。

憲政本党は党として国民同盟会にはじめから参加していた訳ではなかっ

た。しかし、東亜同文会を通じて近衛篤麿と個人的な関係を持っている犬養毅や神鞭知常らが個人としてそれに加わろうとしていたのである。憲政本党自体が近衛篤麿に接触し、国民同盟会への合流を打診したのは、伊藤博文が立憲政友会の綱領を発表した八月二五日から一〇日余りたった一九〇〇年九月六日である。その日、柴四朗が近衛篤麿に「進歩党〔憲政本党＝筆者〕より余等の説に賛同し団体組織の交渉を為すために何人か不日来るべし」[4]と語ったが、まだ、この時点では全党参加を意味するものではなかった。憲政本党が国民同盟会との組織提携を決定したのは、立憲政友会創立記念式典が行われた九月一五日から一カ月ばかり経った一〇月一八日であった。その日の状況は、「本部に於て評議員代議士連合会を開きたり、出席者は楠本、河野、犬養三総務を始め七十余名にして鈴木重遠を会長に推し、先づ犬養総務より同盟会の成立経過を報告し、次で楠本総務より吾々総務は目下の時局に鑑み対清政策に付同盟会と提携して運動するの必要ありと決定したり、就ては満場の賛同を得、其代表交渉の為め五名の委員を挙ぐることとしたしと発議し、異義なく之を可決し」[5]たというものであった。この決定によって、憲政本党からの交渉委員として神鞭知常、波多野伝三郎、降旗元太郎、岩崎万次郎、山田烈盛の当時の憲政本党幹部の五人が決定したのであった[6]。そして、次のような報告書をつくり、憲政本党各地方支部へ向けて発送した。それには「清国保全を唯一の旨義として起れる国民同盟会は普く同志者を天下に求めつゝあるは御承知の通に候、我党員にして同会に加盟し居る者尠からず候得共同盟会と我党とは今日に至る迄何等の関係を有せず、然るに我党は清国保全に関し前後三度決議する所ありて既に対清策に付同盟会と志を同うする事は今更申上ぐる迄もなく候、依て先般党員中の有志者より同盟会へ加入の儀御勧告申上げたる次第に候、同会は今後益々活動の運動に着手する模様にて我党は党として同盟会に対し如何なる態度を執るべきかを決定せざるべからざる時期に到達致候」[7]と述べられている。憲政本党はまず党員が個人として国民同盟会に積極的に加入するように求めた上で、憲政本党として国民同盟会の運動へ正式に合流しようとしたのである。

憲政本党が国民同盟会と正式の提携を打ち出す以前の一〇月三日、憲政本党徳島支部総会は、「現下の対清策に就いて国民同盟会の趣旨を賛成し成るべく我同志へ加入を勧告すること」「県下各所に演説会を開き、吾党の主義を闡明にし党勢を拡張すること」等の決議を行ったのである[8]。憲政本党が正式提携に踏み切る以前から地方の支部段階では国民同盟会への接近と加入がはかられ、地方党員たちが国民同盟会を党勢拡張（党勢挽回）の挺子にしようとしていたことがわかる。この裏には、徳島県選出の四人の憲政本党代議士が脱党し、立憲政友会結成に合流してしまうという憲政本党徳島支部の深刻な動揺があった。地方支部段階でも、国民同盟会は政友会に対抗できる政治勢力として期待されていたのである。

このように国民同盟会への加担を決めたことは、憲政本党が減租のスローガンから外交的論点へ政策転換したことを意味した。義和団事件によって高まった国際的緊張への対応を党勢拡張の最も重要な旗幟にしようとはかったのである。換言すれば、国民同盟会に結集するさまざまな勢力に依拠して憲政本党の党勢拡張をはかろうとしたのであった。現実的には、政友会結成による憲政本党の動揺を回避しようとするものでもあった。『近衛篤麿日記』には、「陳ば春畝公〔伊藤博文＝筆者〕の新党愈発表相成候段、右に対する御高慮は如何に御座候哉。此際小生等親友両三輩の態度甚だ大切に付、篤と閣下〔近衛篤麿＝筆者〕の御意見拝承致度候[9]」という地方の憲政本党員の書翰が収められているように、政友会結成以後、近衛篤麿の政治的去就が注目されていたのである。それ故に、長谷場純孝らの国民同盟会中の政友会系の人々が、「此会〔国民同盟会＝筆者〕の発表を新政党〔政友会＝筆者〕組織の後にせられたし[10]」という意向を近衛篤麿に示したのに対し、犬養毅は「今日の場合乗機二字最肝要に付、長谷場の曠日弥久節は到底同意し難きものと被存候[11]」と近衛篤麿へ書き送っている。国民同盟会の政治的結集力は政友会系の人々にとっても大きな脅威と感じられていたのである。それ故にこそ、犬養毅は政友会成立以前に国民同盟会を成立させたかったのである。国民同盟会の成立を遅らせることは、政友会に対抗できる結集軸を失い、自らの陣営を政友会によって浸食されることを意味していたからである。

国民同盟会へ全党的に参加した憲政本党は、本当に義和団事件による国際的緊張を利用した対外的な積極論によって政治的エネルギーを結集することが可能で、それによって党勢拡張ができたのであろうか。そのような条件があったのか、なかったのかを政友会と政党の基盤を争わなければならない憲政本党と、政治的対立を内部に持ち込ませないようにしようとして「非政社」を唱える国民同盟会との関係のなかで考えてみたい。そのためには、第一に対外的な積極論（対外硬論）が政治的対立の場における論争点となるのか、第二には盛り上がってきた政治的エネルギーをどのようにして現実的な政治の場へ持ち込むのか、換言すれば、それによって政治的な力関係を変えるものとすることができるのか、ということを考えることが必要となろう。

第一の問題について考えてみよう。中国の分割競争が日本の安全を危うくするという危機意識によって叫ばれていた対外的な積極論は、その背後に対露強硬論があることは言うまでもなかろう。それ故に、「日本の国論」全体を喚起するものとならなければならず、そのためには党派の別なく運動することが前提となることは言うまでもない。しかし、国民同盟会に結集した人々は、政友会とのちがいを強調し、そこに対露政策の別を立てて政策論争化をはかろうとしたのである。雑誌『日本人』が、「支那問題はやがて対露策となり、伊藤侯は固より其思ふ所を異にすべし、国民同盟会は党派を問わず、是に於てか、憲政本党の党員之き、帝国党の党員之き、東亜同文会員之き、天下説を同うするもの争て之く、斯くの如くして国民同盟会は或る対露策を抱懐する一政党たり、而して伊藤侯率ゆる所の政友会は之に対して其懐く所の対露策を以て争うべし、是に至て旗幟明らかなり、対露策は一時の問題に非ず、日本人が永く離るべからざるの問題なり、是れやがて政党の別つ所なり」[12]と書いたように、この項において、憲政本党や政友会結成によって取り残された帝国党にとって、対外的な積極論＝対露強硬論が「政党の旗幟」を明らかにする唯一の方法となっていた。憲政本党や帝国党は、伊藤博文の比較的融和的な対露政策を突き、対露強硬論を外交政策論争の中心に据えようとしたのである。しかし、そうすることによって、「党派を問わない国民同盟会」の運動論理とかけはなれ、政治的エネルギーの結集は難しくなるであろう。国民同盟会の運動論理は、政治的対立や政策論争とはなじまないものであった。

一方、政友会側も対外問題が政治的な争点となることを避け、憲政本党がしかける政策論争を無視し続けた。九月一八日、創立式典を終えたばかりの政友会の仮総務委員会において、「国民同盟会の行動は外交上国家に不利なるものと認む、本会は挙げて之に反対す」[13]との決議をなし、東京の新聞記者などが結集した江湖倶楽部より各政党に寄せた交渉覚書に対する回答には、「支那問題に関しては本会は目下一定不変の政策を発表するの必要を認めず、且つ国民同盟会に対しては已に本会の決議あり」[14]としたことが、政友会の反応のすべてであった。このような政友会側の反応は、伊藤博文自身がロシアとの全面的な衝突を避けたいと思っていたこともあるが[15]、政友会が現実に衆議院の過半数を制しており、この時点では政治を動かし得る唯一の政党であるという自信によるものでもあろう。[16]「伊侯は立憲政友会の組織なりて早く外交問題を片付け（不十分にても）、自ら政府の後任を引受け大活動を試みんとの野心」[17]があると『近衛篤麿日記』にあるように、義和団事件の処理を早急に行った上で、国内政治に取りかかるという伊藤博文の自信が近衛篤麿にも感じられたのである。また、伊藤博文自身も、「新内閣（第四次伊藤博文内閣＝筆者）漸く成れり、今に於て其外交方針を問ふ（中略）而して知る能はざるものは侯の対外方針なりとす」[18]と評されたように、自分の外交姿勢を明らかにせず、政策論争の種にならないように努めた。それ故に、国民同盟会に連なる対外的な積極論者たちは、伊藤博文のそのような態度を「外交超然主義」[19]と呼んで非難していたのである。伊藤博文が第二次山県内閣の後を受けて内閣を組織し、政権の座についた後も国民同盟会を無視し続けたのは当然のことであった。ただ、国民同盟会の活動が政友会を少しでも脅し始めた時、近衛篤麿をそれから引き離すために国民同盟会を「政社」に認定したのであった。[20]

以上のように、第一の問題については、対外的な積極論＝対露強硬論を主張することで政策論争を展開していこうとすることは「国論を喚起するために党派を問わない国民同盟会」の性格を矮小化することとなった。また、政友会側でも国民同盟会の対露強硬論を無視して政策論争化を避け、挑発にものらなかったのである。こうして、義和団事件を契機とする対外的な積極論は、第一三議会における地租増徴問題のようなはっきりとした政策論争としての意味を持ち得なかった。

第二の問題は、国民同盟会が現実に政治的な力関係を変えられるものとなるのか、換言すれば、政友会と対抗できる政治勢力となりきれたかどうか、ということである。憲政本党が正式に国民同盟会へ加担する直前の一〇月九日の『近衛篤麿日記』には次のようなことが記されている。「三浦子爵〔三浦梧楼＝筆者〕来りて、昨日星岡茶寮にて進歩党中重立たるもの集り、同盟会の事ニ付熟議せり、近衛公の決心弱きは同盟会の永続せざる徴なり、又進歩党はこれに賛して同盟会の跡仕末を為さゞる可らざるに至らん抔、種々の説あり、三浦子は一々これを説破して、如此感情的の議論をもって国家の大問題を軽率に看過するは不可なりとて、結局進歩党は党として同盟会の趣旨に賛成し、別に運動する事とし、同盟会には神鞭、降旗等を交渉委員として出し置く事とせりと報ぜり。ドーデモよさそうな事乍ら、党人根性といふべしか、呵呵」[21]と。このように、憲政本党にとっては近衛篤麿の意欲と動向、すなわち近衛が「国民同盟会運動」ともいうべき政治運動で本当に中心となってくれるかどうかが最大の関心事であった。近衛篤麿は五摂家筆頭の公爵であり、貴族院議長、学習院長であった。新しい政治家として衆目が注視している存在である。また、第一五議会において、政友会の第四次伊藤内閣が提案した増税案を貴族院が否決したことで、政友会に対抗できる政治勢力としての存在感を示した貴族院の議長として、政友会以外の政治勢力に大きな期待を抱かせる存在となった。言わば、政友会の伊藤博文や西園寺公望に対抗し得る人物と見なされてきたのである。近衛篤麿の動向こそが国民同盟会発展のカギであった。政党としての憲政本党が国民同盟会に期待したものは、ただ単に「国論の喚起」だけでなく、それによって国民の政治的エネルギーを結集させ、党勢拡張を行い、衆議院における力関係を変え、貴族院にも影響力を及ぼすことができる、即ち、政友会に対抗できる勢力となることであった。しかし、国民同盟会は「国論の喚起」という目的から、「政党政社に関係なく、会員は皆個人の資格を以て何れの政党政派の意思《ママ》を含入することは本会の可成避けんとする所」[22]とする非政社の組織として活動することとなった。それには近衛の個人的事情もあったのである。近衛篤麿は、国民同盟会設立以後も貴族院議長や学習院長を辞職する意志を持っていなかったことと、国民同盟会を支持する近衛に近い貴族院議員たちも政社を起こしてまでの政治運動には積極的でなかったことなどがその理由であった。[23]それ故に、「一切の組織を為さず、発起人の名義を総て廃す。但し会務は一切余（近衛篤麿）に一任すること」[24] とするような非政社主義が、組織として不可欠な近衛篤麿の活動を最大限に保障するものとなっていたのである。

しかし、近衛の政治的活動の自由を保障する非政社主義も、近衛が国民同盟会に尽力することを阻害するものでもあった。政府（第二次山県内閣や第四次伊藤内閣）は、国民同盟会を政社に認定することによって近衛を国民同盟会から切り離そうとする意志を持っていた。そのため、近衛側としてはたえずそのことに注意を払っておく必要があった。帝国党の佐々友房は、「只々注意すべきは政友会より非常に肉薄して政府に迫り、是非共政社に見なさしめ、而して閣下と同盟会とを引離し、撲滅策を講じつゝ、有之候」[25] と近衛に注意をうながしている。また、佐々友房は、「大坂《ママ》其他へ御出張の向（大阪やそのほかの地方における国民同盟会大会への参加＝筆者）有之候へども、此等は御熟考ものと存候。折角本日決議により敵派の意表に出居候（発起人の名義を廃し、個人参加の形にして政社の指定からのがれること＝筆者）を更に其術中に陥る如き事は可成避度ものと存候」[26] とする書翰を送って、近衛自身の政治活動を極力抑えるように要望したのである。このように、国民同盟会の非政社主義を維持するためには政府側の政社認定を絶えず警戒しなければならなかったのであった。近衛篤麿が前面に立つ活動は一定の自己規制下に置く必要があった。

それにもかかわらず、国民同盟会の拡大は近衛篤麿の役割を増大させるばかりであった。それは、「政友会も愈昨日（九月一八日＝筆者）国民同盟会に反対の宣言仕候趣、時論是より愈昴り可申勢、外交の方針硬軟の標榜よりして政客論壇と共に一大鴻溝を造るの自然的結果、あまり好しからず候得共自由進歩両派（政友会と憲政本党のこと＝筆者）旗鼓対塁と可相成、勢の趨く所、今に於て避くるに難き処」[27] とされたように、政友会と勢力基盤をめぐる対立が激化し、各々の支持者の獲得合戦の様相を示してきたからである。このようになった時、国民同盟会の支持基盤の拡大をはかるためには、対外的な積極論を声高に叫ぶよりも、「近衛篤麿」という名前の方がはるかに重要なものとなってきた。それは、政友会が伊藤博文というネームバリューによって成立してきたという側面があったからである。「伊藤博文」に対抗できるのは

「近衛篤麿」しかなかった。国民同盟会近畿大懇親会の準備事務所は、その案内状と共に次のような近衛への詫び状を送ってきた。「却説今回大阪大会に付一方ならざる御心配を相掛け、地方一同感激罷在候。然るに別紙の如き書面を同志に配布致候は実に僭越至極に存候次第に御座候へども、実は御存の通、伊藤侯は其政友会加盟勧誘に一々自署の書面を発したるの今日に、地方人士若くは当地方に故なく嫌居候政党〔憲政本党や帝国党をさすのであろう＝筆者〕向の名義にて出会を促すも其効果薄しと存じ、大会の盛況を希望するの余り、不知不識御書面中の御記名を切り抜き、斯かる不都合の書面を発送したるは今と相成り恐縮の外無之候[28]」と、近衛篤麿の署名を無断で使用したことを詫びたのであった。

　このような状況に際して、近衛の政治的去就そのものが国民同盟会にとっての最大の問題となったのである。それは、国民同盟会が政治活動できる団体として脱皮し、現実に政治を担える組織となるのかならないのか、という問題になったと言っても過言ではない。その頃、京都にいた東亜同文書院の根津一（一九〇一〈明治三四〉年には東亜同文書院長）は近衛に、「学習院の御位置も勿論重任に御座候得共、同盟会の発達国家の前途との関係は之に比し更に重要の者歟と被存申候（中略）学習院の御位置御辞任被為遊候はゞ、満天下就れ歟正大の進退、忠君愛国の御衷情に感泣奮起せざるものあらんや。夫れ天下を得るは人心を得るの謂にして、人心を得るは識者の同情を得るにあり。一たび識者の同情を攬り満天下の人心を収め得て、茲に信望孚《ママ》透其地盤の上に立ち、上、聖上を輔佐して列国に対立す。事茲に致らば何を謀て歟成らざらん。何を企て歟遂げざらん[29]」と書き送り、近衛篤麿が政権の座につかなければ、国民同盟会の主張する対外的な積極論は実現できないと忠告したのであった。新聞『日本』の編集長である五百木良三は、そうなれば、「進歩、帝国二党は合して以て閣下を頂くこと寧ろ自然の大勢、閣下克く之を善用するあらば直ちに一大政党を提ぐる亦難きにあらず、既に一大政党を成立せんか、現内閣〔この手紙の時は第二次山県内閣＝筆者〕の相続者をして政友会たらしむるも、次ぎに来るべき内閣は即ち閣下を首脳に頂くの政党たるは必然なり[30]」とまで述べて、近衛が本格的な政治活動に踏み込むことに期待したのである。「近衛の新党」は、伊藤博文の政友会に十分対抗できる力を持つ政党になると考えられていたのであった。

この頃、近衛篤麿の新政党設立に期待する者も多かった。中江兆民も近衛篤麿に新党設立を勧告していた[31]。それは近衛が第一次大隈重信内閣（憲政党内閣）の成立について、貴族院議員たちに向かって、「立憲政治の世となりては結局政党政治となるの止を得ざるものなれば、区々たる感情に駆られてこれを拒くは余等の取らざる処たるは、余が諸君と共に常に口にする処なり。故に今日政党内閣の組織せらるゝは勿論政海《(ママ)》の一進歩として余の慶賀する所なり[32]」との考えを述べたように、近衛がデモクラット的意見を持つと見られていたからである。すなわち、近衛の責任内閣の組織、反藩閥的な立場、対外的な積極論などに大きな政治的期待をかけられていたからである[33]。近衛に対する期待は、政友会に吸収されない政治的志向を持つ者の集約された考え方であった。もし、近衛が新党結成に踏み込めば、この当時における二大政党的構図が浮かび上がる可能性を秘めていたのである。

しかし、近衛篤麿へのこのような期待は、政社に認定された後にも彼が非政社主義に徹しようとすることで見事に裏切られた。憲政本党幹部の肥塚竜はその不満を次のように述べている。「国民挙げて之（国民同盟会＝筆者）を歓迎し、政府の対清策も此会の指導を待って決する程の勢力を咄嗟の間に収むべしと思ふなるに其勢力増進の速力は余輩予想の五分の一にも達せざる感あるは何故ぞや、余輩按するに是れ二ケの勢力増進を躊躇せしむ者あるに由る、曰く、会長其人の活動を欠く事、曰く、其の趣意の未だ周知せられざる事是なり（中略）吾人は往々国民同盟会員に聞く、曰く、支那保全の主義方法は未だ之を聞かず、只会長の近衛公たるが為め公を信じて入会したるなり[34]」と。国民同盟会がいかに近衛篤麿のネームバリューを頼っていたかがわかるとともに、近衛に対する不満や失望が素直に表明されている。「国論の喚起」だけを望んでいなかった人たちにとって、「曩きに発起準備を開き宣言書を発布するや全国各新聞の殆ど三分の二以上は同盟会に同意を表せり。此一事以て本会は其目的の半を達したると言ふを得べし。（中略）同盟会は大体の国論を一定し、以て当局者の後勁と為るを以て足れり[35]」として、政治活動の場へもう一歩踏み出すことをしない近衛の行動や態度は不満だったのである。近衛は、第一次大隈内閣の成立を政党政治の発達の上から評価しつつも、「（前略）憲政党（自由党と進歩党が合同した憲政党）にして立憲制の好模範を示すべきこと能わずして、徒らに情実纏綿の情を顕すが如きことあらば、断じて賛成すること能わざるなり」[36]と政党の利益追求には好ましからざるものを感じていた。また、第一五議会において、貴族院が第四次伊藤内閣の増税案を否決したことに対する貴族院議長としての近衛の手記には、「此の内閣〔第四次伊藤内閣＝筆者〕は選叙を誤り、官紀を紊り、頻々秕政を行ひ、頗る天下の物議を惹く。唯だ衆議院に、多数の与党を有し、為に弾劾を免る、ことを得たりと雖も、貴族院は之を黙黙《（ママ）》に付せずして、敢然起て反抗の態度に出でたり。当時貴族院に六派の政団あり、此等の政団は、従来互に相反目したりと雖も、今次伊藤内閣の起るに及んで、皆其の無忌《（意味カ）》の行動を非議《（難カ）》し、一致して政府に反抗し、間々、政党内閣の我が国体と相容れざるを論じ、此の主旨を以て起ちたるもの、亦尠からず」[37]と述べられているという。近衛篤麿は、第一次大隈内閣や第四次伊藤内閣という二つの「政党内閣」を見て、個別的利害しか考えない政党や政党に基盤を置いた内閣の混乱に失望したのであろう。近衛篤麿は未だ発展途上にある政党に基盤を置いた政権獲得という考えを放棄したのである。それでも、「近衛の新党」に対する期待は長く続き、近衛の新政党問題は、第一次桂太郎内閣が成立した後の一九〇一年六月、近衛が国民同盟会から距離を置くかのように韓国、北清へ旅行を行う直前まで続いていたのである[38]。

憲政本党が対外的な積極論によって政治的エネルギーを結集しようとした国民同盟会は、その内部に以上のような矛盾を内在させていたのである。貴族主義的な立場から藩閥官僚政治に反感を持ってはいた[39]けれども、政党を利益集団の徒党と見なしていた近衛は、国民同盟会を政治的団体に転換させることをしなかった。一方、国民同盟会のほとんどの活動は憲政本党員によって担われていたのであった[40]。国民同盟会の活動を通して党勢拡張を考えていた憲政本党の失望は大きかったと言えよう。こうして国民同盟会の運動は沈滞していくのである。日英同盟の成立や露清密約の破棄によるロシアと清国の満州還付条約の締結によって「支那保全」の名目がなくなり、その存在意義はなくなった国民同盟会は一九〇二年四月に至って解散してしまうのである。

1 犬養毅『犬養木堂書翰集』（人文閣、一九四〇年）、五三～五四頁。一九〇〇年六月二二日付秋保親兼宛犬養毅書翰。
2 「政党　憲政本党新潟支部臨時大会」（『大帝国』第三巻第一号、一九〇〇年七月五日）、六五頁。
3 近衛篤麿『近衛篤麿日記　第三巻』（鹿島研究所出版会、一九六八年）、二九一頁。一九〇〇年八月三〇日の記事。
4 同前。但し、二九五頁。一九〇〇年九月六日の記事。
5 「憲政本党代議士評議員聯合会」（『大帝国』第三巻第九号、一九〇〇年一一月五日）、六九～七〇頁。
6 同前。
7 同前。
8 「憲政本党徳島支部総会」（『大帝国』第三巻第八号、一九〇〇年一〇月二〇日）、七一頁。
9 註3に同じ。但し、二八八頁。一九〇〇年八月二八日の記事。
10 同前。但し、二九六頁。一九〇〇年九月七日の記事。
11 同前。但し、三〇八頁。一九〇〇年九月八日の記事。
12 「政党の旗幟」（『日本人』第一二三号、一九〇〇年八月五日）、七頁。
13 立憲政友会史編纂部編『立憲政友会史　第一巻』（立憲政友会出版局、一九二四年）、四〇頁。
14 同前。
15 『伊藤博文秘録』（春秋社、一九二九年）、一三六頁。
16 『続伊藤博文秘録』（春秋社、一九三〇年）、一五六頁。伊藤博文は、政党が政治を行う意義は空論をしないことであると言って暗に国民同盟会を批判している。
17 註3に同じ。
18 「政治界（伊藤侯と外交方針）」（『太陽』第六巻第一三号、一九〇〇年一一月一日）、三八頁。
19 「伊藤侯の外交超然主義」（『日本』一九〇〇年九月六日）。
20 近衛篤麿『近衛篤麿日記　第四巻』（鹿島研究所出版会、一九六八年）、二六頁。一九〇一年一月二二日の記事。
21 註3に同じ。但し、三四九～三五〇頁。
22 同前。但し、三三八頁。一九〇〇年一〇月三日の記事。

23 同前。但し、三四二頁。一九〇〇年一〇月五日の記事。国民同盟会に参加した貴族院議員たちは、政社に認定された時のことを考えて、同志の倶楽部をつくっていた。それにより国民同盟会を裏面から援助することにしていたのである。
24 同前。但し、三三三頁。一九〇〇年九月二三日の記事。
25 同前。但し、三三三頁。一九〇〇年九月二二日の記事。
26 同前。但し、三三四頁。一九〇〇年九月二四日の記事。
27 同前。但し、三一八頁。一九〇〇年九月一七日の記事。
28 同前。但し、三八九頁。一九〇〇年一二月五日の記事。
29 同前。但し、三五〇頁。一九〇〇年一〇月九日の記事。
30 同前。但し、三二九頁。一九〇〇年九月二六日の記事。
31 同前。但し、三八五頁。一九〇〇年一一月二五日の記事。
32 近衛篤麿『近衛篤麿日記　第二巻』（鹿島研究所出版会、一九六八年）、九〇頁。一八九八年六月二七日の記事。
33 坂井雄吉「近衛篤麿と明治三〇年代の対外硬派」（『国家学会雑誌』第八三巻三・四号）を参照してほしい。
34 肥塚竜「国民同盟会」（『日本人』第一二八号、一九〇〇年一二月五日）、九頁。
35 「輿論一斑　近衛篤麿（国民同盟会に就きて）」（『太陽』第六巻第一三号、一九〇〇年一一月一日）、一三六頁。
36 註32に同じ。
37 徳富蘇峰編述『公爵山県有朋伝　下』（『明治百年史叢書』原書房、一九六九年）、四五七頁。
38 註20に同じ。但し、二一六～二一七頁。一九〇一年六月二六日の記事。
39 近衛篤麿は、第二次松方正義内閣や第二次山県内閣からの入閣要請を拒否している。
40 酒田正敏著『近代日本における対外硬運動の研究』（東京大学出版会、一九七八年）、一三三～二〇五頁を参照。

3　第一五議会における増税問題と憲政本党

立憲政友会の結成と国民同盟会の展開のなかで、憲政本党は党自体をどのような方向に持っていこうとしたのであろうか。前述したように、第一三議会の地租増徴案成立後においても、憲政本党内では減租が叫ばれ、それにのった軍備縮小派が主導権を維持していた。それに対して、政権を狙える党への脱皮を考える党の首脳部を中心とした巻き返しがあった。それは、「減租（増税反対）・軍備縮小」を前面に押し出している軍備縮小派に対して、「党組織の改革（党制改革）」という形をとって表面化したものであった。「党制改革」とは、「減租・軍備縮小」のスローガンの変更・放棄を意図したものであり、党制改革とスローガンの変更は表裏一体のものであった。

衆議院議員選挙法改正問題でも憲政党に敗北し、第一四議会でも有効な政策提起ができない憲政本党内では局面打開の声が高まっていった。その頃、憲政党が伊藤博文への接近をはかり始めたのに対し、憲政本党も新しい提携関係を求めるための脱皮を模索し始めていた。一九〇〇（明治三三）年に入ってすぐ、新聞『日本』は憲政本党の内情を次のように伝えている。「同党にては犬養・尾崎・神鞭の間には旧蠟来より新生面打開の議熟し居りて、先づ其の打開の順序として予て大会の議を経て宣言し有る、少なくとも新税を課せずして云々、の財政方針を変更し、税法を改良し、財政の紊乱を整理するなどと言へる広義的意味のものとなす筈にて近日代議士兼評議員会を開き其方針を決する由にて金岡又左衛門以下三衛門の如きも監獄費支弁案が通過したる以上は最早新税を課せずして云々などの切詰算用をなす可からざれば今少しく融通のきく可き党議を決定せざる可からずと称へ居れりとのことなるが同党の此方針変更案は新生面の打開に関しては頗る意味あることなりと言へり」[1]と。減租に関する憲政本党内の最強硬派と目された「金岡又左衛門以下三衛門派」も減租＝軍備縮小論の行詰りを感じていたのである[2]。しかし、このような党の政策転換は容易なことではなかった。憲政本党は、政友会に対抗するために国民同盟会の活動に片足を置く一方、党制改革に取り組み、政策転換をはかっていくこととなる。

一九〇〇年八月に入って、憲政本党内では総理新設を骨子とする党組織の改革が本格的な議題となり始めていた[3]。それは、大隈重信の側近である高田早苗が、「政友会の成立と共に伊藤侯が政党の先頭に起《ママ》つことになったので党内に少なからぬ動揺が生じました。確かにそれは本党の危機でございます。この際どうしても閣下の如き大政治家が本党の首領として伊藤侯に対峙して下さいませぬと本党は瓦解するでありませう」[4]と大隈重信に述べたように、総理新設によって党内の統制力を強化し、政友会成立に伴う憲政本党の動揺を最小限に食い止めようとするものであった。それ故に、憲政本党東京支部が、「代議士評議員会が総理新設を可決したるは時宜に適したる決議と認む」[5]との決議を上げたように、総理を置くことについては党内には異論がなかったようである。しかし、それ以外の党の組織変更については党内の意見の一致は難しかった[6]。なぜなら、総理新設は政友会成立による憲政本党の動揺を食い止めるためにはやむを得ない処置であるとしても、それ以外の党組織の改変は党内各派の力関係を変える可能性があったからである。それでも、一九〇〇年九月末までには憲政本党内に設立されていた党則改正委員会において、総理、副総理を各一名設置し、政務委員三名を置くことなどが議了されて総務委員に報告された[7]。このようにして、一応党制改革の準備はでき上がったのである。

一九〇〇年一二月一八日、第一五議会に臨むため憲政本党大会が開かれた。そこで、総理新設、政務委員五名の党制改革案が可決された。大隈重信が改進党の解党以来置かれていなかった総理の地位についたのである。そして、政務委員と評議員は追って総理の大隈重信が指名することとなった[8]。このやり方は、政友会がすべての役職を伊藤博文の指名によって決めたことを模倣したものであろう。この党制改革と共に注目すべきことは、官紀振粛や清国保全の決議と共に、「清国事変及び国家の発達に伴ふ必要の経費は之を支出することを辞せずと雖も、不急の経費は之を排除する」[9]とする財政政策に関する決議がなされたことである。義和団事件への経費支出を口実として、「不急の経費は排除する」としつつも政府の軍備拡張予算に賛成する姿勢を示したことが重要であった。一二月二〇日、憲政本党総理となった大隈重信は、三名ではなく鳩山和夫、武富時敏、柴四朗、箕浦勝人、山田喜之助の五名を政務委員に指名した。五名の政務委員のなかには減租＝軍備縮小派を入れなかった。この時、楠本正隆は、「我党は創出以来常に衆議を容れて万般の政務を処理し来りたれば大隈総理に於ても此旨を諒して党務を処理されたし」[10]と、総理専制と軍備縮小派の排除を批判したのに対して、大隈重信は、「凡そ政党を組織したる以上は互に譲歩して其政見の実行を期せざる可からず、政友会は総裁専制なるも予は広く衆議を聴きて党務を総理すべければ充分御注意ありたし」[11]と答えなければならなかった。この楠本正隆と大隈重信の応酬は、憲政本党内においてまだ軍備縮小派の勢力があなどれないものであることを示していよう。

大隈重信の総理就任によって政務委員から減租＝軍備縮小派が排除されると共に、政府予算案への賛成が示され、憲政本党の路線変更が明確となった。しかし、そのことによって第一五議会の増税案に対する賛否と、党首脳部と軍備縮小派との主導権争いがからんで党内対立を一層激化させた。

第二章第3節で述べたように、第一五議会の焦点は、義和団事件の経費支弁を名目とした増税問題であった。義和団事件のために列国の連合軍として日本が出兵した一九〇〇年の夏以来、出兵費用を支出するための増税は避けられないものとされていた。その増税は名目的には義和団事件に対する出兵費とされていたが、そればかりではなかった。この増税は第二章第3節で述べたように公債の募集をもって支弁するはずであった各種事業費の公債募集難の部分の振替支出や、既定計画の鉄道建設費の不足を補填する財源にも充当しようとする、いわば日清戦後経営遂行のための増税であり、酒税、砂糖消費税、海関税の三税によって約一八〇〇万円を増徴しようとするものであった。

この増税問題に対して、憲政本党内部においては、無条件賛成論から、地租復旧（減租）と交換条件にせよとするもの、絶対的反対論を唱えるものまで多岐にわたっていた[12]。犬養毅が、「本党にて増税賛成致候も税其物ノ賛成ニ非すして内閣ノ言フガ儘ニ要求ヲ容レ置き候て支那問題に全力ヲ挙けしめんと欲したるに外ならず」[13]と言っているように、「支那保全」という名目上、国民同盟会に参加している憲政本党としては賛成しない訳にはいかなかったのである。絶対的反対を唱える人々は、減租＝軍備縮小の原則論を叫び、「北清事変の費途に供するためには、一方に二千万円の公債売放を決行し、一方には政費を節減せば可なり」[14]とし、全く増税を認めなかった。一九〇一（明治三四）年一月二八日の増税反対派の会議において、「我等は増税案に対し、絶対的に反対するものにして、是が為めに強硬の態度を執るべし」[15]との決議を行い、増税反対主張が通らないならば、脱党するという動きさえ示していた。同じ日に開かれた憲政本党財政調査委員会では、増税反対派の勝利に帰したのである。この財政調査委員会のなかで、増税反対者は市島謙吉、三輪潤太郎、初見八郎、金岡又左衛門、石原半右衛門、竹内正志、加藤六蔵の七名であり、増税賛成者は武富時敏、柴四朗、関直彦、加藤政之助、大津淳一郎、箕浦勝人の六名であった[16]。増税反対派が財政調査委員会の過半数を抑えたのであった。増税に賛成した委員のうち、武富、柴、箕浦は大隈が指名した憲政本党の政務委員でもあった。憲政本党首脳部の意見は否定されてしまったことになる。こうした状況のなかで、翌一月二九日の代議士総会に臨んだ大隈重信は、「北清の変乱は尚終息せず将士は既に外にあって時局の転変如何によっては更に優勢なる兵員を増派しなければならぬ必要を見るかも知れぬ。この時、増税を以てそれを支給するほかに何等の方法も見出されぬ。それに外交上の形勢に伴ふ軍事費は国民が飽くまで忍耐して、それを担当しなければならぬ[17]」と演説し、総理としての意向と責任を示すことによって増税反対派を押さえようとしたのである。しかし、増税反対論は党内に根強く残り、二月四日に至ってようやく憲政本党は党議として増税賛成を決定したのであった。一方、あくまで増税反対を主張する議員たちは、憲政本党から脱党して新たに三四倶楽部を結成した[18]ため、憲政本党の議席は政友会の半分近くまで落ち込んでしまったのである。

1　憲政本党は、第一四議会前の党大会において、「陸海軍、台湾、其他諸般の行政を整理し、別に新税を徴課せずして、少なくとも、地租、醬油、郵便の三税を復旧すること」等の決議がなされたことをさしている（大津淳一郎著『大日本憲政史　第五巻』原書房、一九六九年、五九頁）。
2　「政界実情記（進歩党と新生面打開）」（『日本』一九〇〇年一月一五日）。
3　「政況・半月政治史　憲政本党代議士評議員聯合会」（『大帝国』第三巻第五号、一九〇〇年九月五日）、五四～五五頁。
4　『大隈侯八十五年史　第二巻』（原書房、一九七〇年）、三五二頁。
5　註3に同じ。
6　「同党調査会」（『大帝国』第三巻第六号、一九〇〇年九月二〇日）、六〇頁。

7 「憲政本党党則改正委員会」(『大帝国』第三巻第七号、一九〇〇年一〇月五日)、六一頁。
8 「憲政本党の大会」(『東京日日新聞』一九〇〇年一二月一九日)。
9 大津淳一郎著『大日本憲政史　第五巻』(原書房、一九六九年)、一四一頁。
10 「憲政本党政務委員の確定」(『東京日日新聞』一九〇〇年一二月二一日)。なお、楠本正隆は減租=軍備縮小派である。
11 同前。
12 「進歩党の増税種別」(『日本』一九〇一年一月二〇日)。
13 犬養毅『犬養木堂書翰集』(人文閣、一九四〇年)、五六頁。一九〇一年二月二八日付小橋藻三郎宛犬養毅書翰。
14 「進歩党の軟化」(『日本』一九〇一年一月二六日)。
15 「憲政本党と増税」(『東京日日新聞』一九〇一年一月二八日)。
16 「憲政本党の危機」(『日本』一九〇一年一月二九日)。
17 註4に同じ。但し、三六〇頁。
18 三四倶楽部の名は、年号は明治三四年、人数は三四名ということから命名されたという。委員は、石原半右衛門、金岡又左衛門、高岡忠卿、伊藤直純、清水静十郎、今村千代太の七名である(『東京日日新聞』一九〇一年二月二〇日)。なお、三四倶楽部は、工藤行幹などの憲政本党に残った増税反対派中の穏健派を仲介として憲政本党との友好関係を保っていた。

おわりに

本章は伊藤博文による立憲政友会結成前後における憲政本党の動向を国民同盟会との関係とからめて描いたものである。憲政本党は、反藩閥の姿勢・対外的な積極論によって「国論の喚起」を行うことをめざした国民同盟会に依拠しつつ政友会と対抗し党勢拡大をはかったが、国民同盟会を政治的結集の中軸にすることができずに失敗した。近衛篤麿と憲政本党は同床異夢であったため、国民同盟会は政界再編の起爆剤とはならなかった。憲政本党が国民同盟会によって政局の中心に立とうという構想は夢に終ったのである。

第一五議会において、憲政本党は第四次伊藤内閣が提出した義和団事件にかかわる増税案に賛成することによって、事実上、日清戦後経営と軍備拡張を容認し、自由民権運動以来の地租軽減＝減租派を切り捨てて政権をめざす政党に脱皮する条件を整えたが、その過程で多くの脱党者を出し、衆議院における議席数を減少させ、政治的比重を低下させた。以上のように、本章は立憲政友会結成という政治的画期の対極にある憲政本党と国民同盟会を政友会との対抗関係のなかに位置付けようとしたものである。当時の政治状況から考えれば、憲政本党が五摂家筆頭という名門で貴族院議長・学習院長の近衛篤麿が始めた国民同盟会と提携しようとしたのはそれほど悪い選択ではなかったと言えよう。板垣退助と同様に大隈重信（第一次山本権兵衛内閣の総辞職後に元老の後援でもう一度復権するが）は過去の人物になりつつあった。山県、松方、井上の藩閥政治家は論外として、政友会の伊藤や西園寺に対抗できる人物は近衛しかいなかったからである。しかし、近衛篤麿がとった国民同盟会の非政社主義や近衛の貴族主義的な行動では、現実政治における力関係を変えるものとはならなかったのである。憲政本党員たちの失望は深かったに違いない。いわば、憲政本党は、政友会や藩閥（とくに山県閥）と共に桂園体制を構成する政治勢力として生き残る道から脱落してしまうことになろう。

それから四〇年後、近衛篤麿の子、近衛文麿の新体制運動から起こった一国一党をめざす大政翼賛会が、内部の主導権争いから政治結社になれず、公事結社となって政治活動を行うことができなかったことも思い起こされて興味深く本章を書いた。

〔追記〕 本章で史料として使用した雑誌『大帝国』は憲政本党の準党報とも言うべきものである。『憲政本党党報』が第一〇号で廃刊になった時、犬養毅が資金を提供して博文堂より出版していたものであるが、党内対立の激化からすぐ発行不能に追い込まれた（『毎日新聞』一九〇〇年一二月七日）。

第四章

第一次桂太郎内閣と立憲政友会

はじめに――問題の所在

財政問題は日清戦後経営から第一次世界大戦にかけて国内の政局の最大の焦点の一つであった。より一層の日露戦争以後の歳出の膨張は、日露戦争後における国債(内債と外債)の累積とあいまって国家財政を行き詰まらせていたのである。桂園時代の政治的対立の最大の焦点は財政問題であったと言ってよい。二個師団増設問題による第二次西園寺公望内閣の瓦解はその最大の表現であった。言わば、藩閥側が前提とする「軍備拡張」と、政友会の「地方基盤の拡大」、商工業者の減税要求との対立を内容とする財政問題は、桂園時代の不安定な政治構造を象徴するものとなっていたのである。

桂園時代における反藩閥側(政党や商工業者)の主張を要約すれば、軍備拡張の延期と繰延・行財政整理・減税が共通した主張となっている。その主張の実現によって全般的な経済・産業の育成・伸張をはかることが期待されていた。とくに政友会はその経済・産業政策の中核に鉄道敷設・道路建設・築港などを行う、いわゆる「積極政策」を置き、その遂行によって政党の基盤を拡大しようとしていたのは憲政党以来変わらなかった。換言すれば、桂園時代を通して桂太郎を中心とする藩閥官僚は、日露戦後の帝国主義的な国際情勢に見合う軍備の拡張をめざしたが、他方、政友会は地方利益の拡大をめざす積極政策によって政治的比重を高めようとしており、藩閥と政友会との「軍備拡張」と「積極政策」の対立が財政問題の焦点を表現していたのである。

本章では、こうした桂園時代の財政的対立の原型を日露戦争前の政友会と第一次桂太郎内閣の財政運営をめぐる対立のなかに考察しようとしたものである。この時期においては、いまだ植民地の拡大に伴う必然的な軍備拡張（二個師団増設問題など）はなかったが、迫りくる日露戦争を想定した軍備拡張は必須の課題であった。そうしたなかで、政友会の主張する行財政整理（両政整理）と桂内閣の海軍拡張の主張とは、第二次山県有朋内閣の第一三議会の時に決着した地租増徴を継続するのかどうかをめぐって新たな対立を表現する語句となった。当初、政友会は第一次桂内閣に対してなぜ強硬姿勢で臨んだかを考察することによって政治的対立の規模や激しさこそ異なるとはいえ、日露戦争前の財政的対立が日露戦後の財政的対立と連続するという視点に立ちながら、第一六議会と第一七議会における政治的対立を検証したい。それによって、桂園時代における対立構造を考えるステップにしたいと考える。

1　第一六議会の対立構造

第四次伊藤博文内閣の後を受けた第一次桂太郎内閣も、日清戦後財政の破綻のなかから出発しなければならなかった。当面の財政運営について、桂太郎自身が「今自ら局に当るに及びても、外資に依るの外手段あるべからず、是第一に着手すべき策なり」[1]と述べているように、募れるかどうかわからない外国債に頼ろうとするほどに根本的な解決策は考えられなかったのである。外債については、「前内閣の大蔵大臣〔渡辺国武＝筆者〕ハ、殆ど国家財政の滅亡を天下に広告したりし後なれば、外国に対する信用ハ一層闕亡したる実況」[2]のなかで募集は全く悲観的であった。現実に外債募集は失敗してしまったのである。[3]それ故に、日露戦争前の国際的緊張が高まってくるなかで、それに対応するための財政運営は、「内に向かひて一大整理を加ふるの外なし、其整理ハ即ち大革新を財政上に加へざるべからず〔中略〕即ち内に向ひて非常なる淘汰を試ミ、四千万円以上の闕損を歳計中より繰合せて、年度を終るの計画を定め」[4]る以外にはなかったのである。つまり、桂内閣にとっても、財政上の行財政整理は当然必要とされるべきものであった。桂太郎も、行財政整理なしでは財政運営にあたることは考えられなかったのである。

ところが、一方、第二章第3節で述べたように、政友会が第一五議会から唱え始めた行財政整理は、その行き着くところが桂内閣のそれとは意味を異にしていたのである。政友会が行財政整理を主張したのは、それによって積極政策の事業の財源を捻出するためであって、全体的な財政のやりくりのためではなかった。当面、この行財政整理による削減分だけが政友会の望む各種事業費の財政的基礎と考えられており、政友会の政策の安否に関わることであった。新聞『人民』がその社説で「〔両政整理は＝筆者〕公債事業普通歳入支弁と云ふ者を行ふに於て、実に必要の条件たるを思えばなり、更に之を云えば、両政の整理刷新は、既定継続事業を遂行せんが為、鉄道電話等の設備を完うせんが為国民が彼れに向って要求する唯一の方法なり」[5]と述べたように、桂内閣が公債募集不可能という事態のなかで鉄道・電話などの公債支弁事業を普通歳入支弁に移すことを明言し始めたことによって、「行財政整理による事業の遂行」という政友会の主張は、よりその重大性を増していたのであった。換言すれば、政友会にとっては、行財政整理＝経費削減をすることよりも、その削減分が何に使用されるのかが重要だった。しかし、前述したように行財政整理による経費削減分を事業費などに繰り入れることは、政権を担っていればこそ可能であり、政権から離れてはできる可能性が薄くなることは明白であった。だからこそ、原敬は伊藤博文に向かって「政友会の前途に就き目下は断呼として現情（ママ）維持の方針を執らるゝを可とす、否らざれば或は動揺の恐あり」[6]と主張し、政友会の積極政策の不変と、桂内閣に対する強硬姿勢の維持を強調したのであった。桂内閣側の行財政整理と、政友会の行財政整理とは、その支出の方向性が全く異なっていたからである。第一六議会に向けての方針として、伊藤博文が政友会幹部に「無事を求め、謂れなき反対は不得策なるを説」[7]いたことに対して、原敬は「行政財政の整理なくして反対なきを得ざるべし」[8]として、桂内閣に対して行財政整理を迫るためにも第一六議会において桂内閣と対決しなければならないと主張したのである。

第一次桂内閣との対決方針は、一九〇一（明治三四）年一〇月一八日の政友会総務委員会によっても承認され、地方遊説においても両政整理による積極主義的事業の推進を中心に押し出して展開されることとなった[9]。こうして、「〔政友会の＝筆者〕対政府の感情益々不良に赴く」[10]なかで、九州遊説の旅に出た原敬は、福岡において「我政友会は政府に故らに反対する事もなく又賛成する事なく一意専心我政綱を貫徹する事に猛進すべし、目下内外の形勢に於て行政整理の必要あり、殊に外債失敗以来一層整理の必要を覚ゆ、政府の一起一仆は我の問ふ所にあらず」[11]と述べて、政友会の政策を貫徹するためには桂内閣と対決せざるを得ないことを言明し、そのために政友会員の覚悟をうながしたのであった。また、原敬と共に東北地方へ遊説した尾崎行雄は「諸君は東北大学設置のことを決議したるも是を今日の内閣に望みたりとて到底実行し得らるゝこと能はざるべし。彼等が非藩閥なる東北地方に対して何等の恩典を与へざるは明らかなり。我等は敢て徒らに敵を求めて戦はんとするものにあらず然かも我らの旗幟を蹂躙せんとするものに対しては勢ひ戦端を開かざる能はず。既に現内閣の行動にして我党の主義経綸に反す。我等が現内閣に対して飽迄反対する亦実に止むを得んや」[12]と演説して、政友会の政策を推進するためには桂内閣との対決が必要であると力説した。

しかし、政友会が積極主義的事業のために行政・財政の両政整理を叫んだことで、政友会がそのための事業費の財源を両政整理による支出の削減＝普通歳入だけに限定し、それのみに頼ろうと考えていたと思ってはならない。原敬の意見に基づき作成された政友会の財政案は以下のようである。即ち、それは、「三十四年度外債失敗に因り差繰をなさゞるべからざるは已むを得ざるも、政府案の如く経費節減に因り生じたる金を以て直に事業費に投ずるは不可なり、今年に限り公債買入銷却法に因り其金を公債償還に充てゝ之を事業費に投ずる事となす時は普通歳入を以て事業費に投ずる事を許すべき法律案を決定するの必要なくして事業費を支弁する事を得べし」[13]とする方法であった。原敬は普通歳入のみで事業費が支弁されることを嫌ったのである。両政整理による事業費支弁では政友会員を満足させることは不可能であったからである。換言すれば、政友会は事業費支弁の財源を両政整理のみに頼ろうとしていた訳ではなく、なるべくなら鉄道・電話などのもともと公債支弁事業であったものは、経済状況が好転して公債募集可能になれば事業拡大が望める公債によって支弁しようとしていたのである。そのため、経費節減によって生じた財源は、それを直接に事業費に振り向けるのではなく、一旦公債償還に振り向け、それによって公債の募集を容易ならしめ、公債募集金によって事業費を支弁しようとしていた。政友会は、政友会員の期待している各種事業をより一層進展させるために、事業費財源は原則として公債支弁によるという方針は変えていなかったと言うことができよう。それ故に、事業費を普通歳入支弁のみに限定しようとする桂内閣の案には反対したのである。桂内閣案では、事業費財源は確実になるけれども、事業の拡大の可能性はより小さくなるであろう。また、事業費の普通歳入支弁ということになれば、現実には、「事業公債に依って為す所の事柄は其最大部分は〔最も費用のかかる＝筆者〕鉄道事業に支払はれる（中略）鉄道に仕《ママ》払ふ所の金額を普通歳入により仕《ママ》払ふと云うことになれば忽にして河川改修の如き教育事業の如き本来政府の為すべき所の事業費に向って直接の蚕食を被るか或は間接に其財源を狭められるゝか必ず是等の事柄に向って影響を及[14]」ぼすことになり、限られた財源では他の事業費にしわよせが及び、さまざまな事業費への配布が厳しくなることも予想された。地方の政友会員たちの多様な要望には応えられなくなる。さらに、鉄道などの事業費財源を普通歳入支弁に限定した後、経済事情の好転などにより公債募集が可能となったならば、その公債募集金は桂内閣の思うがままに運用されてしまう可能性も考えられた。それ故に、政友会の財政調査局委員の案は、「普通歳入を以て公債支弁事業に充つるは否認する事」「行政改革、財政整理に伴はざる予算の事項には協讃せざる事」「国債証券買入銷却法を全廃し公債抽籤償還を実施する事[15]」とあって、政友会員の意志をよく示している。それは先に原敬が示した案よりも一層徹底したものであった。また、政友会の院外者たちも、「公債支弁事業は普通財源より支出せず（中略）且つ成るべく強硬の態度に出でん事を望む[16]」と政友会本部を訪れて原敬に伝えていた。このような状況のなかで、第一六議会直前の政友会協議員会は、総務委員が提出した「公債事業費は三十五年度に於て普通歳入に依るの必要なき事とあるを鉄道敷設法の改正案と同時に議決する事[17]」との案を承認し、両政整理による経費削減分を公債償還に充当することで公債募集を容易ならしめ、日清戦後経営以来の事業費は公債支弁で行うという原則論に固執したのであった。言わば、事業費の普通歳入に固執する桂内閣に対して、「是にて政府案に対する反対の方針は確定していた[18]」のであった。

こうした政友会の方針に対して、桂内閣は、第一六議会において鉄道敷設法中に「財政ノ都合ニ依リ他ノ歳入ヲ以テ之ニ充ツルコトヲ得[19]」という但書を加えることで鉄道敷設費を普通歳入支弁に移す道を開き、「鉄道以外ノ公債事業ノ如キモ法律改正ヲ俟タスシテ同一ノ手続ニ依ラシメント[20]」として、事業費財源全般を普通歳入に移し、事業費は公債支弁という日清戦後経営の原則を根底からくつがえそうとして、政友会との決定的な対立に入ったのである。

政友会と桂内閣との財政運営をめぐる対立は、事業費支出を公債支弁にするか普通歳入支弁にするのかという問題以前に、普通歳入支弁の財源が本当に経費削減によって生み出されるのかという疑問があり、さらにその普通歳入による財源がどれだけ確定したものなのかわからないという不安が政友会側にあったことによる。それ故に、政友会の桂内閣に対する疑問の第一は経費節減の方法であった。事業費財源の基礎となる普通歳入＝経費節減を桂内閣はどのように行ったのかと言えば、「各省の節減費目を聞くに、内務省所管に於ける河川修築等の土木費、逓信省所管に於ける鉄道又は郵便電信の事業費、陸海軍省所管に於ける軍備拡張費等概ね事業の継続費又は拡張費に係り、通常の政費に於て減額せるは殆ど之れ無き由なれば畢竟事業の繰延とも称すべきものにして決して節減を以て目すべからず[21]」とされる方法であった。その経費節減費目は、地方の政友会員たちが実現を待ち望んでいる事業費の節減や繰延であって、両政整理による経費の節減ではなかったのである。換言すれば、桂内閣の経費節減は、政友会が最も望み、かつ重要と考える事業費のカットから捻出されるものであり、政友会にとっては到底認めることができない財政整理だったのである。第一六議会に示された桂内閣の財政運営は、政友会の政策要求を真向から否定するものであった。

第二には、現実に公債支弁事業に振り替えられた普通歳入における余裕とは、義和団事件出兵費賠償金（以下、北清事変賠償金と言う）であることに対する疑問や不安である。曾禰荒助蔵相によれば、一九〇二年度における国庫の余裕は約五九〇〇万円であって、それは北清事変賠償金と一九〇一年度からの増税収入の二種類からなる。北清事変賠償金約五〇〇〇万円は四分利付の債券として日本へ交付される。政府はそれを八掛け、一〇〇円に付実価八〇円として大蔵省預金部に売却し、其売却代金約三八〇〇万円を国庫の臨時歳入に繰り入れるのである。この五九〇〇万円から義和団事件出兵費の消却に要する必須の支出を引いた残余金一八〇〇万円を公債支弁事業費に振り替えようというのである。[22] 義和団事件出兵費は最も確実な増税分で支払うとすれば、公債支弁事業が普通歳入支弁に移された時、事業の進行は清国債券として日本に交付される北清事変賠償金の確実性にかかってくるであろう。

このような桂内閣の財政運営案に対して、政友会は「之カ支払金額ハ明治三十五年ヨリ明治七十四年ニ至ル三十九ケ年間ニ亘リテ毎年各定額ノ年賦償還金ヲ受クヘキ約定ニシテ其利子ハ毎年二期ニ支払フヘキ者タリ此ノ如ク其元資金尚ホ不確定ニシテ且長期ニ亘リ収入スヘキ金額ワ《ヲカ》三十五年度一ケ年度ニ費消《ママ》スルノ計画ヲ立テタルハ甚ダ其当ヲ得ス」[23]と述べて、清国債券を財政計画のなかに入れる桂内閣の意図と方法を批判したのである。この北清事変償金の清国債券を買い入れる財源についても、次のように批判されていたのである。新聞『人民』は、「清国債券売却代金三千八百万円の買入財源中第二の公債臨時買入銷却金千二百万円に就ては大に講求すべき処あり（中略）此三千八百万円の中千二百万円は公債臨時買入銷却より得る金額なりと云ふも其買入元資金の処在明らかならず、何となれば清国債券売却代金は公債買入銷却の結果にして其原因にあらざればなり（中略）其始め預金部の公債を買入るゝに足るの財源なかるべからざるに之を発見するに由なし」[24]として、清国債券を買い入れる大蔵省預金部に資金がなく、大蔵省預金部が購入代金にあてる公債銷却金は実体のないものだと批判した。それ故に、政友会は「清国償金ハ特別会計ヲ設置」[25]して、普通歳入による一般会計と切り離すことを主張したのである。なぜなら、政友会にとって、このような不確実な清国償金（北清事変賠償金）の債券売却代を

表1　大蔵省預金部状況　　（単位，円）

預金部資金		運転状況			
28,854,429	郵便貯金	38,289	旧公債証書	額面	191,450
2,261,061	普通預金	509,713	整理公債証書	額面	579,350
10,653,327	軍艦水雷艇補充基金	107,773	軍事公債証書	額面	122,500
10,242,923	教育基金	53,918,620	大日本帝国五分利公債証書		
10,920,250	災害準備基金			額面	59,170,800
5,115,692	保管金，供託金	6,648,755	台湾事業公債証書	額面	7,550,600
4,059,042	預金利子支払元利積立金	10,000,000	軍艦水雷艇補充基金ノ為ノ積立ノ硬貨		
1,318,603	預金損益差引利益金	2,202,177	通貨ニアテルヘキ分		
73,425,330		73,425,330			

「公債集計画並ニ諸調」（曾禰文書　国立国会図書館憲政資料室蔵）より。なお，合計額はそれぞれ累計と合致しない。

普通歳入として認めることになれば、事業費支弁の財源をより不安定化させ、政友会の望む事業の進展を掘りくずすものとなるであろう。

しかし、事態の行詰りのなかで、政友会は二つの譲歩案を作成した。第一案は「清国償金特別会計案を撤回する事、鉄道敷設法案を可決する事、清国償金三千八百万円を予算より刪除する事、基金補塡は清国償金の元利金を以てすること[26]」であり、第二案は「清国償金を特別会計とする事。鉄道敷設法改正案を改正する事、予算査定の方針より生ずべき結果中政府の同意し難き事項あらば妥協の求に応ずる事[27]」であった。第一案は、政友会が清国償金（北清事変賠償金）を特別会計とするという要求を撤回する代わりに、その元利金を義和団事件出兵費に流用した三基金の補塡にせよというのであるから、一般会計とは切り離して使用することを意味し、政友会にとっては特別会計にするのと同じ意味を持っていた譲歩案である。第二案は清国償金（北清事変賠償金）を特別会計にするという従来からの政友会案を入れたもので、北清事変賠償金を全く一般会計から切り離すことをねらった強硬な案であった。また、政友会は「清国償金ヲ特別会計ト為スモ必要ノ場合ニハ毎年度ノ収入金ヲ総予算ニ編入[28]」することを主張し、事業費支弁のための普通歳入を多くする必要から北清事変賠償金の確定収入分だけは一般会計に入れるように主張していた。

桂内閣にとっても、北清事変賠償金を一般会計に繰り入れることは財政運営の面から言っても譲ることのできないものであった。財源が全く涸渇していたからである。それはこの北清事変の清国債券を大蔵省預金部が引き受けざるを得なかったことがよく示している。一九〇一年九月の大蔵省預金部の現況は表1のごとくである。これを見れば、大蔵省預金部にあった現金のほとんどはもはや公債に変えられてしまっており、現金とされるものはわずかに一二〇〇万円であった。これで、三八〇〇万円の清国債券を引き受けることは不可能であることがわかる。その上で、一〇〇〇万円が現金とされる「軍艦水雷艇補充基金ノ為ノ積立ノ硬貨」は、実は一九〇一年三月に義和団事件出兵費に使用され、二〇〇万円しか現金として存在していなかった[29]。また、これら三基金を補填するという名目でなされた一九〇一年度の増税の実収入は名目上一八〇〇万円であったにもかかわらず、現実にはわずかに二〇〇万円でしかなかったのである[30]。だから、もし、大蔵省預金部においてこの清国債券を買い入れる余力が本当にあるならば、日本の公債を引き受けることができるはずであった。政友会が「預金部に於て現に公債応募力のあるにも拘らず之を法律を変更してまでも普通歳入に依って支弁せねばならぬと云ふ必要は何れにあるのであるか[31]」と批判するのは当然のことであった。それ故に、政府の公債を引き受けることができないことは、大蔵省預金部に現金がないことを意味していることになろう。日本の公債を引き受ければ、すぐそれを政府は事業費にまわさなければならなくなり、ごまかしがきかないからである。桂内閣は北清事変賠償金の清国債券を名目上一般会計に繰り入れることで、これ以上経費削減のできない予算を糊塗しようとしていたのではないか。この清国債券の一般会計繰入れについて、政友会は「斯かる証券を預金部に押し付け巨額の損害を負担せしめ而して一般会計に於ては其現金を収領し歳計上多大の余裕あるもの丶如く仮装して之を消費するは実に財政の危機を永遠に貽すものと云わざるべからず[32]」とその欺瞞性と危険性を指摘していたのであった。

義和団事件出兵費として使用された三基金は大蔵省預金部に預けられていたため、公債の募集ができない事態になった時には、それらの基金は預金部が公債を引き受けるための重要な資金であった。それ故に、政友会は「基金補塡ノ断行[33]」をもあわせて主張していたのである。このように見れば、第一六議会における政友会の五つの方針、即ち「清国償金ハ特別会計ヲ設置スル事」「基金補填ヲ断行スル事」「国債証券買入銷却法ヲ三十五年度ヨリ全廃スル事」「公債事業費ハ三十五年度ニ於テ普通歳入ニ依ルノ必要ナキ事」「行政改革財政整理ノ趣旨ニ基キ予算ヲ査定シ及其他ノ案件ヲ議決スル事」[34]の一見まとまりがなくばらばらに見える方針は、事業費支弁の財源を安定させることによって政友会の政策である積極政策を順調に推進していこうということがその根底に据えられた一つの目的から主張された相互に連関した方針であったことがわかる。

第一六議会における桂内閣と政友会の政治的対立は、北清事変賠償金の清国債券の取り扱いをめぐって行われていたけれども、その裏面には、日清戦後財政の破綻のなかで、藩閥の軍備拡張と政友会の積極主義的事業の進展というそれぞれ譲ることのできない根本的な財政運営をめぐる対立が潜在していたのである。だから、桂内閣も「清国償金を基礎とした計画に一致し堅く執りて動か」[35]ない姿勢に固執し、桂内閣と政友会の妥協交渉は一旦決裂したのであった。

政友会と桂内閣との交渉の過程で、それまで強硬姿勢をとっていた政友会内に、井上角五郎らを中心とする「浜の屋組」と称する約五〇名の妥協派が形成された。彼らは政府との再交渉を求め、強硬意見をもって桂内閣とあくまで対決していこうとする政友会総務委員らの幹部を攻撃したのである。彼らは桂内閣との妥協を求め、ついにその数は七八名の多きに達したのである。[36]この妥協派の動きによって、政友会の幹部は一二月二五日に至って清国償金特別会計法案を撤回せざるを得なくなり、ほとんど桂内閣の主張をのんで妥協したのであった。[37]原敬によれば、彼ら妥協派は「鉄道国有にて多少の口銭を得んと望む者及地方問題にて予算の成立を切望する者」[38]と指摘されているように、鉄道国有によって何らかの利益を得ようとする者と自分の選出地盤である地方の事業の進展（遅延）を気にかけている代議士たちである。この頃、商工業者たちが強力に鉄道国有を言い始めており、[39]それらの時流にのって利益を得ようという代議士が、鉄道建設などの事業費の公債支弁の原則にこだわる政友会の財政政策に失望し、鉄道国有による鉄道敷設の拡大に期待をかけたのであろう。また、予算の成立を切望する代議士たちは、桂内閣が公債支弁事業費を普通歳入に移すための鉄道敷設法改正案を衆議院に提出した際、具体的に地域名を入れた中国・四国・関東・北海道の鉄道の許可をその法案に盛り込んだために動揺したのであった[40]。そして、商工業者たちの動きも代議士の動揺を拡大させ、政友会の半数近い妥協派を生み出したのである。即ち、鉄道などの事業が順調に進展していない時、地方の選挙地盤の意向を気にする代議士たちは、将来にわたる展望を持った積極主義政策の布石をつくる政治的な戦いよりも、次年度の予算編成や自分の地方に関わる事業が停滞することを恐れて桂内閣との妥協へと動いたのである。こうした状況のなかで、政友会幹部のとるべき道は、政友会の政策をより強固な財政基盤の上に置くことであろう。それが政友会内に妥協派を生み出さないことになるからであろう。それ故、これ以後も政友会と桂内閣と財政をめぐる対立は継続するのである。

1 『桂太郎自伝　参』（平凡社、一九九三年）、五六頁。
2 同前。
3 宇野俊一「日清戦後経営と外債問題」（宇野俊一編『近代日本の政治と地域社会』国書刊行会、一九九五年）を参照してほしい。
4 註1に同じ。但し、五六～五七頁。
5 「政府計画の虚妄　上」（『人民』一九〇二年一一月二七日）。
6 原奎一郎編『原敬日記』（福村出版社、二〇〇〇年）、三四六頁。一九〇一年七月二日の記事。
7 同前。但し、三五八頁。一九〇一年九月一七日の記事。
8 同前。
9 同前。但し、三六二頁。一九〇一年一〇月一八日の記事。
10 同前。但し、三六四頁。一九〇一年一一月一〇日の記事。
11 同前。但し、三六五頁。一九〇一年一一月一五日の記事。
12 「尾崎総務委員の演説」（『国民新聞』一九〇一年一一月二六日）。
13 原奎一郎編『原敬日記』（福村出版社、二〇〇〇年）、三六八頁。一九〇一年一一月三〇日の記事。

14 『大日本帝国議会誌　第五巻』（大日本帝国議会誌刊行会、一九三〇年）、一四六三頁。石黒涵一郎の発言。
15 原奎一郎編『原敬日記』（福村出版社、二〇〇〇年）、三六八頁。一九〇一年一一月二九日の記事。
16 同前。但し、三七二頁。一九〇一年一二月一三日の記事。
17 同前。但し、三七二頁。一九〇一年一二月一五日の記事。
18 同前。
19 註14に同じ。但し、一四六九頁。
20 「第十六議会報告書」（『政友』第一九号、一九〇二年四月一〇日）、一一頁。
21 「売債失敗後の財政計画に就て（田健治郎）」（『政友』第一五号、一九〇一年一二月一〇日）、三〇頁。
22 『大日本帝国議会誌　第五巻』（大日本帝国議会誌刊行会、一九三〇年）、一四六二頁。曾禰荒助蔵相の第一六議会における予算説明。
23 註20に同じ。但し、一〇頁。
24 「三十五年度財政計画概評」（『人民』一九〇一年一二月一六日）。
25 註20に同じ。なお、『東洋経済新報』は、「普通歳入支弁案に就いては、吾輩寧ろ政府に賛成せんとす。然かも、償金特別会計法案に就いては、吾輩寧ろ政友会の言ひ分に道理あるを見る」と述べて、事業費の公債支弁に固執する政友会を批判しつつも、北清事変賠償金の特別会計化については政友会を支持している（『東洋経済新報』第二一八号、一九〇二年一月五日、三頁）。
26 原奎一郎編『原敬日記』（福村出版社、二〇〇〇年）、三七九頁。一九〇一年一二月二二日。
27 同前。
28 註20に同じ。但し、一五頁。
29 三基金は義和団事件出兵費に流用されたが、その実体は次のごとくであった。
財源ニ充テラレタル三基金ヲ見レハ
一、金五千万　　三基金
内
教育基金一千万円、火災補充基金一千万円之レハ急ニ支払ナシカタシ三千万円軍艦水雷艇基金之レハ現金千五百万円、英貨千五百万円買入アリシカ此内ヲ三十四年度三月迄ニ貳千八百万円支出ノ見込ニシテ

差引残金僅ニ貳百万円ナリ

然レバ三十四年四月以降清国事件費ニ充ツル財源ナシ（「歳計（四）一九〇一年度予算編成方針並ニ歳入出概算」曾禰文書、国立国会図書館憲政資料室蔵）。

30 「明治三十四年度清国事件増税収入実収比較調」（曾禰文書、国立国会図書館憲政資料室蔵）によれば、増税による実収は政府の見込みでも六〇〇万円しかなかったが、実ははるかに下回っていたのである。

31 『大日本帝国議会誌　第五巻』（大日本帝国議会誌刊行会、一九三〇年）、一四六三頁。石黒涵一郎の発言。

32 同前。

33 「第十六議会報告書」（『政友』第一九号、一九〇二年四月一〇日）、一〇頁。

34 註20に同じ。但し、九頁。

35 原奎一郎編『原敬日記』（福村出版社、二〇〇〇年）、三七七頁。一九〇一年、一二月二二日の記事。

36 伊藤博文関係文書研究会編『伊藤博文関係文書　二』（塙書房、一九七二年）、四一八頁。一九〇一年一二月三一日付伊藤博文宛伊東巳代治書翰。

37 原奎一郎編『原敬日記』（福村出版社、二〇〇〇年）、三八一頁。一九〇一年一二月二五日の記事。政友会は清国償金特別会計法案を撤回したけれども、その代わりに「政府は衆議院の予算査定の方針に基ける査定に同意する事」との条件を桂内閣に認めさせた。衆議院における予算の査定権を政友会が握ることで実をとったのである。なぜなら、経費削減の際、政友会にとって残しておかなければならない事業費は継続させることができるようにしたからである。

38 同前。但し、三七九頁。一九〇一年一二月二三日の記事。

39 「鉄道国有問題の建議」（『中外商事新報』一九〇一年一二月二一日）。

40 「鉄道敷設法改正案の運命」（『人民』一九〇一年一二月二一日）。

2 地租増徴継続問題と第三次海軍拡張をめぐる政友会と桂太郎内閣

第一六議会において政友会内に形成された妥協派の動きによって桂太郎内閣と対決できなかったと考えた政友会の幹部たちは、第一六議会閉会後に政友会の執行部組織の改革を求めた。それらの人々は、政友会創立当初一六名いた総務委員を三名ないし五名に減じ、ほかに一五名ないし二〇名の政務委員を置くことなどの改革を要求し、原敬もこれに応えようとしていたのである。[1] 換言すれば、政友会の総務委員を減じて執行部の権限を強め、政務委員による政策研究を強化することで、伊藤総裁の影響力を削減できる体制を構築しようとしていたのである。原敬は、「党員の多数は伊藤の曖昧なる処置に満足せず、党内何となく不穏なれば何とか其方針を決[2]定しなければならないと感じており、そのためには、「現状維持にても改革にても何れの途にても帰する所強固なる方針を立て押通す事必要なり（中略）否らざれば常に会の動揺を免れずとて断乎たる処置[3]」をとる必要に迫られていたのである。即ち、政友会のかかげる積極主義的な政策が財源的に行き詰まっているなかで、一方には地方基盤の拡大が進展しないことで動揺する会員があり、他方には政策の遂行を強力に主張して幹部を突き上げる会員も存在し、この二つの動きのなかで政友会は動揺していたのである。原敬はこの動揺を食い止めるためには、「此際不都合なる党員は之を処分[4]」して、政友会を政党として純化させ、統制力を強化しようとしていた。それによって、政策の行詰りの原因である財源の不確定を桂内閣と対決しつつ解消しようとしたのである。

しかし、前節で述べたように第一六議会で成立した一九〇二（明治三五）年度予算では、財政運営を糊塗する手段で政友会と桂内閣が対立したにすぎなかったため、桂内閣の財政運営は全くの手詰りとなっていた。桂内閣は一九〇二年一〇月、ロンドンで公債を売却したけれども、[5] それとて一九〇二年度やそれ以前に流用している分を精算しただけであった。その売却代金五〇〇〇万円の使途は表2のようである。それによれば、その内のａ・ｂ・ｃの合計約二七〇〇万円は他の

表2　公債売却金5,000万円の使途

（単位，円）

公　債	50,000,000	備　　考
売却代金	47,500,000	
使途　a	14,739,793	33年度ニ於テ鉄道建築費等仕払ノ為メ償金部ヨリ借入支弁セシ分ニ対シ返償
b	6,174,493	台湾事業費支弁ノ為メ台湾銀行ヨリ借入金ニ対シ返償
c	6,899,855	34年度ニ於テ鉄道敷設費等支弁ノ為メ一般会計ヨリ繰替ノ分返償
d	16,934,759	34年度ヨリ繰越ニ係ル公債事業費財源即チ鉄道建設費ニ支弁見込
e	2,751,100	預金部運用ニ充ツル必要ノ分

「公債売却ニ関スル問答書」(曾禰文書　国立国会図書館憲政資料室蔵)より。

会計に対する返償であって、「償金部ノ事業モ漸次進捗シ繰替金ノ返償ヲ要シ台湾銀行借入金モ公債募集出来サル為メ一時ノ便法ニ過ギザルノミナラズ追々返償期限ノ迫ルアリ又一般会計モ必要ノ費途ニ用フヘキモノヲ割キテ振替ヘタルモノナルヲ以テ玆ニ公債ヲ募集シテ此等繰替金ノ返償スル必要ニ迫」[6]られていたものを返したにすぎないのである。この公債売却は繰替支弁していた他の会計の財源補塡を迫られていたものであった。また、これらの返償については、「三十四年度以前ノ分ハ（中略）他ヨリ立替支払ヲ了シタル程ニテ其事業費ハ既ニ義務ニ属スルモノ故此欠陥ハ是非公債金ヲ得テ補ハザルベカラズ」[7]と説明されているように、一九〇一（明治三四）年度以前の事業費に属する分はぜひとも支出しなければならなかったものであり、公債売却の代金で返償しなかったならば、他の会計の支出に支障が出るものであった。そして、dの部分の約一七〇〇万円分も前年度より繰り越されていた公債支弁事業（とくに鉄道建設費）に充当されると説明されていた。公債支弁事業が約一七〇〇万円分、実に国家財政の約一割分も一九〇一（明治三四）年度までに事業遅延＝停滞のために繰り越されていたことがわかる。dの支出は桂内閣としても放置できないところまできていたのであろう。換言すれば、この公債売却代金五〇〇〇万円は、一九〇二（明治三五）年度以降の新しい事業や支出につぎ込める財源とは考えられていなかった。

こうした財政状況のなかで、日露対立を前提に締結した日英同盟協約の秘密協定部分を実行するための第三次海軍拡張が計画された。桂内閣はそのための財源として、第一三議会で増徴が決定され、この一九〇三（明治三六）年度までと五年の期限がつけられていた地租増徴分を継続して充当しようとしたのである。桂内閣が継続した地租増徴分を海軍拡張財政に充当しようとしたのは、この時までに日清戦争賠償金や北清事変賠償金はほとんど残っていなかったからである。公債募集は経済界の状況から、「果シテ適当ノ条件ヲ以テ予期ノ如ク其目的ヲ達スルヤ否ヤ」[8]わからないものであり、不確定な公債募集金によって「海軍拡張ノ如キ切要ノ事業ヲ経画《ママ》セントスルカ如キハ財政上策ノ得タルモノニアラ」[9]ざるものであったからである。又、地租以外の租税についても、「諸税ハ孰レモ之ヲ新財源ノ目的ト為ス」[10]には不十分であり、とくに営業税の増徴のごときは「営業税ハ新設以来日尚ホ浅ク当初各地ニ生シタル紛擾僅ニ其跡ヲ歛メタル今日再ヒ増税ヲ為スカ如キコトアラハ忽チ当業者ノ反抗ヲ招キ其結果ハ何等得ル所ナキニ至ラン」[11]と分析しているように、各地の商工業者たちの反対運動が拡大する恐れがあった。それ故に、桂太郎は、「地租ノ継続ハ随分議論モアルコトナレハ海軍拡張費ニ配当セハ一般ノ政費ニ充ツルト其継続ノ目的ヲ異ニセハ国民ニ対スル感情ノ上ニ於テ然ルベキコト」[12]と考えて地租増徴継続を考えたと述べている。桂太郎は、第一三議会において憲政党が地租増徴に賛成することによって軍備拡張を認めたように、今度も地租増徴の継続分で海軍拡張を行うことに、国際情勢から考えて国民や政友会が認めるだろうとの楽観的な見通しを持っていたのである。このような認識に立って、桂内閣は、「政府ハ現在ノ状態ニ於テ為シ得ル限リ行政及財政ノ整理ヲ為シタルモノニシテ此上ニ海軍拡張費ノ財源ニ充ツル丈ノ経費ヲ節減スルコトノ余地ナシ」[13]と、行政整理をこれ以上できないために「政府ハ他ニ適当ノ財源ナシト認メタルニ因リ地租増徴ヲ以テ海軍費ノ財源ニ充ツルノ経画《ママ》ヲ立テタリ故ニ今更他ニ財源ノ詮議ヲ為スノ必要ナシ」[14]として、強硬に地租増徴継続と海軍拡張を結びつけ、この二つをセットにして第一七議会を通過させようとしたのである。

一方、政友会側は、海軍拡張の是非については意見が一致している訳ではなかったが、地租増徴継続反対は一致した意見であった。「海軍拡張にして目下最も必要の計画たるに非るよりは、仮ひ財源の余裕あるも之を以て其起否を断ずべきに非ず（中略）余輩故に曰く財源の有無を問ふ勿れと、更に海軍拡張を云為する勿れ」[15]というように、日英同盟協約の秘密協定が明らかにされていないために海軍拡張の必要を認めず、そのために、地租増徴継続と海軍拡張の両方に反対する意見が拡大した。また、地租増徴継続に賛成できないのは、「地租復旧ハ既ニ法律ノ定ムル所又輿論ノ決スル所」[16]であり、「五ケ年ノ期限ハ既ニ法律ノ定ムル所ナレハ国家非常ノ事アルニ非ラスンハ之ヲ変壊ス可ラ」[17]ざることだと政友会員たちは思っていたのである。新聞『人民』で金子堅太郎が「積極的事業を為さんがために政費を要すと言はゞまた已むを得ずと雖も事茲に出でずして唯地租のみを増徴せんといふ天下多数の農民甘諾せざる」[18]と桂内閣を批判したように、地租増徴を継続させるためには、政友会員が納得するよほど説得力ある対案が必要だったのである。地租増徴を継続しても、それが政友会の積極主義政策の進展に全く寄与しないことがわかっているのに、それに賛成することなど考えられなかった。換言すれば、第一三議会においては、政権に近づき、積極主義政策を遂行するために地租増徴に賛成したのに対し、この第一七議会では政友会は地租増徴継続を認める積極的理由を持たなかったのである。

その上、政友会にとっては、地租増徴継続分を海軍拡張費に充当するという桂内閣の言い分すら信用できなくなっていたのである。桂内閣は、「地租率継続ニ依ル歳入増加ヲ以テ海軍拡張ノ財源ニ充テントスルニ同拡張費ノ年額ハ不同アルニヨリ或年ノ剰余ヲ以テ他ノ年ノ不足ニ充テサルヘカラス依テ之ヲ一般歳入ト区分シ置クヲ要スルニヨリ一旦軍艦水雷艇補充基金ニ繰入レ必要ノ都度該当基金ヨリ更ニ一般会計ニ繰入レ使用セント」[19]と考えていたのである。海軍拡張費が年度ごとの支出高に波のあることを理由として、地租増徴継続分を一旦は軍艦水雷艇補充基金に繰り入れて一般歳入と区分し、他へ流用できないように固定して海軍拡張のためだけに使用しやすいように設定した。桂内閣は、地租増徴継続分を海軍拡張費に固定しようとする一方、その上に事業費の年度割を廃止しようとしたからである。桂内閣は、事業費の年度割を定めることが「徒ラニ将来ノ数字ヲ固定シ歳計ヲシテ時宜ニ応ジテ伸縮セシムルノ便ヲ欠キ予算活用ノ妙ヲ失ハシムルニ過」[20]ぎないものであるとして、「予算ノ編成上継続費ハ成ルベク年割ヲ定メサルコトニ改メ以テ毎年歳計上ノ伸縮ニ便セント称シ已ニ三十六年度予算新案要求又ハ経《(ママ)》画変更ノ継続費ニ対シテハ悉皆年割額ヲ廃シ大体ニ於テ年限及ヒ総額ヲ定メ三十六年支出額ノミヲ掲クルニ止メタ」[21]のであった。この年度割の廃止は、政友会にとって「非常ニ行政官ニ自由ヲ与フルモノ」[22]と考えられた。換言すれば、桂内閣の都合で事業費支出がなされない恐れが出てきたのである。事業費の年度割廃止が海軍拡張計画と共に出てきたことに対し、政友会は「海軍拡張ノ如キ問題ヲ急施スルニ熱心ナル時ハ政略ノ為メ予算提出ノ初年ニ於テハ其金額ヲ特ニ小ニシ爾来二三ケ年ニ亘リテ総額ノ大半ヲ支出スルニ憚ラサルカ如キノ事ナキヲ期スヘカラズ或ハ予算確定マテハ毎年度ノ事業ノ進行ヲ予定スヘカラズ之カ為メニ不安ノ念ヲ生」[23]じると非難していた。要するに、事業費の年度割が廃止されると、事業の進行がその時の財政状態によって左右されかねず、また、事業の進展が桂内閣の恣意によってなされる危険性があった。換言すれば、政友会の望むところの事業費が削られてその進展が不確実となるばかりではなく、地租増徴分を海軍拡張費にまわしてもそれに不足を生じる場合、桂内閣は年度割が廃止されていることを名目として事業費を削減して海軍拡張費にまわすことができるようになるということになる。言わば、年度割の廃止は、桂内閣が海軍拡張を順調に行うための手段であった。反対に政友会にとっては、地租増徴継続分を海軍拡張費に充当しても、事業費支出はたえずおびやかされていることになるであろう。その意でも、「地租ヲ以テ海軍拡張ノ唯一財源ト称スルカ如キハ畢竟瞞着的論法ニ過キ」[24]ないと政友会は非難している。政友会の結論は、「政府ノ計画ニ対シテハ同意ヲ表スル能ハサル者独リ増租継続案ニ限ラス其他尚ホ多キヲ認メ」[25]て全面的対立へ傾いていった。

それ故に、反桂内閣と地租増徴継続反対の声は、政友会のなかで日ましに強くなっていった。政友会幹部の江原素六は次のような政友会内部の空気を伝えている。「余〔江原素六＝筆者〕は既往に於けると同じく将来に於ても地租増徴の財政上調理上頗る可なるを信ずるも、政府已に人民に約するに五年の期限を以てし代議士また復旧を唯一の利器として総選挙に処し増租反対の気焔当るべからざる今日、余は敢て自説を固執せず快よく衆議に従ふの徳を守るべし」[26]と。江原素六たちも地租増徴継続賛成を表面から言い出せる状況ではなかった。政友会の院外団も、「現内閣に対し絶対的に反対」「我党代議士及党員にして各自地方問題の為め党の歩調を乱すが如き行為ある者に対しては宜しく、戒飭を加へ党議の遂行に勉むる事」[27]との決議を上げて圧力を加えていた。原敬の地盤である政友会東北会でも、「今更ら決議の要なく断乎猛進」[28]することが決定され、地租増徴継続賛成を言い出すことになれば、「政友会の分裂必然の勢」[29]になることが予想されていたのである。

憲政本党も此の第一七議会では政府と全面対立の姿勢を示し、政友会と同一歩調をとった。憲政本党は、第一三議会では地租増徴に断固反対であった立場から地租増徴継続に賛成する理由は持たなかったし、政友会と同様に地方基盤の進展でも無関心ではいられなかったからである。第一五議会の時には、憲政本党の代議士たちが時の逓相であった原敬のところに鉄道敷設計画の件で確認しに来ていたし[30]、第一六議会では、両党一致で東北大学設置建議案が提出されており、両党提携の話さえ持ち上がっていたのである[31]。その第一六議会中、憲政本党幹部の加藤政之助は、日清戦後経営とその破綻について、「吾人は反対者の罵りて消極派と呼ぶに頓着せず、平然として毎に過大の計画に反対（中略）彼等〔藩閥＝筆者〕は日清戦争の勝利に逆上し（中略）尽く三億三千万円の償金を不生産的の軍事費に消耗し、増税に次ぐに増税を以てし、最早人民の膏血は絞り尽して残す所なし」[32]との論説を雑誌『太陽』に発表しており、憲政本党も政友会とほぼ同じ立場から新しい海軍拡張に反対したのであった。

しかし、桂内閣と政友会・憲政本党との対決姿勢が強まるなかで、桂内閣との全面的対立が政友会にとって不利益と考える原敬は、地租増徴継続問題と海軍拡張問題とを切り離そうと努力していた。原敬は、「地租継続に反対すべし、又地租を財源として海軍拡張をなさんとするの計画にも反対すべし、其訳は日英同盟の結果として暫く軍備の拡張を見合すこと適当の処置なり、而して此二案は財政行政の整理を先決問題となすべきものにして、政府両政の整理を等閑に附する間は同意すべきものに非ず」[33]と考えていた。日英同盟をロシアへの抑止力と考えた原敬は、軍備拡張を見合わせ、両政整理による財源捻出によって海軍拡張ができると主張し、地租増徴継続によらない海軍拡張を考えていた。原敬は、末松謙澄が「民力恢復まで海軍拡張を見合すべし」[34]と述べたことに反論し、「夫れは無期限に延期することにて妙ならず（中略）

表3　原敬の経費節減案　（単位，円）

新要求に係る重要事項中減額	2,510,000
同上継続費中減額	3,675,055
従来支出の経費中減額	9,344,674
臨時費中減額	969,196
鉄道建設費中減額	2,000,000
減額合計	18,501,935

『政友』28号，11頁より。なお，減額合計は総計と合致しない。

表4　政府の経費節減案（海軍拡張費支弁案）（単位，円）

経費節減	1,000,000
鉄道建設費繰延	4,500,000
電話拡張費繰延	500,000
公債募集金	5,500,000
海軍拡張支弁費	11,500,000

『立憲政友会史第1巻』238頁より。

飽くまで行政財政の整理をなして後にすべしとの趣旨にて反対すべし、否らざれば恐らくは世の同情を得がたし、且つ増税もなさずして能く拡張することを得ば拡張も妨げなかるべし」[35]と述べて地租増徴継続とは別に海軍拡張には賛成しなければならないことを強調していた。原敬は、海軍拡張費を捻出するために表3のような経費節減案を作成した。この経費節減案は、今までの政友会の主張をふまえ、従来支出の経費中の減額が半分を占めていた。しかし、反対から言えば、「経費中の減額」を海軍拡張に振り向けてしまうため、政友会が第一五議会以来主張してきた経費節減（両政整理）で捻出した財源を事業費に充当することは不可能となろう。地租増徴継続にあくまで反対し、「世間の同情」（桂内閣や元老たちとの良好な関係を意味するのであろう）を得るために海軍拡張に賛成すれば、政友会の「両政整理による事業費の支出」という主張は否定されざるを得ない。政友会の事業進展要求を否定までして発表した原敬のこの案は、桂内閣が地租によらない海軍拡張を提案してきた時、それに賛成する余地を残しておこうとする政治的判断であった。

しかし、桂内閣が、地租増徴継続と海軍拡張をセットで第一七議会に提出した時、政友会と桂内閣に妥協の余地は残されていなかった。政友会員たちの地租増徴継続反対を抑えることができなかったからである。第一七議会が桂内閣によって解散させられた後、政友会は、この二つを結びつけて持ち出した桂内閣のやり方を次のように非難した。「海軍拡張ヲ賛成スルモ増徴継続ニ反対スルハ即チ其財源ヲ奪フ者ナルヲ以テ其実海軍拡張ニ反対スル者ナリト是レ何タル言ソヤ政府ハ痛ク国民ノ輿論ニ反対スル増租継続ヲ以テ強テ之ヲ海軍拡張ノ財源ニ充テント欲ス是レ政府自ラ其策ヲ誤リ海軍拡張案ヲ不成立ニ帰セシメタル者ナリ」[36]と。

原敬が憲政本党の大石正巳と打ち合わせて共闘して地租増徴継続案を第一七議会で否決したのは、「予算十分に審査の体を装ふて突然に此挙に出たるは早く地租を決定すること得策なりしと信じたればなり」[37]と原敬が述べているように、地租増徴継続をまず否決しなければ政友会員は納得しなかったからである。一方、桂太郎にとっても、「彼〔桂太郎＝筆者〕は全く我方〔政友会＝筆者〕の計画を悟らず、予定査定に於て十分に切込む見込みならんと信じ居りて地租案突如として否決に至ることは意外」[38]だったため、動揺が大きかった。第一七議会は、五日間の停会の後、一九〇二年一二月二八日に衆議院解散が命じられた。日露戦争を前にして、第一七議会は衆議院と桂内閣との古くて新しい地租問題により停会・解散という結果に終ったのである。

桂太郎は、「断然議会を解散して情勢を一変し善後の策を立つるにしかずと決心」[39]して解散を断行したが、衆議院の議席数はほとんど変化がなかった。総選挙の結果は、「政友会は地租問題を以て解散せられたる議会なれば多数撰せられ来るは自然の情勢なり。進歩党〔憲政本党＝筆者〕は前議会に於て伊藤侯・大隈伯聯合政策を取りて予算を攻撃し来りたるの結果、殊に地租問題を旗として出て来れば前数を撰出し来るは是又当然の勢なり」[40]と桂太郎も述べているように、桂太郎の期待する「情勢の一変」は不可能であった[41]。桂太郎の与党が存在しない以上、桂園体制における議会の解散・総選挙は全く意味がなかったのである。

総選挙後に召集された臨時議会である第一八議会において、桂太郎が「乍遺憾地租を擲ち財政計画を改めざるべからず」[42]と考え、地租増徴継続と海軍拡張を区別し、海軍拡張だけの成立を望んだ時、妥協の可能性は残されていたのである。地租増徴継続をあきらめた桂内閣は表4のような海軍拡張支弁のための経費節減案を提出して、海軍拡張案の成立だけをめざした。それによれば、経費節減による海軍拡張とは言っても、本当の意味の経費節減は一〇〇万円だけであり、鉄道建設費繰延と電話拡張費繰延の合計五〇〇万円を加えても六〇〇万円にしかならなかった。不足分五五〇万円は公債募集金により支弁されると説明されていたが、「尚ホ其不足分五五〇万円ハ従来普通歳入ヲ以テ支弁シタル鉄道経費ノ内ヨリ省キ出シ[43]」たのである。現実には、鉄道事業に充てていた普通歳入を海軍拡張に振り替え支弁したのである。実際は、四五〇万円と五五〇万円との合計一〇〇〇万円もの鉄道関係費が海軍拡張費に充てられていたことになる。政友会は地租増徴継続は阻止したものの、鉄道建設費などを海軍拡張費に充当しなければならないことになった。結果として、「彼ノ鉄道ノ財源タリシ普通歳入ヲ以テ海軍拡張ノ経費ニ転用セハ鉄道経費ハ目下主トシテ公債ニ依ルノ外[44]」なくなった。換言すれば、鉄道建設費などは、この時期募ることが不可能であった公債に頼らざるを得なくなったのであって、政友会の政策展開には大きな打撃となった。

　原敬は、この打撃を回避するものとして鉄道特別会計をつくることを主張し、第一八議会に建議案として提出した。これは「鉄道益金を以て建設及改良資金に供給するの方法に改め[45]」ることによって、鉄道の建設及改良費を一般会計から独立させ、鉄道事業の進展を安定化させようと意図したものである。原敬や政友会の人々は鉄道特別会計について、「従来鉄道計画を公債に仰ぎたれば、経済界の状況次第にて動揺を免れず。昨年度〔一九〇二年度＝筆者〕より普通歳入により之を支弁するの計画となりたれども、是れ亦財政の都合によりては、動揺を免かれ難きにより、鉄道事業は常に不安の位地《（ママ）》にあるのみならず、政府の財政もそれが為めに紊乱を醸すの虞れあれば、寧ろ之を鉄道益金の支弁に改むるの確実且つ有利なるに若からざるべし[46]」と意義付け、「鉄道益金を以て鉄道自営に任せしむるの見込み確然たる者あるの結果事実に於て之か為めに公債募集の必要なからしむる者[47]」と考えた。政友会は鉄道特別会計の設置を、「政府をして行政財政の整理を今後引続き実行すること、公債募集額は成るべく減少を努むべきこと及鉄道益金を以て鉄道建設及改良費を支弁することに同意し、其法案〔鉄道特別会計法案＝筆者〕を次期議会に提出する事を約束[48]」させたのである。しかし、現実には、鉄道関係費が特別会計になっても公債募集は必要だった。なぜなら、一九〇二年度における鉄道益金は八八〇万円であって、それだけで鉄道建設改良費を賄うには不十分だったからである。次のように資金を運用しなければ、政友会の望む鉄道事業は満足のいくものにはならないと考えられていた。政友会の財政通を自認する桜井駿は鉄道特別会計について、

「鉄道特別会計の為め一般会計より引抜く所の鉄道益金は姑く之れを八百五十万円と仮定せん乎、一ケ年に於て鉄道のために投資すべき金額実に八百五十万円に止まるものとせば毎年の鉄道建設費は八百五十万円に止まり、其金額以上によること能はざるが如し、然れども若し鉄道の速成を望み既定路線を達成せしむるの必要を生せしが為め（中略）鉄道益金八百五十万円の内姑く二百五十万円を取除き、残り六百万円は現金を以て直接に其年度鉄道建設の財源に供し、他の二百五十万円は之を公債利子財源に充用し、之を以て別に公債を募集するの計画を起せば、姑く今日の金融事情に参酌し、年五朱割引一割の募集と仮定するも、額面五千万円の公債に対し四千五百万円の新財源を得るに難らず[49]」と述べている。一方で桜井駿が「公債募集の必要なからしむる」と言いつつ、他方では「公債を募集するの計画を起せば」と言っているように、鉄道特別会計は公債募集を前提として成立していたのである。この鉄道特別会計の建議案は、公債支弁による積極主義的事業の推進を主張している政友会の姿勢が変わらないことを示していると共に、その行詰りをも表現していたのである。

それ故、ほぼ鉄道関係事業費で海軍拡張が行われるという妥協案でまとまりそうになった時、政友会の動揺は激しかった。新聞『人民』は政友会内の反発と動揺を次のように伝えている。「昨今に至り政府の計画が海軍拡張の財源を両政の整理に求めず借金政策と地方の利害に大関係ある鉄道事業の繰延とに依って産出すること判然せしを以て所謂軟派の人々も全く議論の根拠を失し追々其意志を飜へして硬派と歩調を共にする者増加し来るに至りたり[50]」と。こうしたなかで、第一八議会前より起こっていた政友会内の「革新運動」が活発化した。その「革新運動」は、「先づ以て妥協問題に全力を傾注し党制革新問題は満次《（ママ）》其意志を貫徹せん[51]」として、「無意義の妥協案を排斥[52]」しようとしたように桂内閣との対決姿勢を強める人々とかさなり合って展開されていた。この政友会内の革新運動と桂内閣との対立姿勢は、片岡健吉や杉田定一などの政友会の実力者たちの支持を得ていたのである[53]。それ故、原敬たちの政友会首脳部と桂内閣との妥協が成立する最終段階になっても、政友会内諸団体の賛否は、賛成が近畿東海連合会、四国会、関東会であり、反対が北信八州会、中国会、東北会で、九州会は未定であるというように、なかなか政友会の意志はまとまらなかった。[54] それ故、政友会は桂内閣の海軍拡張には妥協しつつも台湾に関する基隆築港費や台湾鉄道建設費などの植民地経営費を否決し、農商務大臣（平田東助）や文部大臣（菊地大麓）の不信任決議を可決して桂内閣との対決姿勢をアピールしなければならなかった。

第一七議会から第一八議会にわたる地租増徴継続問題と海軍拡張とによって示された政友会と桂内閣との対立は、日清戦後財政崩壊のなかで、財源的に事業費と軍備拡張費が両立し得なくなったことによって引き起こされた対立である。積極主義的事業が順調にいっていない状況のなかで、桂内閣が地租増徴継続と海軍拡張を強引に結びつけたため、政友会の反発を引き起こし、対立を深刻化させた。しかし、日露間の国際的緊張を前にして、政友会は桂内閣の海軍拡張には反対できず、鉄道建設費の財源を海軍拡張費にまわさざるを得なかった。ここに、政友会の積極主義政策は全くの行詰りをむかえたのである。そして、この行詰りを打開できない伊藤博文の総裁専制に対する不満が一挙に表面化し、政友会は大きく動揺して党勢は一時沈滞したのであった。

一方、政友会が自己の積極主義政策を貫徹できなかったように、桂内閣も当初に予定した財源による海軍拡張はあきらめて政友会に譲歩した。政友会が衆議院において過半数を占めていたため、「其可否スル所ハ院議トナル」[55] ものだったからである。それぞれの政策展開に必要な財源をめぐる両者の対立は膠着状態に入った。そして、この財政的対立における膠着状態こそ、これからの桂園時代を特徴付けるものとなろう。

1　原奎一郎編『原敬日記　2』（福村出版社、二〇〇〇年）、七頁。一九〇二年三月一日の記事。

2　同前。但し、九頁。一九〇二年三月一二日の記事。

3　同前。但し、八頁。一九〇二年三月四日の記事。

4　同前。但し、一九頁。一九〇二年七月二日の記事。

5　この売却した公債は、おそらく額面金額から考えれば前節の表1中にある「大日本帝国五分利公債諸書」であろうと思われる。

6 「公債売却ニ関スル問答書」（曾禰文書、国立国会図書館憲政資料室蔵）。
7 同前。
8 「海軍拡張閣議案及海軍拡張費調」（曾禰文書、国立国会図書館憲政資料室蔵）。
9 同前。
10 同前。
11 同前。
12 同前。
13 「明治三六年度財政演説（財政問答）」（曾禰文書、国立国会図書館憲政資料室蔵）。
14 同前。
15 「（社説）財政の如何を問ふ勿れ」（『人民』、一九〇二年一一月一一日）。
16 「第十七議会報告書」（『政友』第二九号、一九〇三年一月一八日）、二四頁。
17 同前。
18 「政友会と地租問題（四）金子堅太郎の談話」（『人民』一九〇二年一〇月一〇日）。
19 「海軍拡張閣議案及海軍拡張費調」（曾禰文書、国立国会図書館憲政資料室蔵）。
20 註13に同じ。
21 註16に同じ。但し、一一～一二頁。
22 註13に同じ。
23 註16に同じ。但し、一一～一二頁。
24 同前。但し、一〇頁。
25 同前。但し、二四頁。
26 「政友会と地租問題（三）江原素六の談話」（『人民』一九〇二年一〇月九日）。
27 「政友会院外団体の決議」（『人民』一九〇二年一二月六日）。
28 原奎一郎編『原敬日記　2』（福村出版社　二〇〇〇年）、四一頁。一九〇二年一二月一八日の記事。

29 同前。但し、三三頁。一九〇二年一一月六日の記事。
30 原奎一郎編『原敬日記 1』（福村出版社、二〇〇〇年）、三一四頁。一九〇一年三月四日の記事。
31 「東北大学設置建議案」（『国民新聞』一九〇二年一月二九日）。
32 「財政意見・加藤政之助」（『太陽』第八巻第二号、一九〇二年二月五日）、二九頁。
33 原奎一郎編『原敬日記 2』（福村出版社、二〇〇〇年）、三二頁。一九〇二年一〇月二九日の記事。
34 同前。但し、三三頁。一九〇二年一一月七日の記事。
35 同前。
36 註16に同じ。但し、二〇頁。
37 原奎一郎編『原敬日記 2』（福村出版社、二〇〇〇年）、四一頁。一九〇二年一二月一六日の記事。
38 同前。但し、四三頁。一九〇二年一二月二五日の記事。
39 宇野俊一校注『桂太郎自伝』（平凡社・東洋文庫、一九九三年）、二六七頁。
40 同前。但し、二七七頁。
41 総選挙の結果は、衆議院議員議席数三七六名の内、政友会（一九一名）、准政友会員（六名）、憲政本党八六名、准憲政本党（一一名）となり、政友会が過半数を確保した。
42 註40に同じ。
43 「第十八議会報告書」（『政友』第二九号、一九〇三年六月二一日）、一～二頁。
44 同前。但し、一一頁。
45 『大日本帝国議会誌　第五巻』（大日本帝国議会誌刊行会、一九三〇年）、一九二六頁。「鉄道に関する建議案」（松田正久外一名提出）。
46 「三十六年度予算査定私案　原敬」（『政友』第二八号、一九〇三年一月一〇日）、一一頁。
47 「田口卯吉氏の財政論を評す　桜井駿」（『政友』第三四号、一九〇三年六月一五日）、一〇頁。
48 「第十八議会に於ける政友会と政府との関係」（『政友』第三四号、一九〇三年六月一五日）、一頁。
49 「鉄道特別会計を論ず　桜井駿」（『政友』第三五号、一九〇三年七月一五日）、六～一一頁。

50　「非妥協派大に振ふ」（『人民』一九〇三年五月三日）。
51　「政友会革新派の決議案」（『人民』一九〇三年五月四日）。
52　「革新派の宣言」（『人民』一九〇三年五月五日）。
53　「杉田氏の革新談」（『人民』一九〇三年四月二四日）、「責任問題と組織問題（片岡健吉氏の段）」（『人民』一九〇三年五月四日）。
54　「妥協案と政友会各団体」（『人民』一九〇三年五月二三日）。
55　註43に同じ。但し、一二頁。

おわりに——財政運営をめぐる第一次桂太郎内閣と政友会

日清戦後経営における財政運営の原則は、軍備拡張には日清戦争賠償金が、積極主義的事業費は公債支弁によって賄われるというものであった。しかし、その原則は、一九〇〇（明治三三）年度予算で崩壊していた。即ち、一九〇〇年度予算からは、歳入への日清戦争賠償金からの繰入れも、公債募集も不可能となったため、それらからの収入は全くあてにならなかった。このような財政状況が第四次伊藤博文内閣の瓦解を早めると共に、次の第一次桂太郎内閣もこの財政状況から出発する以外になかった。第一次桂内閣から、「普通歳入」のみがすべての新規事業を起こす「確固たる財源」であった。それ故に、すべての新規事業を起こすためには、経費節減＝行財政整理（両政整理）が前提とされた。

第一次桂内閣にとってはじめての議会である第一六議会において、政友会は両政整理による財源捻出ばかりではなく、公債募集による事業費の支弁も要求して桂内閣へ対峙した。

一見矛盾したように見える政友会の主張は、両政整理とそれによる財源捻出への不安からくるものであった。反対に、桂内閣はそれらの事業費を普通歳入のみに限定しようとはかった。桂内閣は公債募集が可能なら、公債による軍備拡張費支弁を考えていたからである。不確定な財政状況のなかで、政友会のなかには桂内閣への反対を強めていくグループと、桂内閣に妥協しようという一派を生み出した。妥協を主張する一派は、各種の事業が順調に進展しないなかで、自分の地方地盤への事業だけは何とか確保したいと思う議員たちで、事業費を普通歳入支弁に移せば名目上は確固たる財源にできるという桂内閣の財政運営に動揺した議員であった。こうして、政友会は、地方利益の拡大が不確実さを増した第一六議会において党内統制上の弱点を表面化させたのである。

次の第一七議会では、日露戦争を控えた第三次海軍拡張計画が桂内閣から提案された。桂内閣は第一三議会で増徴され、一九〇三（明治三六）年度までの五年間の時限立法となっていた地租増徴分をそのまま継続して海軍拡張費に充てようとしたのであった。しかし、各種の事業が進展していないなかで、地租増徴継続分をすべて海軍拡張費に投入しようという桂内閣の提案に政友会が賛成できる訳はなかった。政友会が地租増徴継続を否決したことに対し、それが海軍拡張を否定したことだとした桂内閣は衆議院を停会・解散したのである。

しかし、政友会と憲政本党が地租増徴継続反対で一致している以上、解散・総選挙を行っても桂内閣に有利な状況が生まれる訳ではなかった。総選挙後の第一八議会で、桂内閣は第三次海軍拡張の成立のみをめざしたが、その財源の大半は政友会員が実現を望んでいる鉄道建設費などから捻出したものとなった。政友会は地租増徴継続を否決したものの、その代わりに第三次海軍拡張費に鉄道関係費を注ぎ込まざるを得なくなってしまった。日露対立という国際的な緊張を前にして、政友会は桂内閣の海軍拡張を認めねばならなかったが、もしほかの要因、即ち日露戦後のような全国商業会議所の運動や反藩閥の民衆運動の高揚が政党の主張を後押しするならば、政友会は桂内閣とより深刻な対立に発展していたであろう。

こうした意味で、日露戦争以前の第一六、一七、一八議会における政友会と桂内閣との財政運営をめぐる対立は、日露戦後における桂園時代の財政的対立に連続するばかりでなく、二個師団増設問題に端を発し大正政変を引き起こした政治対立の原型と言えるものであろう。

第五章

第一次西園寺公望内閣と日露戦後財政

はじめに

財政問題は、日露戦後から第一次世界大戦にかけての政局の最大の焦点の一つであった。日露戦争以後の歳出の膨張は日露戦争中に発行した国債（内債・外債）の累積とあいまって国家財政を行き詰まらせていた。それ故に、財政問題は桂園時代の政治的対立の焦点となった。二個師団増設問題による第二次西園寺公望内閣の崩壊がその最大のものであった。財政問題は桂園時代の不安定な政治構造を象徴していたのである。前章において、日露戦争前における政友会と藩閥の財政的対立を考察したが、本章では、第一次西園寺内閣が、政友会のめざす積極主義的政策を展開できる財政的基礎を持っていたかどうかを、とくに予算編成の動向とからめて分析したいと考える。即ち、本章は日露戦争による莫大な戦費支出とその結果である日露戦後財政に規定された第一次西園寺内閣の脆弱な財政基盤を考えることによって、桂園時代の政治過程の特質を考えようとするものである。

1　戦時財政としての明治三九年度予算

第一次西園寺公望内閣は立憲政友会を基礎として組閣したが、日露戦後経営を遂行するための財政的イニシアチブをはじめから持っていなかった。桂太郎は、一九〇五（明治三八）年一二月二一日の総辞職に先立って予算案の大枠を決定しており、一二月一日には各党に一九〇六（明治三九）年度予算案を提示していたからである。[1] そこで示された「明治三九年度予算綱要《（ママ）》」の総説には、「明治三十九年度予算は戦局漸く終を告げたるも、外征部隊の引揚時局に伴ふ残務を了へ全く平時に復するまでには尚巨額の臨時費を要し、財政上より見るときは、明年は尚ほ戦時状態を継続するものと謂はざるべからず、依て明年度予算は十分に節約の主義を採り、戦後経営として起る可き諸般の施設に関しては之を後年度の詮議に譲るものとし、只戦時中繰延べたる事業又は、戦役前よりの計画にして、戦役の為め一時着手を見合せたる事業中国民経済上最早一日も猶予すべからざるものは財源の許す範囲内に於て之に着手することとせり」[2] と述べられていたように、一九〇六（明治三九）年度予算の性格はほとんど戦時財政として位置付けられていたが、それと共に戦時財政を整理しつつ通常の状態に持っていくための一つの過程としても位置付けられるものであった。『東京経済雑誌』は第一次西園寺内閣の組閣人事と予算編成とを関連付けて、「独り寺内陸相の留任せるものは、臨時事件費追加予算に於て、満州撤兵其他に要する巨額の経費を議会に要求せると、時局関係予算に於て、四個師団の増設其他に要する経費を要求せるとの為、其遂行を見届けんが為なるべく、阪谷〔芳郎、蔵相＝筆者〕、斎藤〔実、海相＝筆者〕、山県〔伊三郎、逓相＝筆者〕の三次官が入閣したるは、新《（前カ）》内閣の財政計画を踏襲せしむるに便利なるべし（中略）西園寺内閣は、桂内閣の傀儡となるものにして、帝国議会は増税の具となるべし」[3] と指摘していたのである。桂太郎は第一次西園寺内閣に日露戦争の軍事費で膨張した財政の後始末を託したと言っても過言ではないであろう。

第一次西園寺内閣は、日露戦争を担った第一次桂太郎内閣の戦時財政計画の枠内から出発しつつも、政友会を基礎とした内閣として、政友会員を満足させる政策を遂行していかなければならない立場にもあったことは当然であろう。第一次西園寺内閣にとって、日露戦後経営の遂行とは、日露戦争以来の軍事費の増大に対処しつつ、政友会員の望む地方利益の拡大に対応しなければならないという、はじめから背反している財政的課題をそのなかに持つことだったのである。このような問題関心から、まず、第一次西園寺内閣が執行しなければならなかった明治三九年度予算のなかにどのように戦時財政が組み込まれていたかを考察し、それから、第一次西園寺内閣の政治的・政党的立場からの予算への対応とその執行を考えてみたい。

第一次桂内閣の大蔵次官から第一次西園寺内閣の蔵相となった阪谷芳郎によれば、一九〇六（明治三九）年度予算の特徴は、普通の予算が「経常部」と「臨時部」とに分けて立案するのに対して、「時局関係費」と「通常経費」とに分けて立案していることだという。[4] 明治三九年度一般会計予算の総額は、四億九二九〇万円、「通常経費」は二億三五三五万円、「時局関係費」は二億五七五四万円であった。「時局関係費」は経常的支出（おもに公債元利・恩給費などでこれから毎年支出しなければならないもので一億七二六五万円）と臨時的支出（おもに陸海軍復旧費で八四八八万円）に分かれていた。「通常経費」の二億三五三五万円は、日露戦争前の一般会計歳出規模とほぼ見合うものであり、西園寺内閣の政策展開は、日露戦争前と同じ歳出規模のなかで行わなければならなかったのである。なぜなら、明治三九年度予算のなかで「通常経費」より額の多い「時局関係費」とは、「時局ニ関係致シマスル費用ノ重ナルモノト云フモノハ、矢張戦争ニ関係シタモノ、即チ殆ド戦争ノ継続シタモノト性質ヲ同シクスルモノガ多イノデアリマス」[5]とされているように、日露戦争中と同じ軍事費と言うべきものだったからである。換言すれば、一般会計のなかでも日露戦争関係の費用が半分以上を占めていることを意味している。また、そればかりではなく、一九〇六（明治三九）年度の支出全体から見た場合、「此外尚ほ同年度中に要する彼の戦時状態の予算即ち軍隊引揚其他の経費約五億四千六百万円余あり、之を合算する時は国家が負担すべき所の歳出総額は十億三千万円以上の巨額たるにあらずや」[6]と指摘されていたのである。日露戦争のための特別会計として設定された臨時軍事費と臨時事件費の明治三九年度における支出＝五億四六〇〇万円と、一般会計中の「時局関係費」＝二億五七五三万円とを合算すれば、八億〇三五三万円となり、一般会計の「通常経費」額＝二億三五三五万円は明治三九年度のすべての支出額の四分の一にすぎないことがわかるであろう。こうした意味でも、明治三九年度予算は全く日露戦争中のごとくであった。

次に、明治三九年度一般会計が、「通常経費」と「時局関係費」に分けられていた意味について考えてみたい。このことに対して、政友会代議士の森本駿は次のように批判している。「所謂外征部隊等の時局に伴ふ残務に対し尚ほ要する所の巨額の臨時費は三十九年度予算に直接関係を有するものにあらず、政府は別に臨時軍事費及臨時事件費追加として此三十九年度予算以外更に五億四千六百万円以上の追加予算を要求し、而かも右追加額の内幾分は急速支出を要し議会の開会を待つ能はざるに依り予算外支出を為すの見込なりと明言せるにあらずや。果して然らば所謂財政上戦時状態の継続なるものは此部類の追加予算に属するものにして、三十九年度予算は自ら別物足らざるを得ず」[7]と。本来、日露戦費を負担するはずのない明治三九年度一般会計予算が「時局関係費」という名目で戦争関係の経費を負担しなければならなくなったことは、「外征部隊引揚等の臨時費巨額なるを口実として財政上より見る時は明年は尚ほ戦時状態を継続せるものと為したるが如きは予算編成の苦衷察すべく而かも是れ政府自ら財政計画を立つること能わざるを自白したるものと謂ふて可なり」[8]と評されたように、日露戦争の戦費支出が、戦時特別会計として設定された臨時軍事費と臨時事件費の負担能力を大きく超過してしまったことを意味しているのである。阪谷芳郎蔵相が、「公債整理ノ償還ニ関シマス一億四千六百万円(中略)ソレカラ臨時事件費ノ不足、及三十八年度ノ臨時事件予備費ノ不足、此三ツガ三十九年度ニ対スル財政ノ最モ重要ナルモノデゴザイマス」[9]と述べているように、日露戦争に関する二つの特別会計は支出の増加によって破綻していた。換言すれば、一般会計「時局関係費」の臨時的支出八四八八万円は、「臨時軍事費特別会計予算の不足、並に臨時事件費にして一般会計に編入せられたるもの」[10]であり、日露戦費の増大を一般会計が受け止めざるを得なくなり、日露戦費が一般会計のなかに食い込んできてしまったことを表現している。

しかし、それは単に一般会計が戦争関係の費用を負担したという意味にとどまらない。政府が、「予算の編成に際しては二者（「通常経費」と「時局関係費」＝筆者）合併調整する見込にして戦局関係の歳出中経常費に属するものは本予算経費中に編入し其臨時費に属するものは各省所要額を一括し臨時事件予備費の款項の下に大蔵省所管に編入する心算なり」[11]と説明していたように、「時局関係費」の経常的支出とは、日露戦争の終結に伴って、戦時特別会計である臨時軍事費と臨時事件費で支弁されていたもののなかで、公債元本の償還・利子の支払いや従軍兵士への恩給などこれ以後長く継続的な支出が求められているものを一般会計の経常費に繰り入れてしまったものであった。

また、「時局関係費」の臨時的支出も決して臨時的なものではなかった。政友会の森本駿が予算委員会において、「大蔵省所管ニナッテ居ル臨時事件予備費（「時局関係費」の臨時的支出のこと＝筆者）八千四百五十万円ハ、今年ハ取敢ス是ノ如キ名目ノ下ニ計上サレテ居ルガ、其大部ハ陸海軍ノ費用ガ主デ、復旧費又ハ満韓ノ駐軍費ト云フヤウナモノデアル、而シテ是等ノ多クハ継続費若クハ経常費ノ性質ニナルモノガ大部分ヲ占メテ居ルヤウニ思フ、スルト其金額ハ四十年度モ要スルモノト見ナケレバナラヌ」[12]と指摘しているごとく継続的支出を求められた費目であった。また、佐々木正蔵も、「陸軍ノ方ハ約十年ニ亙リ、海軍ノ方ハ約八年ニ亙ル、サウシテ金額ハ海軍ノ方ハ二億円、陸軍ノ方ガ一億円ト云フ概数デアルト云フ、果シテ、サウデアレバ是ハ数年ニ亙ルトコロノ継続費デアル」[13]としたように、決して臨時的な支出ではなく、継続費としての性格を持っていたものであった。そればかりではなく、「時局関係費」の臨時的支出である陸海軍の復旧費は、陸軍主計総監外松孫太郎が「之ヲ復旧スルニ世ノ進歩ニ伴フ如クヤラナケレバナリマセヌ、又戦役ノ結果改良セネバナラヌト認メタモノモアリマスカラ、是ハ無論今日進歩シタ程度ニ復旧スルツモリ」[14]と説明しているように、先の佐々木正蔵によって「復旧ト云フ条、或ハ実際ハ拡張ト云フ意味デアラウト思フ」[15]と指摘されていた。陸海軍の復旧費は、ただ日露戦争による軍事的損害を補充するだけでなく、日露戦後の軍事情勢に見合った軍備拡張の意味すら含まれていたのである。

このような一般会計に繰り込まれた「時局関係費」は、大蔵省関係費の経常部・臨時部における増加として表われていた。経常部で言えば、恩給諸禄や国債整理基金繰入れがそうであり、臨時部で言えば、臨時事件予備費がそれである。

以上のように、一九〇六（明治三九）年度予算は、日露戦争によって膨張した軍事費をそのなかに抱え込んだものであり、その歳出における膨張のほとんどは軍事関係費であった。また、「通常経費」のなかには、日露戦争によってどうしても増大せざるを得なかった行政費の増加も多く含まれていたのである[16]。つまり、歳出の膨張分のなかには政友会員の期待する事業費の増加はなかったと言うことができる。もし、第一次桂太郎内閣がこの明治三九年度予算を提案していたら、政友会との深刻な対立は避けられなかったであろう。政友会を基礎として成立した第一次西園寺公望内閣だからこそ明治三九年度予算は政友会員の多くの不満を抱えながら成立したと言ってよい。

しかし、政友会を基礎とする西園寺内閣は、政友会独自の政策を展開する必要にも迫られていた。日露戦争中、政友会員の望む地方事業は全く抑えられていたからである。日露戦勝によって事業の進展を望む声は満ちあふれていた。政友会の代議士たちは、衆議院に提出した「国本培養に関する建議案」のなかで「今期議会に提出せられたる予算中殆ど之に対する計画〔新しい事業計画＝筆者〕を発見すること能はさる[17]」と述べて不満を表明していた。また、「治水に関する建議案」でも、「平和克復の今日に至りて之が定額〔治水に関する毎年の国庫支出金は三〇〇万円であった＝筆者〕を復旧すべきは当然の事なりとす、然るに本年の予算案に於て河川修築費を僅かに其半額すら充たさる少額にせしめたるは本院の最も遺憾とする所なり[18]」と述べられていたように、地方における治水事業費は日露戦争前の水準にすらなっていなかった。

第一次西園寺内閣は、各種の事業費として、日露戦争中にとぎれていた神戸と横浜の海陸連絡設備費、鉄道建設改良費、電信電話架設費、製鉄所拡張事業費などを「通常経費」のなかに計上してはいたのである。これが明治三九年度予算のなかでは少額ながら事業政策経費と言えるものであり、約一二〇〇万円であった。しかし、これらに使用する財源は不確定であった。阪谷芳郎蔵相が、「従来、鉄道電話製鉄所ノ如キモノハ、普通ノ歳入、即チ租税ノ支弁ニスルト云フ計画ニナッテ居リマシタノデスガ、此度ハ非常ナル歳出ノ増カデゴザイマスカラ、是ノ如キ殖益ニ属スルトコロノ事業ハ、之ヲ公債ノ支弁ニ移スト云フコトニ計画ヲ改メ[19]」と説明しているように、租税では支弁できず、公債支弁事業にされたのであった。明治三九年度予算における公債募集高は、「殖益ニ属スル事業ノタメニ、壱千弐百万円ノ公債ヲ起シ、又時局関係ノ費用ノ支弁ノタメニ四億三千万円ノ公債ヲ起ス[20]」と阪谷蔵相が説明しているように、事業費支弁のための公債募集高は時局関係費＝軍事関係費のそれの三六分の一にすぎなかった。即ち、「今年ノ如キハ未ダ軍費ノ不足ヲ補フガタメニ公債ヲ募集スルト云フヤウナ時期デアル[21]」と言われているように、軍事関係費の公債募集が歳出において最も重要であり、それが順調にいかない場合には、事業公債の募集はなおざりにされる危険があり、事業費が公債支弁になったということは財源的裏付けがより一層うすくなったことを意味していたのである。

実は、事業費一二〇〇万円が公債支弁となったこと自体に明治三九年度予算の矛盾が表われていた。事業費が租税収入支弁から公債支弁になった理由は、「時局関係の経費中恩給其他陸海軍の復旧費等已むを得ざる費途を要するもの多く為に財源に不足を告ぐるに依り通常歳出中鉄道建設改良電話営繕費及製鉄所創立費約千二百万円は之を公債支弁に仰ぐものとし、此等の費途に充てたる通常財源を時局関係の経費に振向くることとせり[22]」とされているように、「時局関係費」である恩給費や陸海軍復旧費は支出を遅延させることができないために租税収入支弁とされたのである。そのために財源がなくなってしまった事業費を公債支弁にしたのであった。「時局関係費」の経常的支出の財源は、戦時非常特別税の継続と「歳入剰余」であると説明されていたが、この「歳入剰余」は、「如何ニ出来タカト云フト、従来普通歳入支弁ノ鉄道電話等ノ経費ヲ公債支弁ニ移シタ結果デアッテ、通常予算デ歳入残余ト称スルモノヽ、其実ハ公債ヲ以テ支弁スルコトニナッタカラ出タノデ、殊更ニ財源ガ殖ヘタ訳デハナイ[23]」というものであった。換言すれば、もともと租税収入で支弁する

表　「500万円の使途」　（単位，千円）

大使館領事館新設費	432
青森市水道補助金	80
秋田市水道補助金	60
淀川改修工事継続費	100
遠賀川改修工事継続費	500
東京大学医科大学其他	41
東北三県凶作地町村教育貸付金	300
府県工業試験所費及講習所補助費	15
製鉄所継続費年度割	2,500
水産講習所付属帆船復旧費	7
博覧会調査費	25
耕地整理奨励費	364
韓国統監府通信官署費	250
東海道複線工事既定継続費	1,500
合　　計	5,000

『東京経済雑誌』1392号，明治39年12月24日，450頁。使途の累計は合計と合致しない。

はずであった事業費を公債支弁に移したことによって生じた租税収入分を「歳入剰余」として「時局関係費」に振り向けたことなのである。だから、「時局関係費」をより安定した財源で支弁するようにしたため、鉄道・電話などの事業費はより不安定な財源で支弁されるようになったと言ってよい。日露戦争関係費が一般会計に食い込むというのは、以上のような意味を持っていたのである。

それ故、こうした財政運営に対して、政友会は次のように批判していた。「臨時軍事費の為め巨額公債の募集を已むべからずとする今日に於てこそ所謂通常予算の財源は成るべく公債政略を避けて普通歳入に依るの方針を採る必要あるべきに、事茲に出でず、宿昔の主張を飜して通常予算までも之を公債政略の渦中に投じたるが如きは是れ果して財政の鞏固を得る所以なる乎[24]」と。

このような状況のなかで、西園寺内閣は、公債支弁となってしまった事業費一二〇〇万円のほかに、「時局関係費」の臨時的支出＝陸海軍復旧費の八四五〇万円の内、五〇〇万円を事業費に振り向けることとしたのである。この五〇〇万円について、原敬はその日記に、「衆議院に於て海陸軍復旧費により五百万円を減じたるは政友会の主張にて、要するに生産的事業に差向くる方針なり、此事に関し井上伯は製鉄所拡張費に充つべしとの主張なり、大部分は其積なるも幾分か他に分つの必要あることを内話し置きたり[25]」と記しているように、政友会の強い意向を背景としたものであった。政友会の財政通であった栗原亮一は、この五〇〇万円について、「是は実際節減を致すのであって〔陸海軍の復旧費の節減であることを強調＝筆者〕、唯三十九年度のものを繰延て翌年には矢張此金〔陸海軍復旧費＝筆者〕を使ふと云ふ趣旨ではない〔中略〕尚之を忍んで生産事業に用ゐることに致して貰ひたい、是の如き希望を添へて是を削減になったのであります[26]」と述べているように、西園寺内閣の独自性を強調する支出はこの五〇〇万円しかなかったのである。

陸海軍復旧費からやっと削り出した五〇〇万円の事業費は、「国本培養に関する建議案」に呼応して西園寺内閣が提出したことになっていたけれども、「五〇〇万円の使途」の表で見るように、支出しようにも支出するための財源がなく、また、急遽支出を要請されている種々雑多な費目を投げ込んだものとなっている。それ故に、この五〇〇万円の使途について、「所謂国本培養ニ関スル（中略）耕地整理費ハ三十六万円余ニ過キス其他民間ノ商工業ニ対スル保護奨励ニ関シテハ計画ノ見ルヘキ者ナク製鉄所及鉄道改良ノ経費其主位ヲ占メ或ハ河川工事費等ノ経費要求アルヲ見テ建議ノ趣旨ニ戻ル者アリトノ異論盛ンニ起リタル」[27]と政友会の「第二二議会報告書」に述べられているように、政友会員を満足させるものではなかった。この不満に対して、政友会幹部と西園寺内閣は、「此財源ヲ以テ製鉄所及鉄道ノ事業費ニ充テタルハ予算査定ノ本旨ニ戻リタルニ非ラズ（中略）即チ此追加予算案ハ必ズシモ右建議案ノ趣旨ニ基キ提出セラレタルニ非ス法律ノ結果ニヨリ又ハ其他必要ナル経費ヲモ併セテ要求セル者ナリ」[28]と言って居直っている。五〇〇万円というあまりに少ない予算額のなかでさまざまな地方利益を代表する政友会員を満足させることはできなかったのである。付言すれば、この五〇〇万円の事業費もまた公債支弁であった。以上のように、西園寺内閣は、政友会員の期待を背負って政権についたけれども、明治三九年度予算において、政友会員の期待に応じる財源的基礎は全くなかったのである。

1 原奎一郎編『原敬日記 2』（福村出版社、二〇〇〇年）、一五七頁。一九〇五年一二月二日の記事。
2 「財政計画の大要」（『政友』第六七号、一九〇五年一二月二五日）、一八頁。
3 「西園寺内閣成る」（『東京経済雑誌』第一三一九号、一九〇六年一月一三日）、五～六頁。
4 『大日本帝国議会誌 第六巻』（大日本帝国議会誌刊行会、一九二八年）、七三三頁。阪谷芳郎蔵相の予算説明。
5 『第二十二帝国議会、衆議院第一類第一号予算委員会議録』（一九〇六年一月二六日）、六頁。第三回予算委員会における阪谷芳郎蔵相の予算説明。

6　「三十九年度予算概評　森本駿」（『政友』第六七号、一九〇五年一二月二五日）、二頁。
7　同前。但し、一頁。
8　同前。
9　註5に同じ。
10　註4に同じ。
11　註2に同じ。
12　『第二十二帝国議会、衆議院第一類第一号予算委員会議録』（一九〇六年一月二七日）、二七頁。第四回予算委員会における森本駿の発言。
13　註5に同じ。但し、一八頁。第三回予算委員会における佐々木正蔵の発言。
14　『第二十三帝国議会、衆議院第一類第五号第四分科会（陸海軍省所管）議録』（一九〇七年一月二八日）、四頁。第一回委員会における陸軍省経理局長陸軍主計総監外松孫太郎の発言。
15　註13に同じ。
16　軍事関係費の増加という事態のなかでは、戦争に関わる行政費の増加を「通常経費」で支弁することができず、「時局関係費」の臨時的支出（＝陸海軍復旧費）で支弁するという逆説的な結果となっていた。例えば、「総監府ノ如キ官制モ定マリ、既ニ職員モ任命サレ、斯クマデ進ンデ居ル」ものであっても、それは「臨時軍事費」で支弁されていたし、「臨時軍事費ノ中へ煙草製造専売ノ創業費、又ハ塩専売施行ノ準備費トカ」が入っていたのである（『第二十二帝国議会、衆議院第一類第一号予算委員会議録』一九〇六年一月二九日、三四頁。第五回予算委員会における原田赳城と南城吉左衛門の発言）。
17　註4に同じ。但し、七九〇頁。「国本培養に関する建議案」より。
18　同前。但し、八四五頁。「治水に関する建議案」より。
19　註5に同じ。但し、七頁。第三回予算委員会における阪谷芳郎蔵相の説明。
20　同前。
21　同前。但し、二四頁。第四回予算委員会における阪谷芳郎蔵相の説明。
22　註2に同じ。

23 註5に同じ。
24 註6に同じ。
25 註1に同じ。但し、一六七頁。一九〇六年二月一一日の記事。
26 「予算案査定報告　栗原亮一」(『政友』第六九号、一九〇六年二月二五日)、一一頁。
27 「第二十二議会報告書」(『政友』第七一号、一九〇六年四月二五日)、一三頁。
28 同前、但し、一三〜一四頁。

2 第一次西園寺公望内閣の政策展開

日露戦争の後始末にかかる軍事費が膨張してしまい、普通の事業費すら支弁することが困難な状況のなかで、第一次西園寺公望内閣は政友会員が期待し、世論が望む政策をどのように展開していこうとしていたのであろうか。前節における明治三九年度予算の考察の上に立って、第二二議会で問題となった国債整理基金、戦時非常特別税の継続、鉄道国有法案の三法案の政策的意味について考えていきたいと思う。そのことによって、政友会員の期待に西園寺内閣がいかに対応しようとしたかを考察したい。

国債整理基金と戦時非常特別税の継続については、阪谷芳郎蔵相が、「戦時税を継続して、永久財源の不足を補って歳計を裕かならしめ、又別に公債整理の方法を確実にして、内外の信用を厚うする、此の二つのことは此度の財政計画に於きましては、最も大切なことに属します」[1]と述べて、それらの財政上の重要性と二者の連関について強調している。

国債整理基金は、減債基金とも言われているように、日露戦費として募集した軍事公債を償還していこうとしたものであったが、それは公債償還のためばかりではなく、「十八億ノ借金ガドウナルノヤラ分ラヌト云フヤウナコトデアツタナラバ、此将来ノ財政経済上ノ上ニ付テ不安ノ念ト云フモノヲ除去スルコトハ出来ナイ」[2]と阪谷芳郎蔵相が位置付けたように、日露戦後の財政運営の根幹となるものであった。また、「結局三十九年度ノ歳入不足ノ帳尻ハ、公債支弁デ補ハレ、収支ノ決算ガ立ッタト云フモノデアル」[3]と指摘されたように、日露戦後財政における国債整理基金の重要性は、日露戦後経営においても一層重要性を増した公債募集の比重の重さを表現するものであった。政友会の望月小太郎は、国債整理基金法案の賛成理由について「既往並に将来に於ける外債に対する、否国債に対する信用維持上避くべからざる政策であるといふ事、是が賛成の一要点、第二に於ては将来に於ける戦後経営に必要なる資金、殊に殖産興業上に関する国際信用維持上避くべからざる必要素として賛成すると云ふ是が二点、第三は既往公債の整理並に内外資本共通の便宜のため、本案は必要避くべからざると云ふ事」[4]の三つの論拠を示し、日露戦後経営のなかでそれを位置付けている。

それ故に、国債整理基金は、「唯今日以上に公債の価格を引上げて置いて、さうして益々公債募集の便宜を図らうと云ふより外に趣意はない」[5]ものであり、「是は減債法案にあらずして、増債準備法案」[6]だったと言ってよいであろう。日露戦後経営の財源が公債しか考えられなかった第一次西園寺内閣にとって、国債整理基金は、事業費を支弁するための公債を圧倒的な額の日露戦争関係費のための公債募集の上に募らねばならなかった西園寺内閣の財政的基礎だったのである。

国債整理基金に期待していたのは政友会ばかりではなかった。阪谷芳郎蔵相が、「事業界ノ必要ニ応ズルト云フ場合ニハ多少国庫ノ計算ハ不利トシテモ或ハ買上ゲル必要ガ起ラウト考ヘマス」[7]と述べているように、資金繰りのために公債の買い戻しを求める銀行家や商工業者の期待にもあわせて応えようとしたものでもあった。即ち、「政府計算上利益アリト認ムル場合ニ於テハ国債借換ノ為メ低利ノ国債ヲ募集スルコトヲ得ヘク且ツ額面以上ニテモ買入銷却ヲ為スコトヲ得ヘシ是レ国債整理基金ノ骨子ナリ」[8]とされていた。新たな公債募集には、銀行家や商工業者の協力がぜひとも必要だったから、彼らの戦後財政に対する不安をこの国債整理基金で取り除こうとしたのである。軍部もまた国債整理基金に期待をかけていた。陸海軍復旧費は継続費として公債で支弁されるはずだったからである。寺内正毅陸相は、「軍資金ト云フコトニ付テハ私共モ考ヘナイデハアリマセヌガ、如何セン今日マデソレダケ財政ニ余裕ガナイノデアリマス、私共ノ推スルトコロニ依レバ、今度財政整理ニ付イテ基金ヲ置レルガ如キ、頗ル此趣意ニ近イモノデアラウト思フ」[9]と述べている。軍部は、国債整理基金の設定によって安定して募集されるであろう公債を、軍備拡張費に使うことを期待していたのである。西園寺内閣は、国債整理基金を日露戦後の財政運営に不安を持つさまざまな政治勢力への対応として位置付けたのである。

以上述べてきたように、国債整理基金は、財源を公債に頼らざるを得ない西園寺内閣にとって、「現内閣の死活問題」[10]であり、「国家永遠戦後経営の第一主義」[11]だったのであった。

戦時非常特別税の継続問題も、単に日露戦争によって膨張した財政を補塡するというものではなく、国債整理基金と関連させられて政治的意味を持った。戦時非常特別税の継続と国債整理基金は、西園寺内閣の戦後経営構想のなかで一つの重要な環として設定されていた。即ち、『政友』誌上で、「非常特別税ノ継続ハ彼ノ財政上戦後経営ノ第一義タル国債整理基金ノ設定ト相俟チ之カ主タル財源ニ供用スルカ為メ実ニ已ムヲ得サルモノタリ」[12]と位置付けられているように、戦後の財政運営の中心である国債整理基金へ最も安定し、継続した戦時非常特別税という租税収入を充当し、順調な国債償還を実現することで公債価格を維持し、これ以後の公債募集を安定させようとしたものであった。戦時非常特別税の継続は、西園寺内閣の公債政策を裏付ける財政的基礎であった。戦時における増税分一億六〇〇〇万円の継続は、政友会にとって、「今日の戦後の始末戦争後の総ての始末を着けます上に於きましても、又戦後の経営を図りまする上に於きましても、到底已むを得ざる上に於て是を賛成しなければならぬ」[13]と認識されていた。戦時非常特別税は、過去における日露戦争関係の軍事公債を円滑に償還していく役割と、将来における募債のため基礎となる役割＝事業費などの現実的な財源としての役割という二つの役割を一つの財源で兼ね備えられていたと言ってよいであろう。

しかし、軍備拡張を含んだ日露戦後経営そのものが公債募集によって賄われざるを得なかったため、そのことから考えれば、国債整理基金も戦時非常特別税の継続も、西園寺内閣を特徴付ける独自色のある政策とは言い難いであろう。西園寺内閣は、この二つの財政政策に関する法案を鉄道国有法案と関わらせることによって政友会員の期待する政策としての意味を持たせようとしていたのである。

鉄道国有法案について、政友会は、「実に民衆の勃興に資するは申すまでもなく、財政の鞏固を図る良策の一つであります。況んや軍事に関しましても、偉大なる効益のあること」[14]であると強調していた。産業の発展や軍事輸送の統一という観点からばかりでなく、鉄道を国有化することによって鉄道収益金を一般会計に繰り入れ、一般会計の財源不足を補うことができることをアピールし、日露戦後の財政運営との連関を強調して法案の成立を期した。

明治三九年度予算における事業費が財源的に不十分かつ不安定である以上、鉄道国有化は政友会員の期待に応える唯一の政策であった。また、財政上から言っても、阪谷芳郎蔵相が「鉄道国有ト云フコトガ実施セラレマスタメニ、財政ノ上ニ負担ヲ増ストカ云フ懸念ヲ起スコトハ、私ハナイト思フ」[15]と言明したように、私有鉄道の国による買収は公債発行によるのであって、当面の財政的負担は公債利子のみであった。しかし、巨額な戦時公債の上に鉄道国有化による多額の公債発行は、公債価格の低下による将来における募債難など、さまざまな影響を戦後財政に及ぼし、西園寺内閣の財政運営を困難にしていくことが予想された。もし、鉄道買収公債の発行によって公債価格が下落するような場合には、「如何ニシテ救助スルカト云フ手段方法ハ、ドウシテモ附ケテオカナケレバナラヌ、或ハ減債基金ト云フモノモ出来テ居リマスルシ、或ハ預金部モアリ、或ハ日本銀行ナリ、興業銀行ナリ、種々ノ機関ヲ利用シテ、ソレダケノ途ヲ附ケタ上デ、其仕事ニ掛ルト云フ見込デ」[16]あるとされていたように、国債整理基金が大きな役割を担っていたのである。また、政友会の竹越与三郎は、「諸君の中には鉄道の値が下ったならば、減債基金で買ふと云ふことを非難して、以ての外であると言はれる、併ながら、此減債基金法案なるものは、此鉄道国有法案を期待せられて拵へたものであって、基金で買ふので、従来の公債であろうと、新公債であらうと、一向差支えないのです」[17]と述べて、政友会の立場から国債整理基金と鉄道国有法との直接的関係を明確に規定したのである。

以上のように、西園寺内閣は、国債整理基金、戦時非常特別税の継続、鉄道国有法の三法案を連関させることによって、内閣の独自な政策展開をアピールしようとはかった。明治三九年度予算について見れば、政権の座についた政友会の期待にもかかわらず、事業費の財政的基礎が貧弱なものにならざるを得なかった西園寺内閣の苦肉の政策であったと言ってよいだろう。しかし、もともと「減債基金と云ふものは、鉄道の買収公債の減債基金ではございませぬ。申すまでもなく、臨時事件の公債の減債基金」[18]だったものを強引に鉄道国有法と結びつけたのである。それ故に、軍事公債の日露戦後財政に対する圧迫は弱まるものではなかった。西園寺内閣の独自性をアピールできた唯一の政策である鉄道国有にしても、「鉄道ノ収益カラ今後鉄道公債ノ利子ト、其改良費ト、其元金ノ一部ヲ償却シテ、其上尚ホ一般財政ノ補欠ヲスルト云フコトヲ如何ニ逓相技アリトシテモ、是ハ為シ得ベカラザルコト（中略）一般歳入ノ中ニ鉄道ノ収益ヲ入レテシマヒマスレバ、一般財政ノ欠陥ト云フ事カラ、利益アル鉄道ヲ窮迫シテ居ル、歳入ノ不足ヲ感ジテ居ル財政ガ鉄道ヲ包ンデ、包囲攻撃シテ、鉄道ヲ縮少《(ママ)》スルコトニナラウ」[19]と指摘されていた。鉄道国有化によって安定して得られる鉄道収益金が、日露戦後財政のなかで日露戦費の支弁が中心であった公債の整理に使用されてしまう危険性があったのである。

1　『大日本帝国議会誌　第六巻』（大日本帝国議会誌刊行会、一九二八年）、七三三頁。阪谷芳郎蔵相の予算説明。

2　『第二十二帝国議会、衆議院第一類第一号予算委員会議録』（一九〇六年一月二六日）、一九頁。第三回予算委員会における阪谷芳郎蔵相の説明。

3　『第二十二帝国議会、衆議院第一類第一号予算委員会議録』（一九〇六年一月二七日）、二七頁。第四回予算委員会における森本駿の発言。

4　註1に同じ。但し、七五〇頁。衆議院における望月小太郎の国債整理基金法案への賛成演説。

5　同前。但し、七四八頁。

6　同前。但し、七五二頁。

7　註2に同じ。

8 「第二十二議会報告書」(『政友』第七一号、一九〇六年四月二五日)、三頁。
9 註2に同じ。但し、一一頁。第三回予算委員会における寺内正毅陸相の発言。
10 註1に同じ。但し、七五二頁。
11 同前。
12 註8に同じ。但し、二頁。
13 註1に同じ。但し、七六八頁。
14 「鉄道国有法案提出の理由」(『政友』第七〇号、一九〇六年三月二五日)、二頁。
15 『第二十二帝国議会、衆議院第五類第三六号鉄道国有法外一件委員会議録』(一九〇六年三月九日)、七頁。第二回委員会における阪谷芳郎蔵相の説明。
16 『第二十二帝国議会、衆議院第五類第三六号鉄道国有法外一件委員会議録』(一九〇六年三月一二日)、二四頁。第四回委員会における阪谷芳郎蔵相の説明。
17 註1に同じ。但し、九八〇頁。
18 同前。但し、九七三頁。
19 『第二十二帝国議会、衆議院第五類第三六号鉄道国有法外一件委員会議録』(一九〇六年三月一五日)、五三頁。第七回委員会における浅野陽吉の発言。

3 第一次西園寺公望内閣の財政運営とその崩壊

一九〇六(明治三九)年八月一日、西園寺公望内閣の閣員たちが首相官邸で井上馨の財政談を聞いた時、原敬はその日記に、「先般官吏増俸に関し閣議の際、他の事業費を増加せざるの方針を決定したるに因り、其趣旨を一層強むる為めに伯〔井上馨=筆者〕の演説は全く無益ならざりしなり」[1]と記している。西園寺内閣が明治四〇年度予算の編成に着手し始めている明治三九年の下半期は、日露戦後の猛烈な企業熱が起こり[2]、内閣への事業展開に期待する声が充満するなかにおいても、西園寺内閣は「ほかの事業費を増加せざるの方針」を決定したのである。原敬は内閣の意図を、「既に上下輿論の必要と認むる増俸すら出来得ざるものなるに於ては他の増額を許さゞる事を可とすと主張して、暗に海陸軍の増額を多少抑止するの基礎とせんとの考にて故らに主張[3]」したと記している。日露戦後の物価上昇のなかでも官吏増俸をやめ、事業費を増加させないことで緊縮財政的な方向をとり、それによって軍事関係費を抑制しようとしていたのである。

一九〇七（明治四〇）年度予算の最大の問題は、一九〇七年三月をもって締め切られる臨時軍事費特別会計の処理であった。阪谷芳郎蔵相が、「其結了致シマセヌトコロノ費用ハ、普通ノ一般会計ノ方ニ移シ換ヘルコトニ致シマシタ、ソレカラ又臨時事件予備費ト云フ名目ハ、是ヲ廃シマシテ陸海軍ノ経費、其他各省ノ経費共ソレゾレ必要ノ金額、竝ニ必要ナ費用ヲ調査致シマシテ、各々之ヲ款項ニ区分致シマシテ、其数年ニ亙ルモノハ、之ヲ継続費トシテ揚ゲルト云フコトニ致シマシタ[4]」と説明しているように、日露戦費の未払い分や復旧費の残額はすべて明治四〇年度から一般会計に移し換えられ、陸海軍省や各省のなかに費目を立てて割りふられた。この一般会計に移されたものは、「其ノ費用ノ多イト云フモノハ、復旧費若シクハ臨時事件費ノ引続キト云フコトカラ来タノガ多イ（中略）戦争中ノ費用ヲ其儘一般会計ガ引継イデ来ッタノデアル、是ハドウシテモ整理シテ往ッテ、漸次ニ収縮スルヨリ外ニハ手段ガナイ（中略）継続費ガ五億アル、其五億ノ中ニハ素ヨリ種々ナモノガアリマスガ、軍事費ガドウシテモ多イ、即チ軍事費ト申シテモ就中復旧費ガ多イノデアル、是ハドウシテモ復旧費ヲ止メルト云フコトニナラヌ以上ハ、之ヲ唯年限ヲ延バスヨリ仕方ガナイ[5]」と阪谷蔵相がその性格を説明している。一九〇七（明治四〇）年度における歳出の膨張は、新たな軍備拡張というよりも日露戦争復旧費という名の軍事費によるものが多かった。それ故に、それらを一般会計に繰り入れることについて、政友会が強力に反対することはできなかった。西園寺内閣や政友会にとって、それらの軍事関係費を抑制する方法は、年度割を改定し、その年度の費額を減少させ、年限を延長するよりほかに手はなかったと言ってよいだろう。

このような歳出増加に対応するため、臨時軍事費特別会計剰余金二億八六四二万円のなかから一億円を一般会計歳入に充用した。しかし、この一億円も、「復旧費ハ悉ク年割ヲ極メマシテ、四十年度以降ハ一般会計ニ要求スル事ニナリマシタ、ソレ等ノ財源ト致シマシテハ、此軍事費ノ剰ッタモノヲ以テ、公債ヲ消シテ、更ニ公債ヲ募ルヨリモソレヲ直グ移入レタ方ガ便利デアリ又相当デアラウト考ヘマス、詰リ、戦争ノ結果カラ生ジタ終始ノ臨時事件ノ費用ト云フモノハ、尚引続イテ要スルタメニ、其財源ニ充テルタメニ繰入レルト云フ方法ヲ執リマシタ」[6]と阪谷蔵相が説明しているように、一般会計全般の歳入不足に充用された訳ではなく、一般会計に移し換えられた臨時軍事費分に限定して振り向けられたのであった。それ故、明治四〇年度のように臨時軍事費特別会計からの「剰余金」繰入れが予定されない明治四一年度以降の歳入不足は一層深刻にならざるを得ない。衆議院予算委員会でこの「剰余金」について、「臨時歳出《（入カ）》ノ一億円、臨時軍事費ノ剰余金ガアリマス、アレハ先ヅ予算ノ表デ見ルト此四十年度ダケシカ這入ラヌ（中略）歳出ノ方ニモ凡ソ一億円前後ノ一年限リデ済ムモノガアラウト思ツテ調べマシタトコロガ、聊カ金ハ見エヌデモアリマセヌガ、ドウモ千万円ト上ツタ金ニハナイ、単リナイノミナラズ却テ四十一年度、四十二年度トズット跨ッテ出サネバナラヌモノガ多イ（中略）ソレナラバ歳出ノ方ニ一年限リノモノガナイトナルト四十一年度ニハ直グニ一億円ト云フモノハ歳入ノ方デ欠陥スル」[7]と指摘されていたごとくである。一九〇七（明治四〇）年度予算における歳入の剰余金は全く一時的なものであるのに対し、歳出における陸海軍復旧費は数年にわたる継続費であった。

　一九〇七（明治四〇）年度予算が議題となった第二三議会では、多年消極政策を唱えていた憲政本党さえも積極主義に転換してきたが[8]、皮肉なことにそれを支えるべき財政基盤は崩壊しかかっていたのである。政友会の有力代議士吉植庄一郎は次のようにその不満を表明している。「今日国民ヲ挙ゲテ悉ク積極主義ヲ唱ヘル絶好ノ機会ニ当ツテ居ルニモ拘ハラズ、政府ガ斯ノ如キ程度ノ拡張案ニ止メタト云フコトハ、ドウ云フ次第デアルカ、誠ニ其点ヲ遺憾ニ思フノデアリマス（中略）国民ハ是ヨリ以上ノ計画ヲ望ムコトハ本員ハ信ズルノデアリマス、本員ハ一夜造リノ積極論者デナイ、多年唱ヘテ居ル積極論者デアルガ故ニ、吾々ハ積極主義ヲ賛成ス、政府ハ積極主義ヲ報《（ママ）》ルモノナリト云フ、然ラバ政府ハ何故ニ積極主義ヲ執ラザリシヤ」[9]と。これに対して、内相原敬は、「先刻吉植君ガ積極的ト云フコトヂャナイト云フ話デアリマスケレドモ（中略）此度ノ日露戦争ハ是ト全ク趣ヲ違ヘテ居ルコトハ償金ト云フモノハアリマセヌカラ、之ヲ以テ大キナ仕事ヲスルト云フコトハ出来ナイ、又積極ノ方針ヲ採ツテ種々雑多ナ政府ノ方針トシテナスベキコトハ限リガナイカラ、サウスル訳ニモイカナイ、無暗ニ限リナキ事業ヲ起シテ、国力不相当ノ設備ヲスルコトモ出来ナイ」[10]と答えて、財源不足を認め、満ちあふれた積極政策の声にブレーキをかけようとさえしたのである。

明治四〇年度予算の段階で、第一次西園寺内閣の財政運営の行詰りは誰の眼にも明らかとなっていたのである。憲政本党の大石正巳が、「今年ノ予算ト云フモノヲ是認スルト云フコトニハ、必ズ来年以後此足ラヌトコロノ金ハ増税スルカ、或ハ借金スルカ、其二ツヲ此処デ是認スルト云フコトニナル」[11]のかと質問したのに対し、阪谷蔵相は「公債ナリ、増税ナリト云フコトヲ、経済上ニ於テ何等差支ノナイ場合ニハ、其公債増税ニ依ルト云フコトハ、政府モ避ケヌ積デアルト、斯ク御承知ヲ願ヒマス」[12]と言明し、翌年度の増税を否定しなかった。

一九〇七年一〇月にアメリカで起こった恐慌は、一九〇八年当初より日本経済に深刻な影響を与え、日本では日露戦後恐慌となった。この恐慌によって、第一次西園寺内閣の財政運営を支える公債募集は、全く不可能となった。公債募集の不可能は、明治四一年度の財政運営のなかで政友会員の期待していた公債支弁の各種事業費に影響したが、とりわけ影響が大きかったのは、「当初ヨリ公債ヲ以テ軍事費ノ大部分ヲ支弁スルノ経画《ママ》」[13]となっていた一般会計移用後の臨時軍事費分であった。陸海軍復旧費を中心とするこの臨時軍事費分は、「一億三七二〇万円アルヲ以テ内六三五〇万円ハ臨時軍事費ノ剰余ニ属スル現金ヲ以テシ差引残額七三七〇余万円ハ数年ニ渉リ支出ノ必要ニ応ジ公債ヲ募集シテ之カ財源ニ充ルコト」[14]となっているように、その半分以上は未募集公債[15]を財源として支出計画がなされていたからである。それ故に、第一次西園寺内閣の大蔵次官水町袈裟六は、その七三七〇万円について「今他ニ財源ヲ備ヘテ居リマセヌカラ公債ニ依ルト斯ウ見ナケレバナリマセヌ、是ハ八箇年ノ間デアリマスカラ、其ノ間ニ経常費ノ財源ノ方カラ繰替ヘテ使フコトガ出来ルヤウニナラヌトモ限リマセヌ」[16]と述べ、募債ができない場合、この七三七〇万円分を普通歳入から支弁することを否定しなかった。

一九〇八（明治四一）年度予算を議した第二四議会で問題となった酒税・砂糖消費税・石油消費税の三税増徴による約五〇〇〇万円の増収は、この未募集公債で支弁される予定であった一般会計移用後の臨時軍事費に充用されることになっていた。それは、「明治四十一年度歳計ノミニ付テ之ヲ観レハ計算上増税ノ必要ナシト云フヲ得ヘシ（中略）将来ニ於ケル収入ヲ確実ナラシメ必要ノ財源ヲ供給スルニ遺算《ママ》ナキヲ期スルカ為メ成ルヘク速ニ之ヲ実行スルヲ必要ト認メタルニ依ル」[17]とされ、「追加予算ニ於テ増税収入ヲ計上シ両々（増税と剰余金のこと＝筆者）相待チテ全体ノ歳入ヲ成スモノナリ」[18]と大蔵省主計局が説明しているからである。それ故、この三税増徴は、事業費の支弁とは全く関係なく、募債難による日露戦争関係費の埋め合わせに使用される財源だったのである。

以上のように、第一次西園寺内閣の財政運営は、明治三九年度予算ばかりではなく、明治四〇年度予算、四一年度予算とも日露戦争の膨大な軍事費の桎梏から抜け出すことができなかった。日露戦後財政の問題は、膨大な戦時公債の利支払いのみが問題だったばかりではなく、日露戦争後も長期間にわたり一般会計に移し換えられた日露戦費も重大な問題だったのである。それ故にこそ、日露戦後恐慌による募債難は、西園寺内閣の財政運営の破綻を決定的なものとした。第一次西園寺内閣の三年間にわたる財政運営は、日露戦争の財政的後始末に追われ続けたと言ってよく、政友会の唱える積極政策の財政的基礎をつくることはできなかったと言ってよいであろう。

こうしたなかで、鉄道建設だけでも軌道にのせたい政友会は、第二四議会に「鉄道特別会計ニ関スル建議案」を提出した。提案者の一人である井上角五郎が、「特別会計ヲ行フト云フコトハ（中略）営業費ノ支出ハ強チ一般会計予算ノ款項ヲ墨守シナイ、又其資金ノ支出ハ相当ナ方法ヲ以テ独立ナル運転ヲヤラシテミタイ、且日常ノ仕事ニ於テモ会計法ノ制裁ヲ成ルヘク免レタイ、斯ウ云フノガ大体ノ趣旨デアル」[19]と述べているように、公債の利子払いや臨時軍事費の支出に圧迫され続けている一般会計から鉄道会計を独立させ、安定している鉄道収益金の運用によって鉄道建設を推進させていこうとするものであった。しかし、この特別会計の運用においても、鉄道収益金を公債の利子払いに使用することによって公債募集を円滑にすることが前提であった。政友会の積極政策の中心となるべき鉄道建設すら募集が不可能に近い公債に頼ろうとするところに、第一次西園寺内閣の日露戦後の財政運営の破綻を示していると言えよう。

1 原奎一郎編『原敬日記 3』(福村出版社、二〇〇〇年)、一九〇頁。一九〇六年八月一日の記事。
2 大島清著『日本恐慌史論 上』(東京大学出版会、一九五二年)、三一九頁。
3 註1に同じ。但し、一八五頁。一九〇六年七月六日の記事。
4 『第二十三帝国議会、衆議院第一類第一号予算委員会議録』(一九〇七年一月二三日)、四頁。第二回予算委員会における阪谷芳郎蔵相の発言。
5 同前。
6 『第二十三帝国議会、衆議院第一類第一号予算委員会議録』(一九〇七年一月二五日)、二四頁。第四回予算委員会における阪谷芳郎蔵相の発言。
7 『第二十三帝国議会、衆議院第一類第四号予算委員会第三分科会(大蔵省所管)議録』(一九〇七年一月二八日)、六頁。第一回委員会における三輪新次郎の発言。
8 坂野潤治著『大正政変』(ミネルヴァ書房、一九八二年)、三〇～三九頁。
9 『第二十三帝国議会、衆議院第一類第一号予算委員会議録』(一九〇七年一月二五日)、三〇頁。第四回予算委員会における吉植庄一郎の発言。
10 同前。但し、三六頁。第四回予算委員会における原敬内相の答弁。
11 註4に同じ。但し、五頁。第二回予算委員会における大石正巳の発言。
12 註7に同じ。但し、七頁。第一回委員会における阪谷芳郎蔵相の答弁。
13 『第二十四議会、明治四十一年度予算参考書(主計局)』「第二、財政問答、其四」(旧大蔵省財政史室蔵)。

14 同前。

15 未募集公債とは、「元来臨時軍事費ノ財源ニ充ツルカ為メ法律上拾四億九二四二万一〇三五円（実収額）ノ公債募集ヲ認メラレタリ而シテ其既募集ニ係ルモノ、収入額ハ拾四億一八七三万一二二九円ナルカ故ニ差引七三六八万九八〇六円ハ臨時軍事費ニ属スル費目ノ財源トシテ尚之ヲ募集スルコトヲ得」（註13に同じ）とされているように、法律上の募債余力にすぎなかった。

16 『第二十四帝国議会、衆議院第一類第四号予算委員会第三分科会（大蔵省所管）議録』（一九〇八年二月一日）。但し、三頁。第一回委員会における大蔵次官水町袈裟六の発言。

17 『第二十四議会、明治四十一年度予算参考書（主計局）』「第二、財政問答、其三」（旧大蔵省財政史室蔵）。

18 同前。

19 『第二十四帝国議会、衆議院第六類第九号鉄道特別会計ニ関スル建議案委員会議録』（一九〇八年三月三日）、三頁。第二回委員会における井上角五郎の発言。

おわりに

第一次西園寺公望内閣がはじめての議会に提出した一九〇六（明治三九）年度予算は、第一次桂内閣がほぼ編成を終えてあったもので、戦時予算としての性格が強く、西園寺内閣が独自性を発揮できる余地はほとんどなかった。一般会計が、戦時公債の利子払いと日露戦争で損耗した陸海軍の復旧費を「時局関係費」という名目で抱え込み、そのほか、「通常経費」中にも日露戦争関係の費目による支出の増加があったからである。それ故に、日露戦争によって繰延になっていた事業費さえも「普通歳入」支弁からはずされ、公債支弁に移されて財源が不安定になってしまった。政友会が西園寺内閣に期待した政策を行う条件は全くなかったと言ってよい。

そうしたなかで、「鉄道国有」だけが政友会の積極政策をアピールできる政策であった。しかし、鉄道国有は、私有鉄道の買収に多額の公債を発行しなければならなかったため、公債価格の下落など公債市場を不安定にし、かえって事業費支弁のための公債発行を阻害することが予想された。そのため、日露戦争中の軍事公債を償却する国債整理基金を設けて公債価格を安定させようとはかった。また、公債の利子払いを円滑に実行して公債の信用を維持するために、日露戦争中の戦時非常特別税の継続をその利子払いに投入しようとしたのである。鉄道国有法と国債整理基金・戦時非常特別税の継続は三位一体となって、第一次西園寺内閣に期待する政友会員に応える政策となるはずであった。換言すれば、国債整理基金は、鉄道建設などの事業費を支える公債募集の条件をつくるはずだったのである。

しかし、一九〇七（明治四〇）年度予算、一九〇八（明治四一）年度予算とも、第一次西園寺内閣は政友会員が期待した財政運営を確立することができなかった。明治四〇年度には、日露戦費の収支を行っていた臨時軍事費特別会計が締め切られ、残っていた支出の全額が一般会計に繰り入れられ、財政的余裕が全くなかったからである。また、一九〇七（明治四〇）年から翌一九〇八年にかけての日露戦後恐慌によって、公債を募集できる経済環境が失われてしまったからである。こうして、一九〇八年に入ると、第一次西園寺内閣の財政運営は全く行き詰まっていたのである。

以上のように、本章は第一次西園寺内閣の財政運営を考察したものである。日露戦後のこの時期、政友会は議会ごとに議席数を増し、一九〇八年五月に行われた第一〇回衆議院議員総選挙で勝利して順風満帆なように見えても、財政運営を打開する糸口は全く見えなかった。第一次西園寺内閣は、政友会の事業展開への期待、商工業者の減税・廃税要求、陸海軍の軍備拡張要求を調整する財政的余力を全く失っていたのである。桂太郎や元老、財界の圧力も強まるなかで、一九〇九（明治四二）年度予算の編成に取り組まねばならない一九〇八年七月、第一次西園寺内閣は総辞職したのであった。

第六章

第二次桂太郎内閣と経済界

はじめに

第一次西園寺公望内閣の成立から大正政変による第三次桂太郎内閣の崩壊に至る日露戦争後の桂園時代は、日露戦後経営が推進されていく過程であると共に、それに伴うさまざまな矛盾が表面化してくる時期でもあった。日露戦後経営は、日露戦争以来の一五億円をこえる膨大な公債を抱えているなかで遂行されなければならなかったため、乏しい財源をめぐって諸勢力が対立を深めていった[1]。陸軍と海軍は新しい国際情勢に対応するために軍備拡張を要求し[2]、政友会は積極政策の一層の推進を求めた。また、日露戦後恐慌からの救済を政府に求めた商工業者は減税・廃税を求め、銀行業者などの金融業者は公債の安定した償却による資金の供給で経済界の救済を求めた。そのため、政治的諸勢力の利害の調整もいちじるしく困難となって利害対立も一層複雑なものとなっていったのである。

本章は、桂園時代の特質を理解するために、第二次桂内閣と商工業者との関係を考察したものである。その場合、桂内閣と商工業者との財政運営をめぐる関係に焦点をあて、第二次桂内閣の財政政策が、どのように商工業者の政治的動向と関わったのかを明らかにすることで、第二次桂内閣が商工業者を政権基盤にしようとし、そして成功しなかったかについて考えたいと思う。

1 高橋誠著『明治財政史研究』（青木書店、一九六四年）、第四章を参照。
2 増田知子「海軍拡張問題の政治過程―一九〇六～一四年」（『年報　近代日本研究四』山川出版社、一九八二年）。

1 国債償還政策による経済界救済

一九〇七（明治四〇）年一〇月にアメリカで起こった恐慌は、一九〇八（明治四一）年当初より日本に深刻な影響を与え、日露戦後恐慌へと発展した。[1] それに対応するため、銀行業者や全国商業会議所連合会に結集する商工業者は、公債による事業費支弁を唱える立憲政友会や第一次西園寺公望内閣の財政運営に反対し、日露戦後財政の改革を求めて新たな財政政策を要求した。しかし、財政政策の変更を求めた商工業者も、第二次桂内閣が成立するに及んでそれに期待し、織物業者や実業組合をのぞいて政府への運動を停止した。ここでは、商工業者や銀行業者の日露戦後恐慌以後の経済界救済要求をあとづけ、第二次桂内閣への期待と、それに対する桂内閣の対応を考えたいと思う。

銀行業者は、第一次西園寺内閣の総辞職直前の一九〇八年七月八日に三井集会所で催された鰻会において、「此以上増税もせず公債も募集せずして財政を整理する為め年々二千五百萬円乃至四千萬円の公債償還を行ふ可し」[2]という決議を上げたことに示されたように、この時期には経済界救済要求を公債償還策の一つにしぼりつつあった。彼ら銀行業者の集まりである鰻会は、一九〇七年三月には早くも不況救済のため公債償還を第一次西園寺内閣に建議し、[3] 第一次西園寺内閣への批判を強めていた。銀行業者は、経済界不況の原因が公債の累積にあるとし、不況の解決策として公債償還による市中の資金増加を求めたのである。手形交換所連合会も、一九〇八年四月に大会を開いて、公債償還運動を提起した。五月に入って、手形交換所連合会は、常任委員と公債に関する主査委員会を東京に集めて手形交換所連合会を開き、公債調査の方針と手続き、非募債主義、公債償還の時期、償還の方法、償還財源など五項目の調査項目を定めて基本方針を討議し、また租税の納期改正についても調査することとした。[4] それ以来、各地の手形交換所では委員を挙げて調査を開始し、八月四日と五日の両日にわたって東京で開かれた手形交換所連合会にその調査結果を持ち込み、五月の大会で調査することが決められていた公債整理と租税納期の改正が議題とされた。こうして、八月以降、明治四二年度予算編成を前にして銀行業者の公債償還要求は本格化した。それは、第二次桂太郎内閣が非募債・財政緊縮の綱領を八月二八日に発表したことから考えれば、[5] 手形交換所連合会と桂内閣の動きは照応していたのである。

この八月の手形交換所連合会は、公債整理の方法について、公債財源で賄われていた事業費拡大の阻止・非募債主義など七項目を第二次桂内閣に要求した。とくに、公債償還の方法については、「増税に依らずして財政の許す限り公債の償還を行ふ事、但し其額は毎年五千万を下らざるものとし現実に之を償還する事」「今後数年間に償還期限の到来すべき公債は逐次抽籤に依り之を償還する事」との二条件が出された。[6] 毎年五〇〇〇万円という巨額な公債償還と、抽籤償還によるより一層の上乗せ要求の主張は、まず市中における資金量の増加を求めた銀行業者の考えを露骨に示したものであった。手形交換所連合会会長である豊川良平は、八月一四日に桂太郎（蔵相を兼任）と若槻礼次郎大蔵次官に面会し、先の二条件を銀行業者全体の意向として要求した。[7] 銀行業者は桂内閣の財政政策に全面的な期待を寄せたのである。

同じように、八月の手形交換所連合会委員会で議題となった租税納期の改正問題も公債償還を強力に推進するために国庫資金の運用を円滑にしようとするものであった。この租税納期の改正について、手形交換所連合会は参考として神戸手形交換所が立案した調査書を桂太郎蔵相（首相と兼任）に提出した。神戸手形交換所の調査書は租税納期の改正の必要性について、「若し徴税其方法を誤り当事者の苦痛を等閑視するものあらんか、将来〔租税徴収量が＝筆者〕増加を見ざるのみならず、或は更に減退の恐なきを保し難し、単に之を財政々策より観るも断じて財源を涵養する所以の道に非ず、然らば如何にして此重税を徴収し、一面納税者の苦痛を軽減すると同時に金融の状況国庫の収支と調和せしめ以て此重要なる歳入の財源を涸渇せしむるなきを得べきか、是れ実に当面の問題なり」[8]とその意義を強調していた。この調査書には、租税の納期を変更してまでも国庫の資金運用を円滑化して公債償還を有利に実施させようという銀行業者の強い要求がにじみ出ていると言ってよいであろう。

このような公債償還による経済界の不況救済を前面に押し出した銀行業者の動きに、商工業者が結集する商業会議所も協同歩調をとった。一九〇七年一〇月、東京株式取引所が時の第一次西園寺内閣に対して財界救済策を建議した時、東京商業会議所も経済事情調査会を組織して東京株式取引所と共に運動することとした。二つの組織が連携した経済要求を行ったのは、東京株式取引所の理事長と東京商業会議所会頭がともに中野武営だったからである。[9]一九〇八年に入り、日露戦後恐慌が深刻さを増すにつれて、全国商業会議所連合会の経済界救済要求は、三税廃止よりも即効性のある公債償還要求を望む声が一層拡大していった。同年五月八日に大阪商業会議所の役員会が第一次西園寺内閣に提出した建議には、「吾人は今日の経済難局に處して大小二策の決行を政府当局に要望するの至当なるを断言して憚らざるなり、大策とは何ぞや、即ち遠因に対する根本的救治策して国家経済の適和中正を本位として財政を釐革是正する事是なり（中略）其所謂小策に関しては茲に一言して政府の速断実行を切望せざるを得ざるなり。小策とは何ぞや、即ち近因に対する応急策にして、現下に處して民間金融の利通を図り、商工業の困憊を防ぐ事是なり。即ち一面に於ては此際出来得る限りの手段を講じ、日本銀行正金銀行勧業銀行を介して、臨機適所に適量の資金を放出するを計ると同時に一面に於ては本年度に於て償還すべき国庫債券全額の償還を向ふ二ケ月に決行せんことを要望するものなり」[10]と述べられているように、緊急の恐慌対策として資金流通量の増加を要求し、具体的な方策としては国債償還を求めたのであった。このように、第一次西園寺内閣末期には、東京や大阪を中心にした商業会議所は国債償還を強力に要求するようになっていたのである。一九〇八年六月、全国の商業会議所は東京で連合大会を開いた。そこでは、前年末の三悪税反対運動をどう展開するかという議題と共に、関税調査要綱の討究、財界救済にむけての会議所の意見と対策などが討議されたが、とくに日露戦後恐慌に対する救済策が大きな比重を占めており[11]、東京や大阪の商業会議所の意向が全国商業会議所連合会に浸透してきたことがうかがわれる。

第一次西園寺内閣総辞職を受けて成立した第二次桂内閣が、非募債・財政緊縮による国債償還を打ち出してくるなかで、第二五議会への対応を話し合う全国商業会議所連合会が一九〇七年一二月に開かれた。開会にあたって、全国商業会議所連合会会長の中野武営は、六月以来の一九〇八（明治四一）年下半期の活動報告を行い、第二次桂内閣との交渉については「吾人の主張を容れ民力の休養に力を致さんとの答を得たり[12]」と述べ、桂内閣の政策に対する賛意を表わした。その上で、桂内閣の公債償還政策について、「吾人の要望の幾分を達し得たるものとして、吾人の之を多とし、之を賛するに吝ならざるものあり[13]」と全面的に賛成した。いわば、全国商業会議所連合会は、東京や大阪の商業会議所が主導する国債償還による経済界救済を主張することで、第二次桂内閣へ接近したのである。

第二次桂内閣の国債償還政策への全国商業会議所連合会の期待は、商業会議所が鉄道国有に伴う鉄道買収公債の早期交付も望んでいることから、公債償還による公債価格安定への期待でもあった。それ故に、第二次桂内閣は組閣後当面の大問題である鉄道買収公債の発行についての調査報告のなかで、「容易ニ其時期（発行時期のこと＝筆者）ヲ決定スルコトヲ得ザリシガ各鉄道会社ハ何レモ其交付ノ速了ヲ望ムノ状況ナルノミナラズ各地商業会議所及手形交換所ノ如キモ往々此事ニ関シ政府ニ建議スル所アリ[14]」と述べられているように、鉄道買収公債の発行が銀行業者ばかりではなく、商業会議所も大きく期待していることを指摘していた。即ち、第二次桂内閣は、鉄道買収公債発行の準備でもある国債償還政策によって、銀行業者のみならず商業会議所からも支持を受け、政権基盤にできる可能性を開いたのであった。

第二次桂内閣は、こうした銀行業者や商工業者の意向に沿い、それと密接に結びつき、協力を仰ぎつつ、その意向を利用するようにして国債償還を中心とする自己の財政政策を明確にしていったのである。その第一歩が国債償還方法の改善であった。第一次西園寺内閣下において、銀行業者は額面通りの国債償還を望み、従来の割引償還を中止し、抽籤による額面通りの償還を望んでいた。第一次西園寺内閣下の一九〇八年四月には、大阪で開かれた全国銀行業者の大会で抽籤償還の決議案が採択された[15]。その席上、来賓として出席していた大蔵省理財局長の勝田主計は銀行業者の意向に沿うことを言明したのであった[16]が、西園寺内閣下では政府の方針となるには至らず、割引償還が踏襲されていたのである[17]。それ故に、第二次桂内閣は、内閣成立後、蔵相を兼任した桂太郎は、具体的な財政運営の手初めとして割引償還を停止し、民間の資金需要を考慮して一九〇八年一〇月の国債償還から抽籤償還に変更して期待に応えようとしたのであった[18]。東京株式取引所理事の松岡辨が、「桂首相は多数官僚の反対ありしに拘らず、従来執り来れる公債の割引方法を廃し抽籤償還を断行し、国民の希望を容るゝに至りたるは大に市場の人気を強うするに至り[19]」と述べているように、割引償還から抽籤償還の償還方法の変更は、桂内閣に対する銀行業者・商工業者の期待を高めていった。

こうした状況のなかで、東京電燈社長の佐竹作太郎は、自身が政友会の代議士であるにもかかわらず、「新内閣が旧内閣に代りたる以上は多少国民の意志に副ふ方針を取る者と推定せざるを得ず、果して然らば今後我が財界は是より益々其財政の課題の膨張の為めに困却するが如きこと比較的尠く、大体に於て実業家は安堵し得るに至れりと謂ふも不可ならん[20]」と述べて、桂内閣に好意を寄せたように、第二次桂内閣は国債償還を中心とする財政運営によって経済界をまとめ上げたかに見えたのである。換言すれば、桂内閣は、公債償還への強い期待に応じることによって、銀行業者から商業会議所に結集する商工業者までもつつみ込める財政政策を提示できたのであった。第二次桂内閣は、初期議会以来の超然主義を唱える藩閥内閣とは異なり、議会外とは言え、銀行業者や商工業者の支持を取り付けて内閣を支える「政権基盤」としたのである。桂太郎の「一視同仁」政策は、財政政策の上で政策的基礎を持ったものであった。

1　大島清著『日本恐慌史論　上』(東京大学出版会、一九五二年)、三二五〜三四〇頁。

2 「財政整理に関する銀行家の要望」(『東京経済雑誌』一四四八号、一九〇八年七月一八日)、三三頁。
3 前島省三著『明治中末期の官僚政治』(汐文社、一九六五年)、二四一頁。
4 「国債調査に関する手形交換所聯合大会」(『東京経済雑誌』一四四〇号、一九〇八年五月二三日)、三一頁。
5 徳富蘇峰編述『公爵桂太郎伝　坤巻』(『明治百年史叢書』原書房、一九六七年)、七三四~七三五頁。
6 「全国手形交換所聯合会委員会の決議」(『東京経済雑誌』一四五一号、一九〇八年八月八日)、三三頁。
7 「国債及租税に関する全国手形交換所の建議」(『東京経済雑誌』一四五三号、一九〇八年八月二二日)、三一頁。
8 同前。
9 「東株取引所の財界救済策と東商の経済事情調査会」(『東京経済雑誌』一四一八号、一九〇七年一一月二日)、三四頁。
10 「金融緩和に関する大阪商業会議所の建議」(『東京経済雑誌』一四三九号、一九〇八年五月一六日)、三七頁。
11 「全国商業会議所聯合会」(『東京経済雑誌』一四四四号、一九〇八年六月二〇日)、三七頁。
12 「会議所聯合会」(『中外商業新報』一九〇七年一二月八日)。
13 「財政釐革に関する商業会議所聯合会の決議」(『東京経済雑誌』一四七〇号、一九〇八年一二月一九日)、三二頁。
14 「鉄道買収公債ニ関スル調査(明治四二年一〇月、臨時国債整理局第一課)」(水町文書、国立国会図書館憲政資料室蔵、第四冊財政三〇)。
15 「銀行業者大会への決議」(『東京経済雑誌』一四三六号、一九〇八年四月二五日)、三三頁。
16 「銀行大会における三大演説」(『東洋経済新報』四四八号、一九〇八年五月五日)、三六頁。
17 「割引踏襲の理由」(『東洋経済新報』四五五号、一九〇八年七月一五日)、八六頁。
18 「抽籤償還の理由」(『東洋経済新報』四五八号、一九〇八年八月一五日)、三五頁。
19 「目下の株式市場(松岡辨談)」(『東京経済雑誌』一四五一号、一九〇八年八月八日)、二四頁。
20 「今後の財政(佐竹作太郎談)」(『東京経済雑誌』一四五〇号、一九〇八年八月一日)、二六頁。

2 第二次桂太郎内閣をめぐる経済界の動向

日露戦後恐慌の救済と日露戦後財政の打開を国債償還政策によって一挙に解決しようとはかった第二次桂太郎内閣に対して、全国商業会議所に結集する商工業者は、国債償還のみに期待を寄せている訳ではなかった。桂内閣の国債償還のみにしぼった財政運営について、『東京経済雑誌』の社説は、「一に重きを国債整理に置きて他の急務即ち悪税廃止及び国有鉄道資金供給の如き問題には言及せざるなり、又国債整理の財源を得る方法に関しても具体的の説明を与へざるなり」[1]と批判し、「公債償還の成るべく多からんは望ましきも、他の要務と緩急得失を比較」[2]した幅広い視界からの財政運営を望んだのである。前に述べた第二五議会をめざして一九〇八（明治四一）年一二月に開かれた全国商業会議所連合会で議題となったものは、鉄道速成並改善、肥料取締法及規則改正、電話度数制問題、前年以来の財政税制改革の四つの問題であった。[3]財政改革に関する実行委員会では、桂内閣がとりつつあった財政運営について激論が争わされ、[4]採択された決議でも、桂内閣の公債償還政策に賛成しつつも、税制改革に対しては「未だ全く何等の計画せる所あるを見ざるなり」と非難し、「偏武的財政改革」の是正を求めたのである。[5]

しかし商業会議所の三悪税廃止の声に向かっては、桂内閣の財政当局者は再三その不可能を言明していた。大蔵省の菅原内国税課長は「我国今日の財政は塩専売通行税織物税の一部又は全部の廃止によりて生ずる二千萬乃至三千萬円の歳入の欽陥に堪ゆる能はざるものなれば（中略）三税廃止の声如何に囂々たるも到底永久に之が解決を見るの期なかるべし」[6]と三悪税廃止の要求を否定し、第二次桂内閣の大蔵次官である若槻礼次郎も「織物、通行、塩専売の如き実施以来兎角の批評あれども年を経るに随ひ漸次好成積《ママ》を収めつつあるの状態なれば、今日に於て之を廃止し、更に他に財源を求むることはできない」[7]と明言していたのである。銀行業者も三悪税廃止に対しては冷淡な態度を示していた。第百銀行の取締役であった池田謙三は、「〔銀行業者が＝筆者〕国債整理の財源を得るの方法に就て具体的説明を与へざりしを非難する者無きに非ざるが、悪税の廃止、財源の整理は実際其局に当れる者に非ずんば之に就て断案を下すこと困難なるのみならず、之は政府当局者の方寸にあるが故に、銀行家として之に容喙するは職務の範囲外にあるを信じ之に言及せざりしなり」[8]と三悪税廃止については冷淡に述べていた。当時の財政状況から言って、三悪税の廃止と国債償還を両立させることはできなかったのである。言わば、財政的に三悪税の廃止と国債償還による経済界救済は、政策的に二者択一であった。

国債償還によって三悪税廃止の可能性がなくなったことに対し、全国商業会議所連合会は一九〇九（明治四二）年二月に入って三悪税廃止を衆議院各党へ働きかけ、二月一三日に全国商業会議所連合会大会を開いて税制整理を望む建議案を採択したのであった[9]。そこでは、「其議会ニ若シ三税廃止案ガ通過シマセヌトキハ少クトモ租税三億円余ノ中三千萬万以上ヲ軽減スル趣意ヲ以テ税法調査会ヲ起シテ貰ヒタイト云フコトヲ希望スル」[10]（東京の大橋新太郎）という意見や、「即チ此三税ノ廃止ハ此成否ニ拘ラズ大体標榜致シマスル事柄ノ中税制整理ノ事ハ来年即チ四十三年度ノ議会ニ予算ヲ提出スルトキニ於テ税制整理案ヲ提出サレル、ソレハ即チ減税ノ意味ニ於テ整理シ議会ノ協賛ヲ求メラレルヤウニシタイト云フ趣旨ヲ建議ノ中ニ入レテ貰ヒタイ」[11]という意見からわかるように、三税の廃止ができなくても、必要最低限の減税は望んでいたのであった。

商業会議所の商工業者は、税制整理による負担軽減の要求を根強く持っていたが、鉄道敷設など事業の拡大要求も根強かった。大阪商船社長の中橋徳五郎は、桂内閣がその綱領の一つとした鉄道の独立会計について、「鉄道電話の如き生産的事業にありては（中略）独立会計の制度を採りたりとせんか、租税収入による支弁費は其国民の負担力に鑑み適宜に繰延支弁し得べく、鉄道等の生産的事業費は之れと何等交渉することなく、単に産業の発達と鉄道収益の情勢に察し、自由に建設改良を企て得べし、従て一般会計の制肘を脱却することを得べし」[12]と述べているように、桂内閣の政策に賛意を示しつつ、鉄道特別会計設置を鉄道建設拡大から評価し、事業の進展に期待を示す実業家もいたのである。銀行業者のなかには、三井銀行理事の波多野承五郎のように、「増税は可なり、事業の繰延に至っては絶対に吾輩の同意する能はざる所なり。軍事、交通、運輸、教育、一として目下必要の事業にあらざるはなし[13]」と言って、事業の進展こそが日露戦後経営の中心であると考える銀行業者もいた。丁酉銀行取締役の清水宜輝は、「減債基金の増加を図り、国債を償還すれば能く公債相場を維持することを得べく、国債所有者には利益あれども、税法にして根本的に改善せられざらんには、一般国民は尚困難なるべきを以て、一方に国債を償還すると同時に、他方には税法を改正して一般国民の負担を軽減若しくは公平ならしめざるべからず[14]」と述べて、税制整理の必要性を説く銀行業者もいた。桂内閣の国債償還一辺倒の経済回復策に強い疑問を表わす実業家や銀行家もいたのであった。

このようななかで、経済界の救済策をすべて国債償還に収斂させた第二次桂内閣の政策は、それを支持していた実業家や銀行業者・商工業者をだんだんと分裂させていった。一九〇九年一月一日、『中外商業新報』は、経済界の主だった人たちによる新年の経済予想を特集した。そのなかで、渋沢栄一は「我財界も官民の戒心勤勉と政府が民意を納れて国債の整理を実行せる結果稍恢復の兆現れ来れるは同慶に耐えず[15]」とし、安田善次郎も同じように「政府の財政方針にして今の如く進み国民又之に信頼するに至らば今年の財界は先ず好況と言ふの外なし[16]」と述べて、ともに国債償還による桂財政への楽観論を述べたのに対して、大倉喜八郎は「今年は極めて好況ならん但し一部の説く如き活躍は望み難し[17]」とその不安をかくさず、三菱の荘田平五郎も「世人は国債の償還を謳歌すといえども、余は現政府が国債の償還を急とし其余力を以て税法の改正をなさゞりしやを疑問とす[18]」と述べていた。桂内閣と結びついていた実業家のなかにも桂太郎の財政政策に不安を持つ人々もいたのである。国債償還が経済不況の回復には必ずしもつながらないことが明らかになるにつれてこうした声は大きくなった。「既に租税の圧迫にして斯の如しとせば、財界の恢復は益々遅緩なるべく、従て倉庫業の閑散は容易に消滅するに至らざるべし[19]」(倉庫業の武市利実)と租税の軽減を望む声が強くなる一方、三井の波多野承五郎は「今日の公債償還資金は(中略)所謂積極的政策、換言せば事業の拡張に振り向けんことを希望するものなり[20]」との声を一層大きくする者もいたのであった。『東洋経済新報』の社説も、「先づ非募債主義の鉄鎖を去れ」と主張し、「非募債主義の妙薬も今や之に反し事業の発展を抑へ、国運の伸張を阻害するの大毒薬と化し去れり」[21]とまで言うようになり、声高に桂内閣の財政運営を批判するようになった。桂内閣は、組閣後一年を経過しないうちに、国債償還政策に対する経済界の全体的支持を失いつつあったのである。

一時、銀行業者と共に国債償還による経済界救済に期待した商業会議所も第二次桂内閣への不信を明らかにしていった。先に述べた一九〇九年二月の商業会議所連合会の席上、大阪の法橋善作は「吾ガ大阪ノ如キハ昨冬来本年ノ春ニナッテハ経済事情モ多少好クナルデアラウト楽ンデ居ッタ、殊ニ政府ト銀行ト妥協ノ結集五千万円ヲ償還スル事ニナッテ秋ノ下半期ニハ余程好イ時期ガ到来スルデアラウト楽ミニシテ居ッタ、然ルニ春以来益々商況ガ悪イ、山陽、九州辺ノ有様モ益々面白クナイ[22]」と述べ、国債償還が経済界の回復につながっていないことを指摘し、名古屋の上遠野富之助も「名古屋ナドハ実ハ其公債償還ヲ余計ニスルヨリハ営業税、所得税ヲ少シ減シテ貰フ方ガ大変有難イト云フ意味カラ来タ[23]」と述べた。

各地の商業会議所は、桂内閣の緊縮財政による事業費支出圧迫に大きな危惧を抱いていたことも忘れてはなるまい。第二次桂内閣成立直後の一九〇八年八月、名古屋商業会議所は中央西線建設について独自に行動し、逓信大臣に建議書を提出した。そこでは、「残部ニ対スル建設工事ハ最初明治四十五年度完成ノ予定ナリシモ更ニ明治四十八年ノコトニ繰延ヘラレタリト聞ケリ[24]」と工事遅延に対する懸念を表明していた。また、酒田商業会議所では、一九〇八年一二月、会頭らが酒田・新庄間の鉄道急設に関して東北各地の商業会議所を歴訪し、各会頭連署の意見書を携えて政府に懇請したという[25]。このように、鉄道建設計画は、商業会議所連合会の一つの大きな関心事であり、長野商業会議所が提出した北陸鉄道各線、中央西線、富山直江津線、岩越線の速成と改善についても協議され、それぞれ関係ある名古屋、高崎、新潟、仙台、長野、京都、東京の七つの商業会議所に付託されたのである[26]。これらの各鉄道については、一九〇八年秋に長野で開かれた一府十県の商業会議所連合会及び北陸連合会においてまとめられ、その建設要請が積み上げられたものであった[27]。それ故に、平井鉄道院副総裁は、商業会議所連合会の要請に対して、「中央西線、直富線、岩越線、山陰線、鹿児島線は本年度に於て財政上手心を以て繰延べられたる分は来年度に於て補填する」[28]と答えねばならなかった。とくに大都市の商工業者と比較して構成員である商工業者の規模が小さい地方の商業会議所は、鉄道建設などの地方利益には熱心であった。商業会議所全体としては、国債償還が経済界全般の救済に直接結びつかないことがわかるにつれて鉄道速成や税制整理による減税要求を強め、第二次桂内閣から離れた立場をとるようになった。東京や大阪の商業会議所が国債償還による景気回復に期待したのに対し、地方の商業会議所は鉄道の速成や減税に期待したのである。[29]全国商業会議所はその結集力の弱さをさらけ出したのである。中野武営は全国商業会議所の桂内閣に対する政治運動を次のように総括しなければならなかった。「商工業者が漸く消極的行動を取り動もすれば自己の利権を蹂躙せられたるは畢竟するに、商工業者が団結力を乏しく政治的勢力なかりしに其因せり（中略）只注意すべきは是等の商工業者の政治団体と商業会議所を混同せざるにあり、商業会議所は商工業者の団体にして一定の資格ある商工業者は必ず之に加入し、費用を負担し、濫りに脱退し得ず、一言に尽せば商工業発展の機関たるに過ぎず、毫も政治的意味なく純然たる経済的機関なるが故に商業会議所を政治の渦中に入るるは誤れり、余輩は商工業者の代表者たる議員の鞏固なる一団を形成し、其政治運動に由りて商工業者を擁護するの甚だしく急務なるを認めざるを得ず」[30]と商業会議所による政治活動の限界に言及している。

第二次桂内閣の国債償還政策の続行は銀行業者の支持すら失いかけていた。一九〇九年四月、同年度の国債償還予定額五〇八〇万円の一部である二〇〇〇万円の償還を行おうとした時、政府は国庫の資金運用状況、国債市価への影響、民間金融界への影響など三点にわたる調査を行った。前の二点についての政府の状況分析は、「四月中ニ於テ二千萬円ノ国債償還ヲ行フハ国庫金繰上ヨリ言ヘハ最モ好都合ナリトス（中略）国債価格維持増進策トシテハ最モ機宜ヲ得タルモノトナリトス」[31]と報告され、好都合という分析結果であったが、一方、金融界への影響については、「目下ノ金融状況ハ昨年三四月ノ頃銀行業者ガ国債償還ヲ渇望シタル当時ト甚シク其趨勢ヲ異ニシツ、アリ」[32]とされ、「今ヤ銀行業者ハ資金ノ運用ニ苦シミツ、アルコトハ疑フヘカラザル事実ニシテ（中略）本年四五月ノ頃金融緩慢ノ度一層甚シキヲ示スコトアラハ銀行業者中或ハ却テ国債償還ノ時機其ノ宜シキヲ得サルヲ説クモノヲ生スルコトナキヲ保セス（中略）故ニ目下東京大阪ノ大銀行ノ第一渇望ハ大蔵省証券ノ増加ニアリト云フトキハ敢テ非難スルモノナカルヘキモ国債償還カ証券償還ト相続キ行ハル、トキハ或ハ多少ノ批評ヲ招クコトナシト云フヘカラス」[33]と報告されていた。銀行業者は、国債償還による資金のだぶつきを大蔵省証券の発行で吸収してほしかったのである。銀行業者の支持を取り付けるため、金融緩慢への対処法として、政府内部では「国債償還ノ結果約二億円ノ現金市場ニ散布スルコト、ナリ（中略）此際金融市場調節ノ必要上民間市場ヨリ資金吸収ノ急務ナルコト亦論ヲ待タス」[34]との認識から、「鉄道会計法ニ於テモ公債及借入金等ヲ以テ其建設改良費ニ充ツルコトヲ既定セリ今ヤ内地金融ハ空前ノ緩慢ノ状態ニ在リ仍テ該資金ヲ市場ニ求ムルノ手段ヲ取ルハ時機ヲ得タルモノト信ス」[35]という意見が政府内部からも出始めていたのである。非募債・緊縮財政を標榜する桂内閣の内部で短期とはいえ、公債や鉄道債券の募集を考えるようになったことは、国債償還がかえって経済を混乱させるものになっていたことがわかろう。

このような財政運営によって引き起こされた経済混乱に対応するため、一九〇九年に入ってから桂内閣はさまざまな手を打たねばならなかった。そのはじめが不況の克服策について実業家の意見を求めたことであった[36]。桂太郎は、「最近ニ於ケル我工業界ハ内外ノ経済情勢ニ伴ヒ不振ノ状態ニ在リト雖欧米経済界恢復ノ時期モ遠キニアラサルヘキニ付機宜ヲ失セス事業ノ恢復発達ヲ図ルノ必要アリ依テ左ノ諸点ニ関シ諸君ノ御意見ヲ承ハラントス」と経済の不振を認め、それへの対応策を一五項目にわたって意見を求めた[37]。それらのなかで、とくに注目すべきものは、第一に「事業経営上著シク不便又ハ不利益ナリトスル事情ナキヤ」「事業資金供給ノ実況[38]」などの資金供給に関わる銀行業者と実業家との関係についての質問であり、第二には「内国生産者ト貿易業者トノ現下ノ関係如何及此等ノ関係ニシテ大ニ改良ヲ加フヘキモノナキヤ」「同業者間ニ於テ一致団結ヲ欠ク為メ商業貿易等ニ於テ不利益ヲ被ムルカ如キコト之ナキヤ[39]」に見られる実業家同士の対立に関する質問であった。第二次桂内閣を支持してきた銀行業者・実業家・商工業者の間に深刻な対立が起きていたことを桂自身も認識していたのである。

第二五議会終了後の一九〇九年四月二日、一年ぶりで銀行業者の饅会が開かれ、経済界の不振が問題とされた。その会の状況を『中外商業新報』は次のように伝えている。「僅々一年間の変遷に拘わらず是等経済的現象は頗る順調の域に進みつつあるも其以外の一般景気は兎角沈衰して不振の状にありて当春来日糖の破綻東洋汽船の欠損等会社事業の困憊続出し今尚ほ十分なる回復の実を見ず是れ亦従来金融業者と会社事業との連絡を十分取らしめずして資金の融通を与へし如き其一因たるを失はず（中略）会社事業の発展を期せんとする意見にして、金融業者、貿易業者、工業会社、運輸業此の四者の連絡を強固ならしむる」[40]必要が話し合われたという。銀行業者も実業家との対立を懸念していたのである。それへの対応として、桂首相は財界人を集めた私的な諮問機関をつくることになった。四月二〇日、桂首相は先の四業者（銀行業者、貿易業者、工業会社、運輸業者）の主な者を首相官邸に招き、「四者相互の連絡を期するは財界発展上資する所尠少にあらずと云ふに帰着したるを以て今夕茲に諸君を招じ之に対する所見を聞くを得ば啻に相互裨益する所ある而已ならず、執政の局にある者をして参考たらしむる所蓋し多大ならん希くは忌憚なく意見の交換を望む」[41]と述べた。この「財界振興会議」には、政府側から桂首相をはじめとして一〇名が出席し、財界側からは渋沢栄一、豊川良平、武藤山治、大倉喜八郎など二五名が参加した[42]。桂太郎は国債償還政策によって対立を深めた銀行業者と実業家とをもう一度桂内閣支持でまとめたかったのであろう。

それ故に、これ以後、「財界振興会議」はこの年の六月四日、六月二五日、七月三〇日、一一月二九日と開かれてさまざまな意見交換が行われた。とりわけ重要なものは、日露戦争時募集された国債の借換を控えた財政運営をめぐるものであった。六月四日の会議では「大倉喜八郎氏は此際政府が国債償還を見合わせ其資金を事業資金に振り向けては如何との質問を発したるに引続き、豊川良平氏は既に本席に於ても此の如き質問が発せらるゝ位なれば世間に於ても或は政府が昨今の金融状態を察して国債償還を見合すが如き事あらずやと思ひ惑ふ者なきにあらざるべしと思はる、が政府の所見は如何と質した[43]」と報じられているように、国債償還の遂行を迫る豊川良平と国債償還を中止してその資金を生産的事業費に振り向けることを主張する大倉喜八郎の意見は真向から対立していた。銀行業者と実業家の意見の相違は広がるばかりであった。これ以後も、豊川良平は地方公共団体が発行し始めた地方債の発行を制限することによって国債価格への悪影響を除くように主張すると共に[44]、国債所有を国民全体に広げるために貯蓄銀行の供託金や保険会社の責任準備金を国債積立とするように提案し[45]、国債償還を推進する立場からのみ発言している。国債の借換時期が迫ってきても、「財界振興会議」の意見は全く統一のとれないものとなっていった。一一月二九日の会議において、桂首相は「民間の景気は其後更に恢復に向はざるのみならず近来益々不況を加へんとするの傾なきに非ず[46]」と述べ、危機感を表わして不景気の原因、実況、影響、見込み、対策などについてメンバーの意見をたずねたが、それに対する意見は「或は無暗に人為的方法によらんよりも自然に放任すべしと説くあれば否放任主義も不可なり鉄道電話等の生産事業は□《不明》て為されたしと云ふあり一人が内国税を減ずべしといへば他の一人は関税改正に注意すべし[47]」というように混乱を極めたのであった。こうして国債借換に向けて「財界振興会議」によって銀行業者と実業家との意見を統一し、政策遂行のための基礎にしようとした桂の意図は破綻したのである。国債の借換が終った翌一九一〇（明治四三）年六月、半年ぶりで開かれた「財界振興会議」において、桂首相は国債借換が経済界に及ぼした影響などをたずねたが、実業家側からは何の意見も出なかったということである[48]。

国債借換の実施過程で実業家たちの銀行業者に対する反発は決定的なものとなった。三井銀行などの有力銀行が、国債の低利借換準備のために預金利子を引き下げたからである。実業家たちは「今日大銀行をして率先して斯る振舞ひを演ぜしむるは畢竟我経済の根底に於て一大病源の横はるもの存ぜずんばあらざるなり[49]」と批判したのであった。それ故に、「公債借替の実状を忌憚なく謂へば、政府は目下の金融緩慢に乗じて急遽出来得る範囲に於て巨額の借替を断行し、以て公債利子の節約に依って公債政策の萬歳を図らんとするものにして、其借替さ《ママ》へ成功すれば萬事終れりと謂ふも可なり

（中略）利益するものはシンジケート銀行者流なりと謂ふべし[50]」とする不満は広がっていたのである。国債借換は銀行業者も困難な立場へ追い込んでいたのである。一九一〇年七月、第百銀行の池田謙三は、「（国債借換と金利低下で＝筆者）銀行は殆ど凶年とも云ふ[51]」状態になったと言い、日本興業銀行総裁添田寿一も「金利の低落、遊資の増加を来たし金融業者の困難は決して尠しとせず本行の如きも此間に處して苦心する所あり[52]」と認めなければならなかった。

このように国債償還政策と国債借換の一連の政策を強行した桂首相に対する経済界の失望は大きかった。三井物産の波多野承五郎は、「元来我が政府の官吏なるものは財界の事情に通せず、徒に杓子定木《ママ》を以て事を律せんとするの弊なきに非ず、政府は年々五千萬円以上の国債償還を為すに決定するや、昨今の如く金融頗る緩慢にして民間に於て別に資金の必要を感ぜざる時に際し、陸続其償還を遂行するが如き杓子定木《ママ》と云はざるを得ず（中略）斯くの如く我が政府の官吏は実業界の状況を察して塩梅するの途に出でず、只法律を根拠として之に依りて其威厳を保たんとするが故に、政府と実業界とは其聯絡甚だ薄弱にして、政府は実業界以外に別種の天地を為す、是れ豈実業振興を斯《ママ》し得べき所以ならんや[53]」と桂内閣の財政運営を批判した。経済界との一体性を唱導して出発した桂内閣はこのように総括されたのである。経済界を救済する切り札であるとした国債償還政策によって、当初は銀行業者・実業家・商工業者の一致した支持を取り付けた桂内閣は、商工業者からの支持を失ったばかりでなく、実業家・銀行業者からの支持も失ったのであった。

1　「銀行家の財政建議」（『東京経済雑誌』一四五一号、一九〇八年八月六日）、四頁。
2　同前。
3　「全国商業会議所聯合会」（『東京経済雑誌』一四七〇号、一九〇八一二月一九日）、三三三頁。
4　「会議所聯合会」（『中外商業新報』一九〇八年一二月九日）。
5　「財政釐革に関する商業会議所聯合会の決議」（『東京経済雑誌』一四七〇号、一九〇八年一二月一九日）、三三二頁。
6　「三悪税の廃止難」（『東洋経済新報』四五八号、一九〇八年八月一五日）、三七頁。

7 「三税廃止に関する当局者の意見」(『東洋経済新報』四七〇号、一九〇八年一二月一五日)、三三頁。
8 「国債整理に就て(池田謙三談)」(『東京経済雑誌』一四五三号、一九〇八年八月二二日)、一八頁。
9 「商業会議所聯合会の活動」(『東京経済雑誌』一四七九号、一九〇九年二月二七日)、三三頁。
10 『臨時商業会議所聯合会議事速記録』(東京商工会議所資料室蔵、一九〇九年二月)、六八頁。
11 同前。
12 「鉄道独立会計問題(中橋徳五郎談)」(『東洋経済新報』四五四号、一九〇八年七月五日)、一二頁。
13 「財政策について(波多野承五郎談)」(『東洋経済新報』四三六号、一九〇八年一月五日)、一五頁。
14 「財界時事談(清水宜輝)」(『東京経済雑誌』一四五七号、一九〇八年九月一九日)、一八頁。
15 「新年一家言」(『中外商業新報』一九〇九年一月一日)。
16 同前。
17 同前。
18 同前。
19 「即今の財界と倉庫業(武市利実談)」(『東洋経済新報』四八五号、一九〇九年五月五日)、二二頁。
20 「積極的政策を採れ(波多野承五郎談)」(『東洋経済新報』五〇五号、一九〇九年一一月一五日)、一七頁。
21 「先づ非募債主義の鉄鎖を去れ(社説)」(『東洋経済新報』四九六号、一九〇九年八月二五日)、四頁。
22 註10に同じ。但し、三七頁。
23 同前。但し、六〇頁。
24 名古屋商業会議所編『名古屋商業会議所五十年史(第二部)』、一一六頁。
25 商業会議所聯合会編『日本商業会議所之過去及現在』(一九二三年)、四〇頁。第四二章、酒田商業会議所。
26 「商業会議所聯合会」(『中外商業新報』一九〇八年一二月九日。
27 『臨時商業会議所聯合会議事速記録』(東京商工会議所資料室蔵、一九〇八年一二月)、一六頁。
28 「全国商業会議所聯合会」(『東京経済雑誌』一四七〇号、一九〇八年一二月一九日)、三三頁。
29 岡山商業会議所の森書記長は次のように述べて、地方利益の問題が商業会議所連合会の議題となるかどうかたずねた。「私共地方ニ於キマシテモ陰陽連絡線ノ速成問題ガ近時ヤカマシクナッテ居リマス、ソレニ付イテ聯合会ノ御詮議ヲ願ッテ之ニ期限ヲ与ヘテ置クコトガ出来レバ甚ダ結構ト存ジマスガ、斯ノ如キ比較的利害ノ一地方ニ限ラレテ居リマス問題ヲ此聯合会ノ御評議ヲ煩スノハ如何ト差扣ヘテ居リマシタ、就イテハ如何ナル程度ノ問題マデ提出シテ差支ナキモノデアリマセウカ、参考ノタメニ承ツテ置キタイ」と（註27に同じ。但し、二二三頁）。

30 「商工業者の政治的勢力（中野武営談）」（『東京経済雑誌』一六〇〇号、一九一一年六月二四日）、二二頁。

31 「国債償還ニ関スル調査（明治四二年）」（勝田文書、国立国会図書館憲政資料室蔵、第二九冊国債六四）。

32 同前。

33 同前。

34 「鉄道債券発行ニ関スル意見（明治四二年九月）」（勝田文書、国立国会図書館憲政資料室蔵、第二九冊国債六四）。

35 同前。

36 この諮問にこたえたのは、原富太郎（第二銀行頭取）、和田豊治（富士瓦斯紡）、日比谷平左衛門（富士瓦斯紡）、浜口吉右衛門（富士瓦斯紡）、高橋新吉（日本勧業銀行総裁）、野沢源太郎（貿易商）、益田孝（三井）、荘田平五郎（三菱）の八人である。

37 「本邦事業恢復ニ関スル実業家ノ意見書（明治四二年二月）」（勝田文書、国立国会図書館憲政資料室蔵、第四〇冊企業三）。

38 同前。

39 同前。

40 「久振りの鰻会、首相と銀行家の会見」（『中外商業新報』一九〇九年四月三日）。

41 「桂侯実業家招待、有益なる座談交換」（『中外商業新報』一九〇九年四月二一日）。

42 同前。

43 「（社論）国債償還の遂行、預金利子引下の必要」（『中外商業新報』一九〇九年六月八日）。

44 「実業家の招待会」（『中外商業新報』一九〇九年六月五日）。

45 「財界展開の擬議」（『中外商業新報』一九〇九年六月二六日）。

46 「第五次財界振興会」（『東京経済雑誌』一五一九号、一九〇九年一二月四日）、四〇頁。

47 「実業振興会」（『国民新聞』一九〇九年一一月三〇日）。

48 「財界振興会」（『東京商業会議所月報』第三巻第六号、一九一〇年六月二五日）、一七頁。
49 「預金利子引下不可（某実業家）」（『東洋経済新報』五一二号、一九一〇年一月二五日）、一七頁。
50 「金融の前途と公債市価（某実業家）」（『東洋経済新報』五一八号、一九一〇年三月二五日）、一六頁。
51 「銀行の本年度上半期成績と金利（池田謙三談）」（『東京経済雑誌』一五五〇号、一九一〇年七月九日）、一七頁。
52 「添田興銀総裁演説」（『東洋経済新報』五三二号、一九一〇年八月一五日）、二九頁。
53 「官吏と財界（三井物産株式会社参事波多野承五郎）」（『東京経済雑誌』一五二四号、一九一〇年一月八日）、一九頁。

おわりに

以上のように、本章は第二次桂太郎内閣と銀行業者・実業家・商工業者との関係について論じたものである。経済界との関係を桂内閣の国債償還政策との関わりのなかで問題としたのは、日露戦争中の膨大な戦時国債への対応をかかげながら日露戦後経営を遂行していかなければならなかった桂園時代にあって、財政政策やその運営のなかにさまざまな政治的関係や対立が集約的に表われているからである。

第一次西園寺公望内閣下における増税反対運動は商工業者を一つの政治勢力に押し上げた。一方、第二次桂内閣は日露戦後恐慌からの経済界救済を国債償還に求め、桂内閣の財政運営は一時、経済界全体に支持された。第二次桂内閣は、「藩閥官僚内閣」とは言え、銀行業者・実業家・商工業者という政権基盤とは言えないまでも、桂の財政政策を支持する政治勢力を獲得したのである。

しかし、国債償還の遂行は経済界を救済するどころか、経済界の混乱を助長させた。また、商業会議所に結集する商工業者は国債償還だけを望まず、三悪税廃止とともに地方における事業の進展を望むものも多かったのである。これらが不可能とわかると、一時、桂内閣を支持していた商業会議所は桂内閣から離れていった。

国債償還による金融緩慢は預金利子の低下を招いていた。預金利子の低下は、日露戦時国債の借換時期が迫っていた桂内閣の低利借換には好都合であったが、経済界の混乱をより一層助長させて、実業家たちの批判を招き、さらに銀行業者までも失望させた。国債償還と国債借換の遂行は、日露戦後財政にとって必須の課題であったが、経済界の期待を裏切り、予想をこえた混乱を招いた。桂内閣の財政運営は経済界全体の失望をこうむった。

桂太郎の「一視同仁」政策は、第二次桂内閣の政策が議会内外のさまざまな政治勢力の支持を取り付けた自信の表現であったように思う。しかし、日露戦後恐慌から経済界を救済することができずに経済界の支持を失った桂太郎は、政友会との妥協のなかで政権を維持していくという桂園体制の枠内にもどることとなったのである。

あとがき

本書は、私が今までに発表した日清戦後から日露戦後に至る明治後半期の政治史に関する論稿を中心に編んだものである。この明治後半期の近代政治史は、現在に至るまで錚錚たる研究者が研究業績を積み上げてきた時代・分野であり、どれだけ新しい知見を加えることができたかについては、はなはだ心許無い。しかし、まだまだ理解が不十分と思われるところも見受けられ、通説的理解が定着している事項でもより深く検討することによって少しは新しい地平を切り拓くことができたように思う。

まず、この本は、四五年も前のことになるけれども、坂野潤治先生との出会いがなければ出来上がらなかったことを記しておきたい。私が千葉大学人文学部史学専攻の三年生の時、千葉大学へ赴任された坂野先生が語られる斬新な近代政治史の方法論に魅了されてしまったからである。坂野先生の研究室で近代文書講読の手解きを受けながら、私たちに語ってくれた近代政治史の視角に眼を見張る思いであった。卒業論文は下総の国学と決めていたのを、近代政治史へと変更してしまった。坂野先生に教えを受けて人生を誤ったのは、私が嚆矢であると密かに自負している（坂野潤治著『明治国家の終焉―一九〇〇年体制の崩壊』、ちくま学芸文庫、二〇一〇年刊。空井護氏の「解説」を参照）。坂野先生の研究室での語らいは、今思い出してもほんとうに楽しい時間であった。その後、都立高校の教師になった後も、山川出版社から毎年一冊ずつ刊行されていた『年報　近代日本研究』の論文執筆メンバーにも入れていただいた。まだ若かった京都大学の伊藤之雄氏や名古屋大学の増田知子氏も参加されていた論文執筆のために山川出版社の会議室で開かれる研究会は、ほんとうに刺激的であった。しかし、余りにもふがいない私の研究発表に対して、有泉貞夫先生から厳しい御叱責を受けたことも今ではよき思い出である。坂野潤治先生には改めて深く感謝申し上げたい。

長く都立高校に勤めていた私が、今日まで自分なりに研究を続けてこられたのは、さまざまな先生方との出会いやそれによる刺激、そして激励があったからである。本書を上梓しようと直接的に決意させてくれたのは、東洋大学の大豆生田稔氏と立正大学の奥田晴樹氏である。大豆生田稔氏とは二〇歳代後半にともに『成田市史』の近現代専門委員に就任以来、千葉県の地域史研究で御一緒させていただいた。奥田晴樹氏とは長年にわたり山川出版社の日本史教科書の編集などに関わらせていただいていた。大豆生田稔氏から二〇一二年正月にいただいた年賀状に次のようなことが書かれていた。東洋大学文学部史学科の基礎ゼミの論文講読で、私が一九八二年に『日本歴史』に発表した第一次西園寺公望内閣の財政運営に関わる「失敗した積極主義」を紹介・発表した学生がおり、その学生は「日露戦後の日本はほんとうにお金がなかったのですね。ここまでわかりやすく日露戦後財政の実態を分析した論文はないのではないか」との感想を述べたということであった。その論文はもう三〇年以上も前に発表したものであり、論文としての生命力は全く尽きていたものと思っていたものであった。それ故に、論文としての生命力がまだ残っていたとは思ってもみなかったので大変うれしく思い、勇気づけられた。その年の秋、東京学芸大学大学院の時の恩師で江戸東京博物館長でいらっしゃる竹内誠先生の傘寿をお祝いする会が、東京市ケ谷のアルカディア市ケ谷で開かれた。その会でお会いした奥田晴樹氏から、「中里さんは何本かの近代政治史の論文があるよね。早く一冊の本にまとめておいた方がいいよ」とのお言葉をいただいた。また、「単発で発表した論文は埋れてしまうかもしれないけれども、本にしておけば残るよ」とも言われ、多忙な高校教師を続けていることを理由に研究を怠けてしまっている私を叱咤激励していただいた。このお二人の言葉によって怠惰な私も長年にわたり研究してきた明治後半期の近代政治史をまとめることを決意したのである。

今年（二〇一四年）三月、一二年間にわたり勤務し、教鞭をとってきた都立日比谷高等学校を退職した。私は、時間的余裕ができたこの機会に一気に研究をまとめる以外にはないと考えた。とにかく、退職した二日後の四月二日から国立国会図書館に通って関係する文献や論文を読み直し、史料を集め始めた。とくに未発表論文であった「地租増徴問題に就て」を再検討し直し、きちんとしたものにすると共に、通説が定着して付け加えることがないように思われていたが、私としては納得できない部分の多かった第二次山県有朋内閣の政治過程を分析することから始めた。それが本書の第一章となる「第二次山県有朋内閣と憲政党」として成稿した時、これで一冊の本を編むことができるかもしれないとの思いがこみ上げてきてうれしかった。

以下、収録論文の初出を示しておきたい。本書収録にあたっては、史料引用上の誤記などを可能な限り訂正し、本文記述もよりわかりやすいようにするなど加筆・修正を行った。

第一章　第二次山県有朋内閣と憲政党（原題「地租増徴問題に就て」、未発表論文ではあるが、坂野潤治著『明治憲法体制の確立』東京大学出版会、一九七一年刊行に、その要旨が紹介・引用されている）。

第二章　日清戦後財政をめぐる藩閥・政友会・商工業者（原題「積極主義をめぐる政友会と藩閥」、歴史学研究会編『歴史学研究』四一八号に掲載、一九七五年三月）。

第三章　幻の「近衛新党」（原題「憲政本党と国民同盟会」、阿部猛・田村貞雄編『明治期日本の光と影』同成社、二〇〇八年一一月）。

第四章　第一次桂太郎内閣と立憲政友会（原題「桂園時代の財政史的前提」、宇野俊一編『近代日本の政治と地域社会』国書刊行会、一九九五年一二月）。

第五章　第一次西園寺公望内閣と日露戦後財政（原題「失敗した積極主義」、『日本歴史』四〇九号、吉川弘文館、一九八二年六月）。

第六章　第二次桂太郎内閣と経済界（原題「第二次桂太郎内閣と商工業者」、小笠原長和編『東国の社会と文化』梓出版社、一九八五年四月）。

末筆ながら、本書の刊行について山川出版社より、心よく御承諾いただいたことを記しておきたい。なかなか内容をまことは忘れられない。

とめきれない私に対して、「いつまでも待ちますよ」という温かくありがたい一言をいただいたことは忘れられない。

最後に、高校教師を退職したら我家で飼っている柴犬（名前はタロー、三才）の「朝夕の散歩は毎日やるから」と言っておきながらその約束を反古にし、大学への出講日以外は国立国会図書館や都立中央図書館へ行ってしまう私を温かく見守ってくれた妻・慶子や娘・萌に心から感謝したいと思う。

二〇一四年一〇月

中里　裕司

中里　裕司　なかざと　ひろし
1949年　東京都江戸川区に生まれる
1972年　千葉大学人文学部史学専攻卒業
1975年　東京学芸大学大学院教育学研究科修士課程社会科教育専攻修了
2014年　東京都立日比谷高等学校を退職
現在，聖徳大学兼任講師・桜美林大学非常勤講師
主要著書
中里裕司・山村一成共著『近代日本の地域開発』(日本経済評論社，2005年)

桂園《けいえん》時代《じだい》の形成《けいせい》—1900年体制《ねんたいせい》の実像《じつぞう》

2015年5月10日　第1版第1刷印刷　　2015年5月20日　第1版第1刷発行

著　者　中里裕司《なかざとひろし》
発行者　野澤伸平
発行所　株式会社 山川出版社
〒101-0047 東京都千代田区内神田1-13-13
電話　03(3293)8131(営業)　03(3293)8135(編集)
http://www.yamakawa.co.jp　振替　00120-9-43993
印刷所　株式会社 太平印刷社
製本所　株式会社 ブロケード
装　幀　菊地信義

ISBN978-4-634-52018-9

索　引

人名

内閣名

事項(法律名，官職名，官庁名，税目，予算費目)

● あ

● か

● さ

● た

その他（書名，大学名，府県名，歴史的用語，団体名，政策名）

● さ

● な

● は

● ま

● や

● ら

● わ